本成果为江苏省高校优势学科建设工程资助项目

GONGWUYUAN ZHIYEHUA SUZAO YU YANGCHENG

公务员职业化塑造与养成

韩秀景 著

SJPC

上海三联书店

内容提要

实现公务员职业化即职业标准化，是我国公务员队伍建设过程中必须解决的历史命题，走职业化道路，进行职业化建设是我国公务员队伍发展的必然途径，也是构建服务型政府的必然要求。我国虽然已经确立了公务员制度，但从现实来看，公务员队伍远未实现职业化，这一点无论是从公务员队伍的职业意识、职业素质，还是职业能力、职业行为等方面都能显现出来。如何实现我国公务员队伍的职业化，以提高公共行政的效能和效率，提升公共服务的水平，这既是一项艰巨的任务，也是一项系统的“行为习惯养成”工程。这一工程必须借助有目的、有意识、系统的、全方位的塑造来完成。本书比较系统、全面地阐述了公务员职业化的基本概念，梳理了公务员职业化的历史进程和发展趋势，分析了公务员职业化的理论基础和思想资源，探索了公务员职业化实现的基本路径：以刚性的制度安排进行外在规约，以行政组织力量进行模塑，通过向内用功达成自我养成。

目　录

概　说　篇

理论与经验借鉴篇

制度规约篇

自我养成篇

组织管理篇

概说篇

实现公务员职业化是我国公务员队伍建设过程中必须解决的历史命题，走职业化道路，进行职业化建设是我国公务员发展的必然途径，而公务员职业化建设是一项系统的"行为习惯养成"工程。这一工程必须借助有目的、有意识、系统的、全方位的塑造来完成。

第一章　公务员职业化概览

纵观我国公务员制度改革及诸多管理措施的实施，一言以蔽之，公务员正在走向职业化，那么究竟什么是公务员职业化？为什么要实行公务员职业化？公务员职业化的表现形式如何？

第一节　公务员及公务员职业化

一、相关概念界定

1. 公务员

公务员，是一个舶来词，其从英文“Civil Servants”或者“civil service”翻译过来的，原意是“文职仆人”或“文职服务员”。即公务员是国王的奴仆。有人将其意译为“文官”或者“文官制度”，也有人译作“公务员”“公务员制度”，还有人译作“文职公务员”。在英国，Civil Servants 后来被约定俗成为与政务官相对的事务官，即“文官”。在美国被称为“政府雇员”，在日本第二次世界大战前称为“文官”，战后改称为“公务员”；法国称为“公务员”；联邦德国称为“联邦公务员”或“联邦官员”。当今世界，许多发达国家以及一些发展中国家都建立起了自己的公务员制度，把政府中从事公务活动的人员称为“公务员”。我国官方文件中最早正式使用“公务员”称谓的，是 1987 年由《国家机关工作人员条例》草案更名而来的《国家公务员暂行条例》(该条例于同年8月19日公布,10月1日起实行)。2006年1月1日实施的《中华人民共和国公务员法》(以下简称《公务员法》)总则第二条中,将依法履行公职、纳入国家行政编制、由国家财政负担工资福利的工作人员法定为公务员。各国对公务员在行政关系上的法律地位界定不尽一致,各国依据本国的政治背景均有不同的解释。①

在不同国家,公务员所指范围不尽相同。在美国,美国联邦政府公务员的范围仅指在美国联邦政府行政机构中执行公务的人员、国会雇员和法院法官。法国将从中央到地方的所有公职人员统称为公务员,大致包括中央政府公务员、地方政府公务员和公立公益机构(如医疗卫生机构)的公务员,但不包括议会工作人员和法院工作人员。日本的公务员分为国家公务员和地方公务员。英国的公务员一般是指政府中常务次官以下的所有文职人员。公务员经公开考试择优录用,不与内阁共进退;经选举或政治任命的工作人员和地方政府工作人员不是公务员,许多英联邦国家属于此类型。其特点是:政治中立:公务员不会因政权(执政党)的更替而更换,公务员主要的工作是执行政策,而非制订政策,政策失败,公务员亦不用下台,以确保社会稳定;择优而任:公务员由一相对中立的考试制度招聘,以确保公务员的才能。

在我国,公务员指的是在中华人民共和国政府中行使国家权力、执行国家公务的人员。最早出现于我国的官方文件是由《国家机关工作人员条例》草案更名而来的《国家公务员暂行条例》。条例规定国家公务员是指国家各级行政机关中除工勤人员以外的工作人员(包括国家行政机关中从事党团工作的专职工作人员)。依照2006年1月1日开始实施的《中华人民共和国公务员法》对公务员的内涵和外延作

① 参见李和中.比较公务员制度【M】.北京:中央党校出版社,2003:14—15.

出了规定。该法规定，公务员是指“依法履行公职、纳入国家行政编制、由国家财政负担工资福利的工作人员”。[①]（本文所研究的职业化公务员即是指国家公务员法中对公务员的界定）根据《中华人民共和国公务员法》的规定，我国公务员包括中国共产党机关、人大机关、行政机关、政协机关、审判机关、检察机关和民主党派机关的工作人员。此外，公务员法还根据我国的实际情况保留了“参照管理”的形式，即法律、法规授权的具有公共事务管理职能的事业单位中除工勤人员以外的工作人员，经批准参照公务员法进行管理。公务员分成三大类：综合管理类、专业技术类和行政执法类。两大层次：领导职务和非领导职务。领导职务分为十个档次，非领导职务分为八个档次（综合管理类的非领导职务分为：巡视员、副巡视员、调研员、副调研员、主任科员、副主任科员、科员、办事员）。

2. 职业

按照美国社会百科全书的定义，职业是人们为了获得经常性的收入而从事的连续性的特殊活动，这种活动具有市场价值，并且决定着人们的社会地位；而我国社会科学百科全书则对职业进行了如下界定：职业是个人所从事的不同性质的劳动类别，体现为一定的劳动岗位或劳动者不同的社会身份与角色，由社会分工所引起，由经济发展水平所决定。从以上职业的定义中，可以看出，所谓职业就是人们为了获取主要生活来源所从事的社会工作的类别，是个人谋生的手段。无论是何种职业，无不具有以下特征：(1)目的性。从事职业活动的目的在于获得现金或实物等报酬；(2)社会性。从业人员在特定社会生活环境中所进行的执业活动，是一种与其他社会成员相互关联、相互服务的社会活动；(3)稳定性。职业是在一定的历史时期内形成的，一

① 龚祥瑞.文官制度【M】.北京：人民出版社，1985：5.

般都有较长的生命周期;(4)规范性。职业活动须符合国家法律和社会道德规范;(5)群体性。作为一种职业,须具有一定的从业人数。

从历史的角度看,职业是随着人类社会的进步和劳动分工而产生和发展起来的。一个国家的经济体制、产业结构和科技水平决定着社会的职业构成;而一个社会的职业发展变化又客观地反映着这个社会经济、社会和科技等领域的发展和结构变化。

3. 职业化

职业化即职业标准化。“化”指在社会和历史发展过程中逐渐形成的具有高度社会认同感并具有某一模式的过程,是变革,是扬弃,是发展。职业化的界定一直是个颇具争议的问题,目前尚无统一的界定。有人认为,职业化是指从业人员具有专业技能,并且能够按职业规范行事,进而体现出来的是一种职业素养;有人认为,职业化是一种工作状态或生存状态,是一种潜在的文化氛围,更多的是一种生活方式;有人认为,职业化是人们专门从事某项工作所具有的职业意志、职业知识、职业能力和职业道德所构成的职业素质,符合职业标准与规范,并取得职业资格的过程;还有人认为,职业化最重要的标志是其工作方式与管理方式区别于其他职业,充分呈现其职业特性;著名学者孙柏瑛在其《公共部门人力资源开发与管理》一书中对职业化进行了概括,他指出,“职业化是指以某种特定的、专门的知识或技能而形成的特定的职业领域,并以此形成的专门的知识权威和相关的职业操守状态。”①以此为基础,我们可以对职业化进行广义和狭义的区分。广义的职业化是指一个群体所应具备的特定职业素质及其在社会中的特殊地位、声望及相关的制度保障。它包括对职业主体特定的职业标

---

① 孙柏瑛.公共部门人力资源开发与管理【M】.北京:中国人民大学出版社,2004:43.

准要求、职业在社会中特定的职业地位以及两者得以实现的制度保障。狭义的职业化是指从事某一职业的主体所应具备的特定的素质和技能，是某一特定的职业对于从业者的一种本质要求。简言之，就是一种工作状态的标准化、规范化、制度化，即在合适的地点，用合适的方式，做合适的事，说合适的话。

职业化应该是一个过程，具体表现为专门从事某项工作所应具有的由职业意识、职业知识、职业能力和职业道德所构成的职业素质，符合职业标准和规范，并获得职业资格的过程。职业化的根本特征是某种特殊的专业技术能力和高度职业自治的要求。它包括职业技能、职业道德、职业意识。职业化是对组织和个人综合而言的，职业化实质上要完成组织职业化和人员职业化，其程度的高低须以职业要求的知识和能力的专业化程度高低、职业规范程度高低以及从业人员学到知识的难度、获得职业资格的难度和人员可替代性程度等来衡量。

职业化有一个历史演进的过程。众所周知，西方古典管理理论是建立在理性法律权力之上的，通过制度规范来管理和通过工作流程进行作业的企业管理和动作方式。在古典管理理论中，最为人们所熟悉的是科学管理。科学管理是20世纪初，美国工程师F. W.泰勒在传统管理基础上首创的一种新的企业管理制度，又被称为泰勒制。当时的美国在经历南北战争后奴隶制消亡，西部资源被开发，工业得到了迅速发展，企业日趋扩大，小生产的传统管理方式越来越难以适应当时经济、社会和生产技术发展的客观需要。基于此，泰勒等人开始探寻新的管理方法，他们对工厂、车间、作坊进行了一系列调查和实验。在此基础上，泰勒结合多年的研究成果，在1911年出版的《科学管理原理》一书中，阐述了科学管理的基本原理和方法。科学管理的主要内容和方法包括劳动方法标准化、制定标准时间、有差别的计件工资、挑选和培训工人、管理和分工。科学管理通过使工作标准化、规范化，大大提高了生产效率，对当时资本主义企业管理产生了巨大影响。

二战前在美国就已经有了职业化观念。1964年哈罗德·威伦斯基在《美国社会学杂志》上发表了一篇题为《全员职业化》的文章，正式提出了职业化的概念，他把职业的演化过程划分为五个阶段：(1)拥有一定数量、全日制的从业人员；(2)建立旨在培训从业人员的专门学校；(3)成立职业组织；(4)寻求诸如皇家特许或其他形式的法律保护；(5)制定职业道德。这一论述被后来的学者广泛地引述为职业化的基本要素。

而今职业化已经成为社会发展的一种必然趋势，著名管理学家德鲁克甚至断言："职业化已成为21世纪的第一竞争力。"

研究职业化不可避免地要涉及专业化，而谈专业化又不得不涉及专业。关于什么是专业，著名社会学家卡尔桑德斯是这样定义的："所谓专业是指一群人在从事一种需要专门技术的职业。专业是一种需要特殊智力来培养和完成的职业，其目的在于提供专门性的服务。"①1933年，另一位学者布兰德斯提出：专业是一个正式的职业；为了从事这一职业，必要的上岗前的训练以智能为特质，包括知识和某些扩充的学问……。而按照现代广泛运用的"专业化"标准来解释，所谓"专业"，须满足以下基本条件：一是范围明确，垄断地从事于社会不可缺少的工作；二是运用高度的理智性技术；三是需要长期的专业教育；四是从事者个人、集体均具有广泛自律性；五是专业自律性范围内，直接负有做出判断、采取行为的责任；六是非营利性，以服务为动机；七是拥有应用方式具体化了的伦理纲领。专业的主要特征是：工作实践以专门知识和专门技术为基础；工作过程需要心智和判断力；工作需要自主权。除此之外还应包括：工作需要不断更新知识、掌握工具方法；

① Carrr-Saunders, A. M. The Profession. Oxford. Clarendoon Pres, 1933.

从业资格不易获得;强调服务社会等。与一般工作者相比,专业工作者更需要接受高等教育,学习高深学问和专门知识。

由此可见,专业化指的是一种需要以长时间训练和学习作基础、可以终身从事的职业或工作领域。它需要从业者对这个领域有系统的知识和精熟的技能。这种知识包括两个层面:一是在具体工作事务方面的技能和判断力,一是对整个行业的认识和是非辨别力。当然,这种能力包括在原有专业知识的基础上不断学习和改进的能力。① 专业化的标识包括:专业规范(职业组织本身的一些对自我进行约束的规范条例),工作范畴的相对自主性(职业标准由职业化协会制定),有相当的社会地位,有对职业发展和行为的影响,有行业发展史(包括专业化人员的教育和工作经历),有行业本身的礼仪程序等等。他们在社会上有得到承认的合法性。从业人员不以工作单位而以行业为工作范畴,专业化程度高,在行业内流动性强。②

专业化是一种高度的社会分工的结果,现代市场和社会组织的分工,使得人们能够集中精力,实现高度专业化,进而用丰富的专业知识、技能、灵巧性和判断力从事生产和社会活动。如此,不仅有利于社会专业人才的成长、发展、流动和发挥才能,同时也减少了他们在工作更换过程中时间、技能、工作业绩方面的交易损失。

专业化与职业化紧密相连而又有区别。职业化要比专业化的外延宽广,专业化不一定是职业化,但职业化一定是专业化的。专业化只是职业化的一个方面或一个阶段,专业化更加注重专业知识和业务能力,强调怎样造就和保护专业人员,进行标准化专业服务产品、发展和维持一个专业特定的知识和服务等。而职业化除了要求做到专业

---

① 参见蓝志勇、胡威.人力资源管理工作中公务员的专业化问题【J】.中国行政管理,2008(6).

② http://en.wikipedia.org/wiki/Profession. Visi-ted: March 28,2008.

化，还要强调职业精神、职业态度、职业道德等观念层面的东西。易言之，专业化是职业化的一部分，职业化既要有职业能力，同时也需要具备职业道德和职业精神，如果只有专业能力而缺乏职业操守，即使专业能力再强，其职业化也很难实现。

二、公务员职业化

公务员职业化是社会发展的必然要求，是不断优化公务员思维观念、提高知识技能、修炼道德品质等并使之更加专业化的过程。近年来我国政府正在着力推进公务员队伍的职业化。

关于公务员职业化的界定有多种观点，有人认为，公务员职业化是指通过一定的制度安排建设起一支高素质的公务员队伍，他们具有公共行政管理的知识和才能，以公共管理为职业，深谙公共管理之道，能熟练利用组织内外各种资源，通过娴熟的公共管理与服务技巧，促使政府组织更有效地提供公共物品，实现公共利益最大化。[①] 有人认为，公务员职业化是指以某种特定的、专门的知识或技能而形成的特定的职业领域，并以此形成的专门的知识权威和相关的职业操守状态。[②] 还有人认为，公务员职业化应包括职业准入、职业训练、职业认同、职业道德等方面的内容。[③] 概言之，公务员职业化具有以下多层含义：(1)公务员是一种专门的职业。(2)公务员从事的工作是公共管理，要求公务员深谙公共管理之道，具有较好的公共管理技巧。(3)有着严格的职业规范、行为准则和职业准入资格，其职业标准被社会广泛认同。(4)具有职业资格的公务员，将公共管理活动视为职业生命。在相应的社会角色标准与约束机制的作用下，他们不仅追求物质利益

① 徐国成.我国公务员职业化研究【J】.网络财富，2009(8).

② 孙柏瑛.公共部门人力资源开发与管理【M】.北京：中国人民大学出版社，2004：5—16.

③ 谭功荣.公务员职业化：起源、内涵及模式比较【J】.中国行政管理，2009(2).

的满足，更重要的是体现一种职业文化与职业精神。(5)作为一种职业，其更新机制的核心是竞争。(6)公务员系统应该是个开放的系统而不是个封闭的系统。

从现实来看，公务员职业化经历了一个不断发展、趋于完善的过程。就其职业形成来说，它是在社会分工的驱动下，日益形成一门具备一定职业准入、职业技能及职业规范的新职业的过程；就公务员个人来说，是不断提高综合素质和能力、维护和内化公务员精神、更加专业化的过程。

可以这样说，实现公务员职业化就是要在法律和相关社会制度的保障下形成一支专业化、高素质和具有特有组织文化氛围的公共管理队伍，这支队伍的人员应当具有公共管理的专业技能和才能，遵循特有的职业准则和规范，并不断通过有效培训，提高和掌握更新更高的管理技能，展现良好的职业素养，为公众有效地提供公共物品，实现公共利益的最大化。

三、公务员职业化与公务员制度相伴相随

公务员职业化是与公务员制度相伴相随的。[①] 从历史发展来看，现代公务员职业化结构奠基于 17、18 世纪的普鲁士。当时勃兰登堡的选帝侯认为，高度集权的政府是确保稳定与推动王国目标的重要手段。为了抑制城市的自治以及削弱贵族的封建特权，中央政府通过任命公务人员来管理各省，这些人员全部由中央政府任命并对其负责，其最高统治者是国王。此时的政府公务人员仅仅是对王权负责，并无任何独立性，主要表现为集权行政。集权行政需要一支稳定的、完全服从君主的行政队伍，作为处理各种事务的手段且不断合理化和集中化的行政机器因而被赋予了警察权，此即人们所说的“警察国”时期。

---

① 谭功荣.公务员制度概论【M】.北京:北京大学出版社,2007:9.

这种集权体制之后通过建立特殊的公务人员队伍得以加强。起初，这些公务人员都是派往外地处理纯粹的军方事务。随着时间的推移，其职能逐渐发展到一些内政管理。1713年，成立了具有独立职能的专门行政单位——即行政裁判，专职处理内政事务。在此，权威与控制占有明显的位置，构成了日后被马克斯·韦伯描述的“官僚制”的重要因素，集权官僚体系成为专制统治的主要手段。正如行政学鼻祖伍德罗·威尔逊在《行政学研究》中所说的那样，普鲁士就属于这种情况。在那里，行政管理得到了最深入的研究，并且几乎达到了最完善的程度。普鲁士官僚制度一开始便采用了法制化形式。1727年与1748年，普鲁士两度颁布特别法令对招募公务人员的专门知识和技能要求作出了明确的职业规定。所有高级官员都从向国王提出适合担任高级职位的候选人当中选出，并由人事行政参谋提出任职建议。到18世纪，招募、晋升与内部组织制度得到了进一步的规范。所有这些最后都合并成1794年的法典——《普鲁士各邦普通国家法》。在这部法典中，就有关于“官员是国家公仆”的规定。从此，任命的功绩原则覆盖了全部职位，并确定了“由特别的法律和命令来确定不同级别公务人员的任命机构，不同部门与不同界别的资格、初试”等初步原则。进入高级公务员需要获得“官房学”(即后来的财政学)的大学学位，训练有素的专门行政人员逐渐占据重要岗位。学位课程毕业后，作为高级公务员的候选人还需要在行政部门经过进一步的实践培训，之后还得通过专业的口试与笔试。法典化的发展趋势打开了通向宪政国家的大门，现代公务员制度的职业化原则即可窥见一斑。行政行为与法的价值结合起来，使得公务员的地位及其权力的行使具有了制度的制约功能。19世纪中叶，英国在工业革命的基础上首先进入垄断资本主义阶段，政府职能逐渐纷繁起来，职能的分化与强化要求政府管理必须具有高效率。而自1688年资产阶级革命以来，英国建立起君主立宪的资本主义政权，政治权力集于议会，重要职位的任命均由议会中的多数党控制，这种政治体制很容易造成任人唯亲、营私舞弊、腐败成风、效率低下，而这些无疑严重地阻碍了资本主义经济的发展。由是英国开始寻求对整个官僚制度进行改革。第一次尝试建立有效的行政机制源于东印度公司的管理规则。早在18世纪末，英国政府就先后制定了许多立法与行政措施，加强对东印度公司人员的管理，如，尝试进行考试任用，通过大幅提高工资以补偿其利益损失，引入通过资历晋升以及对高级公务人员进行重组等改革措施。到1813年，英国政府规定，凡是进入公务人员队伍者都必须去英国的海里伯雷学院学习历史、语言和印度法律，时间为四个学期，且必须在入职前取得“优秀操行证书”。在管理委员会大臣托马斯·麦考莱的倡导下，考试制取代恩赐制而成为主要的招募方法。1833年，麦考莱提出议案，要求所有进入公司的职员一律实行考试，以图改变恩赐制的局面，但是议案遭到了议会两院中盎格鲁印度家族的坚决反对而未获通过。1853年，斯坦福·诺斯科特提出了《关于建立常任公务员制度的报告》，这就是著名的《诺斯科特—特里威廉报告》。该报告指出，当时英国的公务员制度已不足以为政府吸纳优秀人才，要求政府确立公开竞争的考试制度，择优录用，彻底废除个人恩赐制和政党分肥制，行政事务分为决策类和执行类，根据不同类型采用不同的考试方法。该报告还建议：建立公务员管理的准司法机构——公务员委员会，针对不同类型公务员采用不同的招募形式等。公务员采取公开考试、平等竞争、择优录用，彻底摒弃了公务员对于权势的人身依附关系，使得公务员成为一种常任职业。1855年英国政府颁布的“枢密令”进一步规定，对于经公开考试录用的公务员（即常任公务员），实行“无过失不被免职”的原则。以上原则确立了现代公务员制度的基本框架，明确了公务员的职业化方向。

四、公务员职业化内涵

公务员职业化意味着公共行政走向“职业主义”。按照盖伊·贝凡尼斯特的理解，职业主义具备六项特质或要素：一是基于专业技术知识而运用技能；二是具备高等专门领域的高等教育或训练；三是经由正式的能力评估并取得执业资格；四是有同行组成的专业团体的存在；五是具有职业行为守则或伦理规范，并据此制裁违反者，以及承担服务公众的责任。[①]

公务员职业化究竟应该包含哪些内容呢？一般认为，公务员职业化应包括以下几点：

1. 职业准入

公务员职业化的最基本要求就是公务员职业的进入者必须满足该职业所需的基本知识、技能和能力等。为了有效完成“国家意志实施”的目的，公务员必须拥有“专业的能力”。[②] 作为公务员制度的共同准则，西方国家公务员职业化一般均采用“功绩制”原则。从我国的现实来看，公务员职业准入仍存在着一些不合理的地方，如我国职业准入存在年龄、性别、身体特征等诸方面的歧视，当前的公务员考试尚缺乏针对性和甄别性，难以检测出应试者的真实水平和体现职位的现实需求。

2. 职业训练

培训是公务员掌握专业工作技能、明确业务行为的重要途径，是不断更新知识、学习新技术、提高行政效率的重要措施。“在任何情况下，都必须有一支训练有素以良好行为提供服务的官员队伍。”[③]目前，

---

① Guy Benveniste. Professionalizing the Organization. Reduc-ing Bureaucracy to Enhance Effectiveness. San Francisco：Jossey-Bass，1987，33.

② John A. Rohr. To Run a Constitution. The Legitimacy of the Administrative State Lawrence：University of Kansas Press 1986，193.

③ Woodrow Wilson. The Stu Administration. Political Science Quarterly 1887，215.

我国公务员的各种职业培训主要由各级党校、行政学院、各级社会主义学院以及部分高校来承担。

3. 职业认同

职业认同是指从事该职业的人对该职业目标、社会价值及其他因素的看法，与社会对该职业的评价及期望的一致性。它意味着从事该职业的人对该职业活动的性质、内容，职业社会价值和个人意义的理解与认可。公务员具有特殊的地位和特殊的使命，他们的工作就是行使国家行政权力、执行国家公务，因而担负着比普通职业更为重大的使命和责任。这就决定了公务员的职业认同内涵的特殊性，也要求公务员必须具有高于普通职业的一系列精神与素质。

4. 职业操守

职业操守是对该职业的从业人员从事职业活动时的行为要求，也是其对社会所担负的道德责任与义务。公务员的职业选择隐含着追求“对于公众、公民、社区提供服务的生涯”。[①] 因此，公务员必须对为之服务的政府的政策具有坚定而强烈的忠诚，亦即具有“公共精神”。同时，公务员在治理过程中还以追求公共利益为天职。

5. 职业文化

职业文化是组织成员内化的、共同的系列行为、情感和心理结构。职业人员经由相互影响、社会作用而构成该职业的独特的职业文化。[②] 对于公务员来说，其职业文化的核心内容便是其对公务员这一特殊职业所赋予的使命感、荣誉感、职业心理、职业规范等方面的自觉认同与自愿遵从。[③]

---

① L. C. Gawthrop. Public Service andDemocracy. New York:. Chatham House 1998,23.

② 郭素萍. 论西方文官的职业化【J】. 河南大学学报，2000(5).

③ 参见谭功荣. 公务员职业化：起源、内涵及模式比较【J】. 中国行政管理，2009(2).

五、公务员职业化特征

公务员职业化是一个不断发展和完善的过程，在这一过程中，公务员的职业化呈现出如下特征：一是身份职业化。公务员不再是一种权力的象征，而成为一种专门的职业。在传统体制下，公务员作为一种职业的观念一直没有得到确立，人们总是以国家干部、国家政权的代言人的形象来看待和要求公务员，公务员的职业特征被淡化，其角色更多地被涂上了政治化、权力化的色彩。身份职业化是公务员职业化的前提，它有助于公务员队伍相对稳定的公务员法律关系的确立。公务员与国家的法律关系一旦消失，便会丧失公务员身份，丧失与国家形成的权利义务关系。公务员有着比其他社会职业严格的身份界限和特别规定，要求其依法行使国家权力，管理国家行政事业，享受报酬和各种保险福利待遇，履行与权力相应的义务及承担责任，并且遵循公务员职业道德和职业规范。二是职能专门化。公务员成为一种为社会认可的、专业性很强的社会职业，其职业体系、行为规范、就业标准和职业成就的评价方式有别于其他职业类别。同时，要求必须由专门行政职能派生公务员的职责、任务和权力，公务员不得干预企、事业单位的事务或在其中兼职；公务员的职位职务只能由法定公务员履行，其他机构或人员不得代替。三是职业专门化。职业专门化强调的是身份职业化的具体或细化，这是针对具体公务员而言的。每一个公务员有着法定的职位、职权、职责，并处在相应的组织层级当中，易言之，就是要明确每一个公务员处于什么“职系”、什么“职级”以及什么“职位”上。职业专门化派生出公务员不同的类别、不同的业务能力要求，它与当前公务员的分类分层管理是统一的。四是行为规范化。人事部已于 2002 年 2 月 27 日颁布《国家公务员行为规范》，它从政治要求、思想品德、廉政勤政、秉公执法等方面对公务员的行为做出规定，明确规定了公务员应该做什么，不应该做什么。五是知识专业化。随着管理事务的日益复杂化和对管理过程的理性化追求，要求公务员必须具备相应的专业知识和专业技能，“而且知识、能力、技能和由此产生的工作成绩是其得以晋升并获得职业发展的基本路径”。[①] 六是管理职业化。公务员管理的职业化意味着对公务员的管理过程依赖于一套完整、专门的知识体系，公务员从事的工作就是公共管理，要求公务员须经过专业知识的训练和培养，具备娴熟的公共管理技巧，深谙公共管理之道，也就是说，要“让管理者管理”。

第二节　公务员职业化的现实动因

一、全球化中的政府管理催生公务员职业化

20 世纪 80 年代西方政府为了改善管理危机，纷纷进行政府管理创新。在全球化背景下，这种调整必然给当前我国的政府管理模式带来冲击。此外，全球化不仅对政府管理的科学化、民主化、法制化、现代化和管理效率、效能、效益提出了更高的要求，更对政府治理的手段、政府职能的转变有着新的呼唤。正如学者周志忍所言：经济全球化给世界各国都带来挑战和压力，从而推动了各国的行政改革：其一，行政改革对国际接轨的共性。为与国际惯例接轨，就公共机构实行重大的并且经常是根本性的变革；其二，保持和提高国际竞争力是政府管理制度革新的一个强有力的推动因素。为适应国际经济一体化及由此形成的新的竞争规律和态势，必须不断改革原有的公共部门管理模式。全球化不仅要“提高（政府）效率，而且要减少活动的范围”。其三，全球化条件下行政改革的传播效应。也就是说，经济全球化不仅

① 孙柏瑛．公共部门人力资源开发与管理【M】．北京：中国人民大学出版社，2004：35.

形成了各国行政的内部动力，而且产生了改革的外部压力，即学习其他国家有效改革措施的压力。[①] 虽然有些学者认为我国“始于1998年、持续3年的政府机构改革，从已经提高的改革思想和涉及的改革问题看，无疑是一次具有全面行政改革性质的改革”。[②] 但由于主客观条件的限制，1998年的行政改革具有明显的过渡性质，使得我国政府管理仍然存在许多亟待解决的问题：市场秩序的规范和监管力度不够；执法不严的现象时有发生；政府公职人员的素质依然堪忧；传统政府治理范式急需转型；尤其是政府公共服务和社会治理的水平有待提高。在全球化时代背景中，我国政府下一步改革应着眼于全面融入经济全球化的国际竞争中，以建立现代公共管理的思维模式为理念，以政府公职人员职业素养的提升为依托，以政府管理职能的转变为突破口，实现新公共行政的3E目标（Economy, Efficiency, and Effectiveness，即经济、效率、有效性）。公务员作为政府职能运行和实现的主体，其素质、观念和行为方式，将在很大程度上决定着政府职能的具体实现方式和水平，决定着我国政府治理模式转型的成功与否，同时也决定着我国能否在全球化、知识化、信息化的国际竞争中站稳脚跟。从某种程度上说，锻造一支高效率、职业化的公务员队伍已成为全球化条件下政府治理能力提升的关键。

二、公务员制度改革要求公务员职业化

20世纪80年代前后，西方国家政府普遍遭遇沉重的财政危机、管理危机和信任危机，同时行政体制日益与国际接轨，全球化竞争中的政府效能压力，迫使西方国家进行了一场广泛的不同于传统公共行政的改革运动。公共选择理论和管理主义思潮影响下的公务员制度改

---

① 周志忍.当代国外行政改革比较研究【M】.北京：国家行政学院出版社，1999：4.

② 张国庆.1998年中国政府机构改革的若干理论问题【J】.中国行政管理，1998(12).

革强调引入市场机制，打破西方长期确立的文官职务常任和政治中立的原则，创新公务员管理机制，努力建设一支负责任、高效的公务员队伍，增强公务员对社会公众需求的回应性。[①] 虽然这一系列政府改革动摇了文官常任和政治中立的原则，但是公务员职业化的内涵却因此而丰富。废除了终身职业的观念，更加注重管理要素的新思想出现，职业化的关注点转移到：管理的专业化、有严格科学的职业规范、有独特的职业标准、有职业道德，强调竞争，强调职业的选择。[②] 由此，虽然时代的变迁不断更新着公务员制度改革的内容，但职业化始终都是公务员制度发展的主导趋势和主旋律。

我国公务员制度是在西方公务员改革浪潮中应时而生的，建立于20世纪90年代的国家公务员制度在突破计划经济时代传统干部人事制度中起到了关键性的作用。但是由于我国公务员制度起步晚，同时又面临着政府转型的压力，所以其在运行过程中还存在着诸多缺陷，比如公务员忠于党和国家、忠于人民、忠于职守的职业精神欠缺；公务员的职业选拔机制不完善；缺少评价公务员职业成就的有效标准；公务员队伍的素质和知识结构堪忧；职业道德的失范现象比较严重。这些都与我国建设责任、高效的服务型政府目标不符，所以现阶段中国能否通过改革公务员制度，建立一支职能专业化、身份职业化的公共管理队伍直接关系到转型期中国行政改革的成败。公务员是政府职能运行与实现的责任主体，公务员的观念、素质与行为方式在很大程度上决定政府职能的具体实现方式和实现水平。在公共服务型政府体制下，公务员不仅要对政府的运行状况负责，而且还要提供优质的公共服务。如果公务员队伍不转型，素质不提高，再科学的制度、再合

---

① [澳]欧文休斯.公共管理导论(第二版)【M】.北京：中国人民大学出版社，2001：74.

② 夏玉柱.论中国公务员的职业化【D】.浙江大学硕士学位论文，2004：14.

理的结构、再完备的程序，没有了人的主体性，也难以产生预期的效果，达到预定目标。反之，如果拥有一支优秀的职业化的公务员队伍，制度、结构或程序上的不足与缺陷就可以逐渐得到弥补、克服与完善。正如邓小平同志所指出的那样，“中国的事情能不能办好，社会主义和改革开放能不能坚持，经济能不能快一点发展起来，国家能不能长治久安，关键在人”。[①] 因此，在整个公务员制度改革过程中，起决定性作用的是各级政府公务员职业素养的提升。

三、善治导向的政府治道变革呼唤公务员职业化

善治即良好的治理。善治理论研究者俞可平认为，追求善治是各国政府的共同目标，尽管许多国家的政治制度不同，但政府无一不在追求行政效率的提高，行政成本的降低，公共服务的优化，公众认同感的增强。善治就是追求公共利益最大化的政府管理创新，其本质特征在于它是政府与公民对公共生活的合作管理，在一定程度上，就是进一步的法治化，是政治国家与公民社会的一种新型合作治理。善治理论的基本要素包括：(1)合法性(legitimacy)，即社会秩序和权威被自觉认可和服从的性质和状态。它并不同步于法律的建设，取得和增大合法性的主要途径是尽可能增加公民的共识和政治认同感。所以，善治要求管理主体最大可能实现公民合理的利益诉求。(2)透明性(transparency)，即政治信息的公开。立法活动、政策制定、法律条款、政策实施、行政预算、公共开支以及其他有关的政治信息，公民能够有权监督政府行政过程。(3)责任性(accountability)，它指的是公务人员及管理机构必须履行与其职能相应的义务。公职人员和管理机构的责任性越大，表明善治的程度越高。因此必须在公务员队伍中综合运用法律和道德的双重手段，通过职业道德的教育、职业荣誉感的培

① 邓小平.邓小平文选，第3卷【M】.北京：人民出版社，1993:380.

养来增强政府管理的责任性。(4)法治(rule flaw),法律是公共政治管理的最高原则,任何政府官员都必须依法行政,在法律面前人人平等。法治的直接目标是规范公民的行为,管理社会事务,维持正常的社会生活秩序;但其最终目标在于保护公民的自由、平等及其他基本政治权利。法治的发展要求公务员不断提高依法办事的行政能力,以法律的准绳来评判职务行为的合法性、合理性。(5)回应(responsiveness),回应性作为政府责任的一种延伸,其基本指称是,公共管理者必须努力提高自身素质和职业能力,及时有效地回应公民的需求,不得无故拖延或没有下文。在必要时还应当定期地、主动地向公民征询意见、解释政策和回答问题。(6)有效性(effectiveness),主要是指公共行政投入和产出的高效率。它有两方面的基本涵义,一是管理机制结构合理,管理程序科学,管理活动灵活;二是最大限度地降低管理成本。善治概念与无效的或低效的管理活动格格不入。善治程度越高,管理的有效性也就越高。因此,善治要求政府各级公务员管理效能的提高。

善治的行政理念和管理模式反映了人类政治的民主化趋势,是政府公共管理的目标之一,因此也必然成为我国政府治道变革的选择。基于善治视角审视我国政府治理,无疑还有很多需要完善之处,这就要求政府治理的战略选择也应有一个全新的角度,即实现服务型政府的建设。服务型政府是相对于管制型政府而言的,"服务型政府是在公民本位、社会本位理念的指导下,在整个社会民主秩序的框架下,通过法定程序,按照公民意志组建起来的以为公民服务为宗旨并承担着服务责任的政府"。[①] 构建服务型政府是我国在经济全球化背景模式

① 刘熙瑞. 服务型政府——经济全球化背景下中国政府改革的目标选择【J】. 中国行政管理,2002(7).

下政府改革的目标选择，目的是“建立一个更加注重绩效、引入竞争机制的市场化、企业化政府，以高效地为公众提供优质的公共产品和公共服务”。[①] 因此，服务型政府的目标是要把政府建设成为一个权力有限、能力有为、服务有效的政府，即责任、能力与绩效有机统一的政府，而这样的政府无疑需要与之相匹配的公务员。美国学者詹姆斯·S.鲍曼在其《职业优势：公共服务的技能三角》一书中提出了服务型政府框架内公务员必备的三种基本素质，即道德品质、专业技术知识、领导能力，为公务员的教育和培训奠定了坚实的理论基础。首先，服务型政府要求政府公务员从控制人角色转到服务人角色上来。公务员要适应社会政治民主化的潮流，摈弃传统的官本位、政府本位、权力主导的意识，树立民本位、社会本位、责任本位的职业意识。其次，服务型政府要求切实提高政府管理人员的管理能力，政府的服务不仅仅体现在政府做什么，更要通过职能主体素质的提高使服务做得更好，提高政府的合理性、合法性，建设高效的政府。最后，服务型政府应该是一个绩效政府。责任体现政府的性质，能力体现政府的素质，而绩效则体现政府的运行。政府的使命、职能、内在的能力只有通过高效的运行才能得以充分地体现，而政府绩效在很大程度上取决于公务员个体绩效水平的高低，因此服务型政府要求通过“德、能、勤、绩、廉”等全方位的公务员绩效考评体系的完善，提升政府管理效能；通过网络化的培训体系提高公务员的职业技能，保证政府管理职能的有效运行；通过明确行业规范，约束公务员的职业行为；通过职业道德法制化，防止腐败行为。只有在服务型政府建设中不断推进公务员职业化发展，努力提高公务员的职业素养、职业技能、职业意识等，才能更好地做到以人为本、民主行政。

---

① 毛寿龙.西方政府的治道变革【M】.北京：中国人民大学出版社，1998：56.

四、公务员队伍现状呼吁公务员职业化

自1993年《国家公务员暂行条例》颁布实施到现在，我国公务员制度经历了近20年的改革完善。公务员的管理在法律法规的不断完善中逐步走上了法治化、规范化和科学化的轨道，在相当程度上克服了过去政府机关人事管理法规庞杂混乱、内容交错、层次不清、相互抵触的现象；竞争激励机制运行相对比较好，新陈代谢机制基本能够平稳运行，实现了公务员出口的相对畅通，既尊重了公务员职业选择的自主性，又强调了严格管理，大大提高了公务员的整体素质；以培训为基础的职业开发机制和廉政教育机制成效明显，广大公务员为民服务的水平有了明显提高。但由于我国公务员制度起步较晚，且是在传统干部人事制度的基础上建立的，许多公务员都是从以前的“官员”直接转化而来的，其本身的理论知识水平不高，且没有经过正规的考试录用制度和系统的管理理论培训，这就造成了这部分人员在市场体制转型的浪潮中无法适应政府职能转变对公务员管理能力提升的要求。另一方面，官僚制在西方国家的后工业社会虽然显得已经不合时宜，但作为一个后发的工业国家，官僚制在我国并未真正确立，却又面临着摈弃官僚制的压力。此外，我国是一个有着浓厚的官本位思想文化的国家，“学而优则仕”的官文化意识导致了社会求职者对公务员职业的非理性追捧，公务员正确的职业价值观和职业意识较难形成。因此，必须对公务员职业本身进行改革，引导公务员从“身份”到“职业”的转变，以职业理性规避对公务员身份的崇拜，实现公务员的职业分化、公正的职业竞争环境和合理的职业选择，在政府人力资源开发管理中，引入市场竞争机制，通过充分的职业竞争、持续的职业培训、明确的职业规范建设，实现公务员的职业化管理。

近年来，我国经济建设取得了举世瞩目的成就，政治领域的改革也不甘示弱，但鉴于公务员从基础人性上来说，首先是经济人，正如加

里·贝克尔所言，政客也罢、商人也好，利己主义也好、利他主义也好，各种人的各种活动的目的只有一个，那就是追求效用最大化，而不管这些人的职业和活动是否具有商业性质。[①] 这也就是说，“经济人”假设同样适用于公务员，公务员的经济人本性是一种客观存在的社会现实，它不会因为公务员职位、头衔、身份的改变而改变。对于公务员来说，经济人本性并非指公务员仅仅追求自身利益的最大化，而是公务员具有一种天然的从个体利益最大化出发进行思考的动机与行为取向，带着强烈的个人主义的功利色彩。另一方面，由于公务员缺乏良好的职业素养，公务员的“败德”行为时有发生。主要表现为：一是权力寻租的发生。权力寻租现象是职业道德失范的一种典型表现，其主要危害在于不仅使生产经营者提高经济效率的动力消失，而且极易导致整个经济的资源大量耗费于寻租活动，并通过贿赂和宗派活动增大交易中的费用。一些不道德的公务员无视国家法律法规的要求和行政责任的规范，利用手中的权力钻制度的空子，为自己谋取不正当的利润。二是公仆意识的缺失。一些公务员道德素养不高，职业角色定位不准，职业认同度不高，把公务员职业作为搞特殊化、享特权的捷径，更有甚者，在私利的驱动下，不惜知法犯法，置为公众服务的职业理想于不顾，更谈不上职业热情和职业服务意识，给社会造成了严重的损失。

总之，公务员作为一种职业，职业化是基本要求。职业化是现代社会分工、社会文明的体现，拥有专业的知识、娴熟的技能是任何一种职业的最基本的职业要求。公务员是一种职业，这一职业内在地要求实现职业化，即从业者应该具有相应的职业素质、职业行为、职业道德

---

① ［美］加里·S.贝克尔.人类行为的经济分析【M】.上海：上海三联书店，1995：47.

和职业精神。特别是随着社会的发展，行政机关服务社会事务范围的扩大，人力资源构成的数量、种类、专业亦呈越来越复杂的趋势，政府需要更多地录用和选拔各类具有专业技术的人才作为公务员来提供公共服务，而这些人的行政过程和结果，直接关系到政府的公共形象和公信力，基于提升政府形象和公信力的要求，必须要求公务员实现职业化。

第二章　公务员职业化的历史溯源

公务员职业化有其特定的历史背景，考察公务员职业化发展的历史，全面比较国外公务员职业化和我国公务员职业化的发展进程，可以准确理解公务员职业化的观念、原则，进而推进我国公务员职业化塑造工作的展开。

第一节　公务员职业化的历史考察

一、西方公务员的职业化发展道路

1. 西方公务员职业化缘起

西方公务员职业化是政府职能扩张和资产阶级政党政治发展的结果。现代公务员职业化结构奠基于17、18世纪的普鲁士。到19世纪中叶，西方各国陆续完成了本国的工业革命，资本主义经济得到了迅速发展，与社会化大生产相伴随，政府主管的事务也在不断膨胀，政府除了管理治安、国防、财政、税收等传统事务外，还需要对经济、文化教育等事务进行管理。政府职能的这一变化，被一些经济学者称为政府由“消极防卫职能”转向“积极发展职能”。与之相伴随，资产阶级的“政党分肥”造成了周期性的政治大动荡。即随着执政党的定期更迭，政府行政人员经常大规模换班，形成了一朝君子一朝臣的局面。如此一来，大批精于政府行政业务的管理官员被替换下来，严重破坏了国家统治秩序的稳定性和政府工作的连续性；不仅如此，还造成各种昏庸无能之辈盘踞权力宝座，致使政府人才匮乏，行政管理秩序紊乱，工作效率低下。如此便引发了行政管理活动中的一系列重大转变：政治与行政相对分离，行政系统独立发展、行政权扩张和集中等。这种转变一方面加强了公共行政在社会整合、社会动员和发挥政府经济职能等诸方面的功能和力量。另一方面也推动了在公共行政管理中占主体地位的文官的职业化。

公务员的职业化源起于韦伯的官僚制，马克斯·韦伯首先看到了公共行政管理的职业化倾向。马克斯·韦伯认为现代行政管理不同于古典管理中的家族式管理或业余化管理，它应该是由职业人员担当的专门化活动。由是，“担任公务变成了一种职业”，成员“只对不因人而异的职务性的目标效忠”、“要求由训练有素的专家从事行政管理工作”、“官员是由上级当局任命的而不是选举产生。”[①]在马克斯·韦伯看来，行政管理是一门运用多种科学规律的专业技术，有其独特性，不是任何人都能参与的活动。参与行政的人需要具备特定的职业资格，接受特定的职业培训，服从特定的职业规范。

公务员的职业化是西方官僚制的重要内容之一。官僚制的特征在于：“(1)固定的、正式的权限范围，这一范围一般是由法来加以规定的；(2)权威由组织的层级结构和各种等级授予，有一种牢固而有秩序的上下级制度；(3)管理有章可循；(4)管理人员专业化；(5)官员有较强的工作能力；(6)公务的管理遵循一般的规律。官僚制的这一特征对官员的内外地位起了决定性的作用，表现在：(1)担任公务变成了一

---

① 参见[美]R. J. 斯蒂尔曼. 公共行政学(上册·第一章)【M】. 北京：中国社会科学出版社，1989：125.

种职业,这一职业需要经过培训的官员;(2)官员的个人地位:a. 是由有关等级制度的传统来加以保证的;b. 是由其上级当局任命的;c. 终身任职;d. 通常有定额的薪金作为其报酬,并有退休时的保障;e. 官员处在等级结构系统中从事其终身职业,一般都有一个从低到高的升迁路线。"[①]也就是说,在西方国家,公务员被当作一种职业,一旦任用即取得法定身份,受国家法律保护,成为终身职业(本人自愿转业的除外),亦即我们常说的常任制。常任制即国家公务员非因违法失职并经过法定程序不得被免职或停薪,即使被认定有错,本人也有申诉和说明理由的权利;公务员的身份一经确认,即享有法律规定的一切权益,非经法律程序,任何机关或个人不得剥夺其权益;政府事务官不参与党派斗争,保持政治中立。应该说,韦伯的职业化思想在西方国家的公务员制度中得到了普遍推行,并形成了文职官员的职业化制度,这一制度一直延续到上世纪 80 年代。

2. 西方公务员职业化的历史进程

从历史发展来看,公务员职业化有其深刻的历史渊源。它是伴随着西方文官制度而产生的。14 世纪末叶以后,随着城市手工业、商业、金融的发展和文艺复兴运动的兴起,西欧社会结构发生了翻天覆地的变化,与之相伴随政府结构也发生了相应的变化。西欧各国先后建立了统一的、专制的中央集权政府。随着政府管辖范围的扩大,政府的功能也相应增加,治理需要投入更多的力量,基于这种需要,在西欧各国先后形成了一种新的政府结构,出现了一类新的人员——文职人员。这些文职人员由君主直接任命,听从君主的指挥,协助君主进行统治、管理,对君主负责,并依赖和效忠君主。这就是早期的文官。

---

① 竺乾威、马国泉.公共行政学经典文选(英文版)【M】.上海:复旦大学出版社,2000:544.

从文官的出现到现代职业文官的形成，西方各国的发展经历了这样几个时期：君主恩赐制时期、资产阶级权贵个人赡徇制时期、政党分肥制时期。在君主恩赐制时期，文官是国王或封建君主的忠实奴仆，个人生死荣辱系于君王一身。官职乃君主的恩赐品，政府经费由宫廷开支，甚至官员的衣食住行等，也都仰仗君主的恩赐。在资产阶级权贵个人赡徇制时期，官员的任用是由选举产生的掌权者根据个人好恶以及与自己的关系远近来决定。在政党分肥制时期，官职被视为肥缺或战利品，由在选举中获胜的政党以党派意识为标准进行分配，一般都大肆使用本党派人士担任公职，官员效忠于某个政党，随着政党在选举中的成败而进退。

19世纪中叶，西方各国先后完成了工业革命，工业革命使得社会经济得以迅速发展，与此相伴随，国家政治生活中逐渐出现了政治与行政相对分离的态势，这种态势又进一步促动了公共行政管理的职业化倾向。在这一背景下，文官开始逐步走向职业化。这一时期，生产力迅猛发展，各种新技术、新知识以及新管理思想和方法开始被大量应用到经济社会生活中。“科学管理”、“效率主义”、“利润原则”等等逐渐占据了重要地位。与此同时，随着社会经济的日益发展和政治体系的日渐扩大，越来越多的人开始参与到政治体系中，要求广泛参与政治生活。这必然给当时的资本主义政府体制带来矛盾和挑战：一方面是传统的“共和民主理想”，另一方是适应社会化大生产趋势而提出的科学主义、效率主义和适度集权要求。如何解决这一矛盾和挑战，做到既维护“民主”传统又适当集中管理？方法便是将政府分解为政治和行政，让二者按照不同的原则组织各自的活动。如此便导致了行政管理活动中的一系列重大变革：政治与行政的相对分离、行政系统的独立发展、行政权的扩张和集中等。所有这一切不仅大大加强了公共行政在社会整合、社会动员和发挥政府经济职能等诸方面的功能和力量。同时也推动了公共行政管理的职业化。然而这一变革也带来了一些问题,那就是“行政专横”。而要解决这一问题,就必须改革公职任用制度,提高行政效率。基于这种需要,西方几个主要国家先后创立了公务员制度。

学术界普遍认为,西方国家的公务员制度沿袭于英国的文官制度。第一次尝试建立有效的行政机制源于东印度公司的管理规则。早在18世纪末,英国政府就先后制定了许多立法与行政措施,加强对东印度公司人员的管理,出现了考试任用的萌芽,并通过大幅提高工资以补偿其利益损失、引入通过资历晋升以及对高级公务人员进行重组等改革措施。19世纪初,英国在印度设立了赫尔利伯略行政管理学校,用于培训和训练印度行政官员。到1813年,英国政府规定,凡是进入公务人员队伍者都必须去英国的海里伯雷学院学习历史、语言和印度法律,时间为四个学期,并且必须在入职前取得“优秀操行证书”。在管理委员会大臣托马斯·麦考莱的倡导下,考试制取代恩赐制成为主要的招募方法。1833年,麦考莱提出议案,要求所有进入公司的职员一律实行考试,以图改变恩赐制的局面,但是议案遭到了议会两院中盎格鲁印度家族的坚决反对而未获通过。1853年,东印度公司的特许状期满,向英国国会申请新的特许状,英国国会委派了以议员巴伦·麦考莱为首的3人小组进行调查,后来麦考莱提出了《麦考莱报告》。之后不久,财政部常务次官查理斯·屈维廉与斯坦福·诺斯科特提出了著名的《诺斯科特-屈维廉报告》。该报告首次以官方文件形式将政府公职人员统称为“文官”。该报告还认为,当时英国的文员制度不足以为政府吸收优秀人才,要求确立公开竞争的考试制度,择优录用,废除个人恩赐制和政党分肥制;行政事务分为决策类和执行类,根据不同类型采用不同的考试方法。报告还进一步建议:建立文官管理的准司法机构——文官委员会,针对不同类型文官采用不同的招募形式等。文官采取公开考试、平等竞争、择优录用，彻底摒弃了文官对于权势的人身依附关系，使得文官成为一种常任职业。1854 年 10 月，英国在英俄克里米亚战争中的失利，使得帕麦斯顿内阁不得不在次年 5 月 21 日颁布《关于录用国王政府文官的枢密院令》，该法令责成英国政府专门成立不受党派干涉，独立主持文官招生考试的 3 人文官事务委员会。同时规定，对于经公开考试录用的文官（即常任公务员）实行“无过失不被免职”的原则。1859 年，英国议会颁布《文官退休法》明确了文官的范围。1870 年英国枢密院法令再次确认文官的公开竞考择优录取原则，这一法令确立了文官制度的基本框架。标志着英国现代文官制度的建立。[①]

美国是实行公务员制度比较早的国家。美国建国初期，美国政府人事管理受到英国殖民地吏治上个人徇私主义的影响，政府人员遴选与任用主要靠关系亲疏以及个人喜好，带有明显的人治色彩。1829 年，民主党领袖安德鲁·杰克逊当选为美国总统，他认为国家公职当属在竞选中的获胜者，主张执政党将官职当作“胜利果实”分给本党成员，从而形成了“官吏随所属政党选举胜败为进退”的“分赃制度”。对此，管理大师赫伯特·西蒙曾经指出：“分赃制度实行的结果是，政府雇员才能不胜任，正式的法定组织被削弱，非正式的政治机器控制了政府；官员不对其职务负责，只对其政治领袖效忠。”[②]也正因为如此，社会各界对分赃制度进行了猛烈的抨击，并纷纷呼吁改革。1853 年，国会提出公务员录用必须先通过考试，尽管当时能够参加考试的人员仅限于少数被提名者，但考试制度终于得以确立。1871 年，国会授权总统颁布行政令，对公务员录用的知识、能力、年龄、品德等方面都进

① 参见谭功荣. 公务员制度概论【M】. 北京：北京大学出版社，2007：9—13.

② H. A. Simon, D. W. Smithburg & V. R. Thompson. Public Administration New York: Alfred and Kopf 1953,38.

行了明确规定。1872年，美国各政党举起了“功绩制”的大旗，借以反对“分赃制”。1883年，国会通过了著名的《公务员法》——《彭德尔顿法》。《彭德尔顿法》是根据当时美国国会参议院议员彭德尔顿的名字而得名的，全称为《调整与改革文官制度的法律》，该法是美国文官制度由政党分赃制转为功绩制的法律依据。该法确定了公务员制度的一些基本原则，如政府公务员的任用必须经由公开的竞争性考试来选拔；公务员须对两党持“政治中立”态度，禁止参加政治活动和提供政治捐款。并依法成立“公务员委员会”，对全国公务员进行统一管理。《彭德尔顿法》是美国公务员制度形成的标志，也是美国公务员制度的基本法。之后，根据实际需要，国会又陆续通过了一系列关于公务员制度的法律，如，1920年的《公务员退休法》，1939年的《哈奇法》，1940年的《职位分类法》，1978年的《公务员制度改革法》，1978年的《政府伦理法》等。

美国著名的管理学者莫石曾对美国公务员队伍的职业化发展进程进行过总结概括，他将美国公务员队伍的职业化发展划分为以下几个阶段：绅士政府——卫士国家的阶段(1789—1829)，这一阶段指的是美国建国初年，由当时的资产阶级绅士革命者立国和监国；普通人政府——政治分肥阶段(1829—1883)，这一阶段指的是美国内战前，杰克逊政府强调的是要普通人的政府，政府工作就是简单服务，人人可以胜任；好人政府——改革阶段(1883—1906)，这是一个由知识分子主导的时期，这一时期注重政府改革；效率政府——科学管理阶段(1906—1937)，效率政府讲究效率优先；管理人政府——管理经营阶段(1937—1955)，指的是罗斯福到约翰逊政府时期对社会的大规模干预；职业人阶段——科学管理阶段(1955)，这一阶段即公共管理专业化的阶段。职业人阶段的突出表现是：社会的专业化程度大为提高，更多的人成为专业人员，用比较高的科学发展观来管理和推动社会的发展。公务员开始有自己特定的专门的工作领域，这个领域需要相当的专业能力，他们也可以在这个领域里追求终身的职业，也就是专业工作的职业化。[①]

二、西方公务员制度与公务员职业化

公务员制度的发展历程表明，公务员制度的确立一开始便采用了职业化的途径。从传统意义上说，公务员队伍是与其他专职服务于国家的机构如军队、司法与警察等相对应的。所谓专职服务，亦即科学化或职业化的公务人员，其提供的是技术的而非一般的行政支持。在西方国家，公务员制度具有某些共同特征，表现在：(1)实行职务常任。公务员制度通过在政治上实行政务官与事务官的分离，事务官职务常任，不随政党选举而进退。在管理上，事务官采用公开考试、平等竞争、择优录用的办法，彻底摒弃了文官对于权势的依附关系，使得文官成为一种常任职业，国家公务员非因违法失职并经过法定程序不得被免职或停薪，即使被认定有错，本人也有申诉和说明理由的权利；公务员的身份一经确认，即享有法律规定的一切权益，非经法律程序，任何机关或个人不得剥夺其权益。政府事务官不参与党派斗争，保持政治中立。这就使得文官成为一支独立的力量行使公共行政权力。可以说，正是因为摆脱了对权势的依附关系，文官才得以按照行政管理的本来规律进行公共行政管理，从而提高行政效率，满足不断发展的社会需要。(2)现代西方文官实行“政治中立”。西方各国都确立了公务员“在政治上保持中立”的制度。要求文官对政党必须是公正超然的，不得参加党派之争和政治活动，对政治问题保持缄默，忠诚地为政府服务。这就是说，文官不应成为某一社会集团政治目标的工具，而要

① 参见蓝志勇、胡威. 人力资源管理工作中公务员的专业化问题【J】. 中国行政管理，2008(6).

为全社会工作，做广义的政治工具。政府还要求文官把职业活动视作唯一的工作，是一种专门职业，通过专门的培训增强这种职业能力，并且按照资历、成就或者二者兼顾进行晋升。文官忠实地服从对其行为的严格的、有组织的控制和要求，在一切的权限范围内，尽职尽责，遵守文官应尽的义务，享受国家赋予的各种权利。同时必须具备作为一名文官应有的良好职业道德，从而获得以货币形式支付的固定薪金。(3)实行严格的职业准入。在公开考试、平等竞争、择优录用的基础上，现代文官往往通过考试进行测验，从而选拔出出类拔萃的人才，为政府提供高效的服务。录用文官的条件主要看其是否具备任职所需要的知识和技能。在通常情况下那种认为政府工作是任何人都能承担的简单劳动的观点已经完全过时。“人是组织获得成功的中心”和“专家治国”的新型管理思想占据统治地位。对文官的管理也是依据技术性的规则和规范，而且强调进行专门化的训练，只有接受过适当的技术训练的人才有资格成为或继续成为文官群体中的一员。完整的培训制度的建立与文官的特殊要求相辅相成，既全面保证了文官素质，又使得文官职位更加职业化和专业化。例如，公务员被认为是政府决策者的专业顾问，一开始就具有某种职业化的趋向。公务员的职业准入要求强调某些技术方面的资格，如科技、经济学、医学与工程学等。一些国家规定，高级公务员必须接受法律等培训。无论其具体要求如何，公务员都是职业化的，即职业公务员。公务员有义务为政策制定者提供建议、警告与支持，并提供政策执行的组织准备。此外，公共行政是按照标准的层级制组织起来的，这种控制意味着下级必须服从上级的法律命令，以使得整个体制得以维持，这种职责层级制具有职位固定、责任明确、权力特定、工资与特权都可以客观评估的特点。[①] 但是从 20 世

① 参见谭功荣. 公务员职业化:起源、内涵及模式比较【J】. 中国行政管理，2009(2).

纪七八十年代开始，社会背景发生了一系列重大变化，表现在：行政体制的国际接轨趋势及全球化经济条件下提高竞争的要求，全球化条件下的行政改革的传播效应；公众对政府期望的增加；私营企业革新的成就对政府压力的示范效应，大众传播媒体的普及和日益增长的监督作用；政府困境方面的财政危机、管理危机、信任危机。[①] 新的要求和形势对政府公共服务提出了新的要求。作为回应，西方国家进行了一场广泛的不同于传统行政的改革运动。指导这场改革运动的理论也如雨后春笋般地涌现出来，诸如公共选择、管理主义、新联邦主义、新合作主义、后官僚主义、新平民主义等。但就实践中的影响而言，公共选择和管理主义是当代行政改革的主导理论。[②] 随着这些新公共管理思潮的出现，西方公务员制度改革在尊崇市场力量，在公共选择理论和管理主义理论的指导下，在用人制度上引进了市场中的合同制，从而打破了西方公务员制度建立以来所确立的职务常任的这一基本原则。如美国率先通过了公务员政治权利法，在保障公务员政治权利的同时，试图改革公务员制度以加强对公务员的政治控制，不再维持对公务员进行单独管理的制度。同时还削弱了独立文官管理机构的权力，加强了对公务员的行政制约。此种做法引起了其他国家的纷纷效仿。另一方面，通过下放行政权力，增强公务员对公民需求的回应性及其责任。这些都改变了西方公务员制度长期奉行的中立的传统。西方常任官员制度和政治中立原则的动摇，使得公务员职业化的内涵也发生了相应的变化，传统的终身职业观念逐渐消失，而代之以“让管理者管理”的新思想，这种思想更多关注于：管理的专业化、有严格科

---

① 周志忍. 当代国外行政改革比较研究(第 1 版)【M】. 北京：国家行政学院出版社，1999：5—11.

② ［澳］欧文・E. 休斯. 公共管理导论(第二版)【M】. 北京：中国人民大学出版社，2001：21.

学的职业规范、有独特的职业标准、有职业道德和职业制度下的权威地位,强调优胜劣汰的竞争,强调职业的规划和发展。具体表现在:(1)由于合同用人制度的推行和独立核算中心不受现有文官法规限制的用人制度,对公务员实行的常任制已名存实亡。(2)政治中立原则受到严重挑战。英国撒切尔政府以提高文官的政治敏锐性和响应性为名,加强对高级文官的政治控制,导致高级文官政治化。美国国会两院则以政治中立使公务员成为政治上的二等公民为由,两次通过了《公务员政治权力法案》。(3)独立管理原则被动摇。公务员选拔录用晋升方面的权力逐渐转移到政务官或行政部门手中,独立文官管理机构的权力被削弱,有的甚至被解散。

西方常任官员制度和政治中立原则的动摇,使公务员职业化的内涵也相应发生了变化,原来那种终身职业的观念逐渐消失,而"让管理者管理"的新思想出现,其职业化的内容更多的关注点是:管理的专业化、有严格科学的职业规范、有独特的职业标准、有职业道德和职业制度下的权威地位,强调优胜劣汰的竞争,强调职业的规划和发展。

尽管西方文官职业化存在着这样或那样的不足,但职业化对提高行政效率,实现"大众民主"所起的作用却是不可泯灭的。

三、西方公务员职业化内容的变革

从西方国家来看,西方的公务员制度也在随着时代的发展而进行着变革。自 20 世纪七八十年代开始,伴随全球化、信息化、市场化时代的来临,产生了许多新的社会问题和社会矛盾,增加了社会管理的难度和复杂性,同时也对政府公共服务提出了新要求。在这种形势下,一种新的公共行政理论、管理模式——新公共管理在 20 世纪 80 年代的英美两国应运而生,并迅速扩展到西方各国,由此西方国家开始了政府治理范式改革,旨在通过强化社会管理职能、优化政府组织结构、推进公共服务供给模式的多元化等举措来为社会公众提供优质高效的公共产品和公共服务，构建服务型政府。在这种形势下，传统公务员制度的一些重要原则和核心特征开始被动摇。西方国家这种常任官员制度和政治中立原则的动摇，致使公务员职业化的内涵也随之发生变化，终身职业的观念逐渐淡化甚至消失，而代之以“让管理者管理”的新思想。自 20 世纪 70 年代末 80 年代初以来，在西方国家的公共管理领域涌现出了新公共管理的思潮。伴随着新公共管理思潮的改革浪潮也开始掀起，从而在相当程度上改善了西方国家的公共管理水平，促进了西方国家经济与社会的发展与进步，更好地满足了公共服务需求，同时也增强了西方国家在国际社会中的竞争能力。新公共管理思想与传统的以威尔逊、古德诺的政治与行政的二分法和以韦伯的科层制理论为基础的官僚制的行政管理理论有着明显的不同。新公共管理思想以现代经济学和私营企业的管理理论与方法为理论基础，主张在政府管理中采纳企业化的管理方法来提高管理效率，而不是利用集权、监督以及加强责任制的方法来改善行政绩效；它认为应该在公共管理中引入竞争机制，以此来提高服务的质量和水平，强调公共管理应该以市场或顾客为导向，以此来改善行政绩效。新公共管理的代表人物胡德认为，“新公共管理”思想包括七个方面内容：“(1)公共领域的专业化管理。这意味着让管理者管理；(2)绩效的明确标准和测量；(3)格外重视产出控制；(4)公共部门内由聚合趋向分化；(5)公共部门向更具竞争性的方向发展；(6)对私营部门管理方式的重视；(7)强调资源利用要具有更大的强制性和节约性”。[①] 英国学者温森特·怀特则进一步提出：“管理主义”(新公共管理)强调职业化的管理、明确的绩效标准和绩效评估；以结果而不是以程序的正确性

① [澳]欧文·E. 休斯. 公共管理导论(第二版)【M】. 北京：中国人民大学出版社，2001：72—73.

来评估管理水平;看重金钱的价值;对消费者而非公民的需要保持敏感,强调公共服务的针对性而非普遍性。[①] 新公告管理思潮所表现出的对公共部门的职业化管理,就意味着:“让管理者管理”。20 世纪 70 年代后期以来,美国的高级行政职务(SES)制度已经非常普遍。从概念上而言,该制度的目的是发展出一批可随时在不同职位和部门之间进行流动的高级管理人才。他们的身份是高级行政职务,而不是一个部门的职务。这一转变是为了通过提高管理能力来提高整体效率。而来自高级管理层的另一个转变是,任用管理型的而不是专家型的人员担任部门领导。管理越来越被看作是一项需要管理技能的职能,而非其他专家可“一学就会”的事情。[②] 这也就是说,在“让管理者管理”的思想统帅下,职业化的内容开始倾向于:管理的专业化、有严格科学的职业规范、有独特的职业标准、有职业道德和职业制度下的权威地位,强调优胜劣汰的竞争,强调职业的规划和发展。

尽管西方国家的公务员职业化并非尽善尽美,其内容也在不断变革,但对于正处于职业化进程中的我国公务员来说,借鉴其文官职业化的经验,汲取其精华,以他山之石来攻玉,走一条有中国特色的公务员职业化道路却是十分必要的。

第二节　我国公务员职业化发展进程

一、我国公务员制度的确立与发展

公务员职业化是与公务员制度密不可分的。从我国公务员制度确立来看,应该说起步比较晚,1984 年 11 月,《干部管理条例》第十一

---

① 赵景来.“新公共管理”若干问题研究综述【J】.国家行政学院学报,2001(5).

② [澳]欧文·E.休斯.公共管理导论(第二版)【M】.北京:中国人民大学出版社,2001:76.

稿开始出现一个比较新的概念，就是国家公务员制度。实际上公布的时间是在1987年的十三大会议上。十三大提出了要对公务员的政绩观和业务观进行分割，要建立国家的公务员管理体制。1988年，劳动人事部实行分离，专门成立人事部，人事部是管理公务员的主要机构，它的一个重要职责就是推行公务员制度。1993年10月1日，《国家公务员暂行条例》(以下称《条例》)颁布，标志着我国公务员制度的诞生。《条例》颁布后，结合推行国家公务员制度的实践，制定了与《条例》相配套的13个《暂行规定》、13个《实施办法》和相关的政策规定、实施细则。国务院各部门和地方根据实际情况，制定了一系列实施办法或实施细则。我国公务员制度的基本内容在《条例》有18章88条，规定了10种制度，分别是：职位分类制度、录用制度、考核制度、任免制度、职务升降制度、奖惩制度、培训制度、交流制度、回避制度、申述控告制度。形成了以《条例》为主体的相对完整的法规体系，公务员管理的主要环节实现了有法可依。

公务员法研究起草工作从2000年8月启动，经历了调研、试点运行、推行实施、健全完善等阶段，历时近五年，草案经过20多次的修改。2005年4月27日，十届全国人大常委会第十五次会议审议通过了《中华人民共和国公务员法》。《公务员法》以邓小平理论和“三个代表”重要思想为指导，坚持党管干部原则，依据宪法，结合干部人事制度建设的实践，以法律的形式明确了公务员管理方面的一系列重大问题，《公务员法》是我国50多年来干部人事管理方面第一部总章程性质的法律。《公务员法》的颁布实施，标志着公务员管理进入法制化的新阶段，标志着中国特色公务员制度已经形成。

前人之事，后人之师。我国的公务员制度在建设过程中通过不断借鉴外国公务员制度中的经验正在逐步走向成熟与完善。一是分类管理的格局基本形成。打破了“国家干部”的概念过于笼统，缺乏科学分类的局面，这对于形成党政机关、企事业单位各具特色的人事管理制度起到了促进作用。二是建立了“凡进必考”的机制。各级机关面向社会公开招考，打破了“统包统配”用人方式。三是考核机制科学合理。对公务员的德、能、勤、绩进行评价，改变了“干多干少一个样，干好干坏一个样”的观念。四是竞争上岗制度逐步完善。竞争上岗成为选拔人才的重要途径，打破了长期以来职务晋升中“论资排辈”的现象。五是形成了交流与回避制度。对领导岗位和“热点”职位有计划地轮岗，对公务员任职和执行公务实行回避制度。六是保持干部队伍“出口”的畅通。公务员退休制度、辞职辞退制度开始实施，破除了过去干部“能进不能出”的弊端。七是培训教育工作经常化、制度化。培训成为开发公务员人才资源的重要途径。八是建立有效的奖惩制度。通过奖励与惩戒，促进勤政廉政建设。九是明确保障公务员权利。通过实行申诉、控告制度，维护公务人员的权益。

近年来，我国的公务员制度在不断发展与创新。表现在：一是健全了干部人事管理机制。包括新陈代谢机制、竞争择优机制、权益保障机制和监督约束机制。二是调整了公务员的范围。确定凡依法履行公职、纳入国家行政编制、由国家财政负担工资福利的工作人员都是公务员。与公务员暂行条例相比，公务员范围由行政机关工作人员扩大到中国共产党机关、人大机关、政协机关、审判机关、检察机关和各民主党派机关的工作人员。三是确立了分类管理原则。国家对公务员实行分类管理，按照职位的性质和特点，将公务员职位类别划分为综合管理类、专业技术类和行政执法类等；按照干部管理权限，将公务员分为领导成员和一般公务员；按照任用方式，公务员职务实行选任制、委任制和聘任制。四是改革完善了职务级别制度。对已有的职务级别制度加以改革完善，使职务和级别的关系更加合理。同时改变了单一化的职务设置，为公务员提供多样化的职业发展阶梯。扩大级别的功能，使得级别成为除了职务晋升之外公务员职业发展的重要台阶。五是对职位聘任制度做出了明确规定。实行聘任制可以满足机关对一部分专业性较强和辅助性职位人员的需求，有利于拓宽选人用人渠道，降低用人成本，增强公务员制度的活力。《公务员法》颁布后，制定了《公务员法》实施方案及其五个配套文件，颁布了党政机关公务员处分条例，出台了公务员考核规定。涉及公务员管理其他环节的配套法规建设也正抓紧开展。

二、我国公务员制度特色及其公务员职业化程度

1. 我国公务员制度特色

公务员制度实施至今，正是我国承前启后、继往开来、迈进新世纪的重要历史时期，也是人事制度改革不断深化、人才队伍不断壮大、人事人才工作实现较快发展的时期。公务员制度的推行，对推进机关干部人事管理的科学化、民主化、制度化，优化干部队伍，促进机关的勤政廉政，增强机关的生机与活力，提高工作效能，起到了重要作用，取得了显著的成绩。公务员制度的建立和推行遵循了解放思想、实事求是、以人为本、科学发展、社会和谐等科学理念，既勇于改革不合时宜的人事制度，又从实际出发来建立健全各项管理制度。各级公务员主管部门用科学理念统一思想，研究解决推行工作中遇到的新情况、新问题，使制度建设保持了正确的方向。

我国的公务员制度是在继承和发扬党和国家干部人事工作传统，总结吸收了干部人事制度改革的经验，形成了中国特色的公务员制度。与西方的文官制度相比，具有以下鲜明特征：(1)坚持四项基本原则，坚持党的基本路线，而非政治中立；(2)坚持党管干部的原则，而非超越党派；(3)坚持德才兼备的用人标准，并把政治素质放在首位，而非仅强调个人能力；(4)坚持为人民服务的宗旨，而非为特殊利益集团服务；(5)坚持统一管理，强调公务员是一个整体，没有“政务官”与“事

务官”的划分。

2. 我国公务员职业化程度

我国自1993年颁布《国家公务员暂行条例》，之后在实践的基础上不断加以总结，制定了与《国家公务员暂行条例》相配套的13个《暂行规定》、13个《办法》和一系列实施方案、实施细则。在此基础上，各地各部门根据自身实际，也制定了相应的具体实施办法和细则，从而形成了一个以《条例》为主体的法规体系。由此，在公务员管理的主要环节上基本做到了有章可循、有法可依。除此之外，在公务员的职业准入、职业素质、职业标准、职业规范等方面也都做出了相应的规定，可以说开始初步实行公务员职业化。

具体来说，就职业准入而言，通过《国家公务员录用暂行规定》对初级公务员的“入口”进行规范，基本做到了公务员“凡进必考”；而对中高级公务员，则运用《党政领导干部选拔条例》对入口进行把关，以守好“楼梯口”，与此同时，在我国许多地方还出台了“领导干部政治理论水平任职资格考试”制度，以督促领导干部进一步提高自身理论素质。

就职业规范而言，公务员制度把廉洁作为公务员行为的重要准则，并将其贯穿于公务员的权利义务、录用、考核、晋升等各项管理之中，为此建立了专门的防范制度和制约制度，如制定严格的纪律，对违犯纪律者进行惩戒处分；实行回避制度，对有一定亲属关系的公务员在任职和工作上做出一定的限制，防止以权谋私的现象发生；《国家公务员行为规范》提出公务员必须政治坚定、忠于国家、勤政为民、依法行政、务实创新、清正廉洁、团结协作、品行端正。同时《国家行政机关工作人员贪污贿赂行政处分暂行规定》对公务员有哪些“不可为”行为做出了规定。

就职业道德而言，公务员的职业道德是指公务员在本职工作中应当遵循的道德规范和行为准则，它不同于公务员的法律义务，不通过强制手段保证执行，对它评价的主要方式是社会舆论、群众评价、自我内心信念的评价。我国公务员职业道德的基本内容包括：全心全意为人民服务；坚持原则，实事求是；廉洁奉公，不谋私利；忠诚积极，以身作则等。为了确保公务员的职业道德，我国一方面通过在入口处对公务员的职业道德进行严格把关，另一方面也通过公务员培训、思想教育和舆论导向等方式来提高公务员的职业道德水准。

就职业素质而言，国家正在从多种途径、采用多种渠道提升公务员的职业素质。目前，公务员的录用考试正在逐步走向规范化、标准化，这对于确保初级公务员的职业素质无疑起了重要作用；而推行公开选拔领导干部，以吸收优秀人才进入领导岗位，也大大提高了中高级公务员的整体职业素质；"关于建立县级以上党政领导干部理论学习考核制度的若干意见"(中组发[2000]16 号)第十二条规定："建立县级以上党政领导干部政治理论水平任职资格考试制度。对新拟任县处级党政领导职务的干部，要进行政治理论水平任职资格考试，未能获得资格证书的，不能任新职。"该规定对于提高县处级领导干部的职业素质起到促进作用；除此之外，我国还采用了正规的公共管理教育，如 MPA，我国首届 MPA 于 2001 年 10 月，由 24 所高等院校进行统一联考，目标是培养应用型的公共管理人才，这一举措正是为了提高公务员的职业素质。截至目前，我国已有多所高校开设 MPA 专业。

就职业标准而言，已经制定了初步的规范。如公务员录用方面，通过笔试考察应试者的公共基础知识和专业知识以及行政职业能力，通过申论考察应试者的阅读理解能力、综合分析能力、提出和解决问题的能力、语言表达能力，通过面试考查应试者的岗位工作能力；在公选方面，制定了《全国公开选拔党政领导干部考试大纲(试行)》，通过笔试考查应试者的公共基础知识和专业知识，通过面试考查应试者的表达能力、思维能力、计划能力、决策能力、组织协调能力、人际沟通能力、应变能力、选拔职位需要的特殊能力及个性特征等。

毋庸置疑，虽然说我国在公务员的职业化方面确实取得了一些成效，但问题依然很多，缺失依旧存在，表现在：

制度设计不尽如人意。首先，就考试录用制度而言。目前实行的考试录用制度主要是针对主任科员以下非领导职务的国家公务员。对该层次的公务员来说，其职位要求更多的是具有专业知识与技能，因而其考试就应该是针对不同的职位来招考具有不同专业素质和技能的人。然而，目前的考试录用制度尚未做到这一点。整个公务员录用考试是普遍性有余，针对性不足。表现在：一方面是虽然我们也设立了公务员资格审查和录用考试，但是资格审查和录用考试是脱节的。另一方面由于没有区分职位、专业背景等因素，考试缺乏针对性和甄别性，难以检测出应试者的真实水平和体现职位的现实需求。在这点上，西方国家的做法要比我们合理得多，他们一般是采取分级考试制度，应试者必须通过公务员基础知识的考试，才能取得参加下一轮录用考试的资格。此外，我们重视的是公务员基本知识的考查，不同性质、不同类型的公务员的考试内容大体相近，没有采用不同的考试形式有针对性地进行考察。同时准入标准的设置存在着严重的盲目性和随意性。这一点从五花八门的公务员报考者条件中可略见一斑。其次，就公务员培训而言，依然存在着诸多问题。一是培训尚未做到普遍化、常态化；二是培训效果不尽如人意。目前的培训主要集中在处于领导地位的高级公务员，对中下级公务员的专业培训不足。即便是这样的培训也只是临时的，远非达到规范化、常态化。而从培训效果来看，由于现有的培训机构的师资力量和水平所限，难以达到应有的培训效果。当前承担公务员培训任务的主要是各级行政学院和干部管理学院，由于受专业背景的限制，培训内容仍偏重政治理论的灌输，针对性不强，缺乏与公务员工作密切相关的专业理论、专业技术培训。培训方法也大多局限于课堂讲授。第三，就公务员的考核和晋升而言，考核方式与晋升欠缺科学性和合理性。以考核为例，考核的标准单一并且不具体，缺少可操作性，以不变应万变，用同一个标准来衡量不同层次、不同工作性质和专业类型的公务员；考核档次过于笼统，只分为优秀、称职和不称职三等，大部分公务员的考核成绩集中在“称职”这一等，不利于拉开档次，无法在考核成绩中体现不同类型的公务员在专业知识、业务能力和工作成绩上的差异以及贡献大小；考核方法单一，以定性考核为主，缺乏定量考核的手段和方法。而在晋升制度中，一是论资排辈和长官意志十分盛行，二是晋升线路不确定，不管公务员的专业素质和能力与职位要求是否匹配，只要实际工作需要，完全可以打破界限，在完全不同的系统中得到晋升使用。第四，就公务员的退出而言。1993 年，《国家公务员暂行条例》出台，该条例对公务员的辞职和辞退做出了规定；1995 年《国家公务员辞职辞退暂行规定》颁布，该规定进一步制定了辞职辞退的实施细则。公务员辞职辞退制度成功地将竞争机制引入国家机关人事管理，目的在于实现公务员队伍的优胜劣汰，进而提高公务员队伍的整体素质，促进公务员队伍的廉洁、高效。但从现实来看，由于现行社会保障的经费来源不足，管理机构和管理制度不健全，大大制约了公务员辞退、辞职制度的实施。我国社会保障支出除每年列入国家财政预算的“抚恤和社会救济费”外，主要来源于各企业和单位。尽管社会保障支出项目和标准有各种制度规定，然而其经费来源却缺乏相应的专项社会保险资金，经费来源普遍存在严重不足，并且经费收纳的项目比例及收支程序等都缺乏有效的审核监督，在管理上仍处于分散状态。凡此等等，使得公务员辞职或被辞退后的生活安排很难得到制度上的保障，进而造成了事实上的公务员能上不能下，能进不能出。

职业意识淡薄。在公务员队伍中很多人还存在着“官念”，尚未形成普遍的“职业”意识，秉持职业精神，把为社会民众提供公共产品和公共服务作为自己的职业宗旨，把维护公共利益作为自己社会生命的实现途径。由于历史和文化的原因，在我国长期存在着“官本位”意识。所谓“官本位”意识，是指以官为本，以做官为目的，把做官看作人生最高价值追求，同时又用所做的官的大小来评判人生价值的大小，评判一个人的地位和作用。“官本位”意识与公务员所要求的“职业意识”是背道而驰的。从现实来看，“官本位”意识不仅滋生了各种官僚主义现象，还导致了跑官要官、买官卖官等行为。正是基于此，胡锦涛同志曾多次要求各级领导干部，要坚持权为民所用、情为民所系、利为民所谋，为群众诚心诚意办实事，尽心竭力解难事，坚持不懈做好事，要“始终做人民的公仆”。

职业标准不完善。截至目前，我国已颁布了《国家公务员录用暂行规定》、《全国公开选拔党政领导干部考试大纲（试行）》、《党政领导干部选拔条例》，这些规定和条例尽管对公务员这一职业提出了一些要求、制定了一些标准，但是如果仅以此作为公务员的职业标准，还是远远不够的。首先，从内容上看，现有的职业标准中，对公共基础知识的规定相对比较完整，对能力的要求过于笼统，而对个性特征或者心理素质等方面的要求或规定更是简略，如此标准显然有待于完善。其次，从范围上看，这些要求和标准并非指向所有公务员，其覆盖面有限，《国家公务员录用暂行规定》只是针对初级公务员的录用，《全国公开选拔党政领导干部考试大纲（试行）》和《党政领导干部选拔条例》，也只是为为数不多的领导干部的选拔提供的标准，而事实上通过公开选拔得以晋升的人员并非多数，更多的人还是通过委任等形式得以提拔。

评价方法不成熟。有职业标准，就必须有与之相应的评价方法。

就目前来看，对公务员采用的评价方法依然是不成熟的。如，在公务员录用和公开选拔领导干部中采用了笔试、面试等评价方法，但对个性特征或者心理素质的评价方法还远不成熟。虽然在《公选大纲》中提到了无领导小组讨论、文件筐测试、工作取样法、角色扮演法、演讲法等等方法，但事实上对这些现代测评技术的使用仍然是不成熟的。

知识结构不合理。从知识结构上看，许多公务员虽然接受了高等教育，但多为单一的专业教育，对现代行政管理知识，特别是适应市场经济所需要的知识，如经济管理、世界贸易、外语、计算机、财税、金融、法律等知识还十分缺乏，在知识结构上表现出不尽合理。

职业道德失范。改革开放以来，我国在经济建设上取得举世瞩目的成就，社会发展日新月异，遗憾的是公务员道德建设与社会发展的进步发展不甚同步，突出表现在各种腐败行为屡屡发生，各种造假现象屡禁不止；此外，行政工作中的有法不依、执法犯法现象，有令不行、有禁不止现象，甚至上有政策、下有对策现象时有发生。

由此可见，加强我国的公务员职业化建设不仅十分必要且十分迫切。它不仅关乎公务员自身的不断进步与完善，关乎公务员队伍的职业素质与能力的提高，也关乎整个社会大环境的改善，如，社会主义市场经济的进一步完善、政府机构改革的深化等等。

第三章 公务员职业化塑造的提出

随着社会复杂性和不确定性的与日俱增,政府控制导向的行为模式越来越难以为继,构建服务型政府已成为社会发展的迫切要求。而构建服务型政府必然要求公务员更加职业化地工作,基于我国公务员队伍的现状,进行公务员职业化塑造,不断提高其综合素质和能力、维护和内化公务员精神就成为迫在眉睫的任务。

第一节 公务员职业化塑造的本质追求

一、公务员职业化塑造缘起

著名行政学家张康之认为:“人类处于全球化、后工业化的进程中,虽然科学技术的发展能够为政府的社会控制提供更多的技术性支持,但是,社会的复杂性和不确定性与日俱增,使政府控制导向的行为模式越来越难以为继。在这种情况下,政府必须抛弃控制导向的行为模式,并以引导取向的行为模式来取而代之。行为模式的改变可以通过观念的变革去开辟道路,也可以通过权力体制的改革去实现,而最为切实可行的策略则是政府职能模式的变革。因此,我们认为,需要根据时代的要求去建构一种引导型政府职能模式,有了这种政府职能模式,就可以使政府的控制追求一步步地走向弱化,直至让政府走向与其他社会治理力量一道去在社会治理的问题上开展合作的地步。在社会的合作治理体系中，政府将以服务型政府的角色去发挥作用。”[①]毋庸置疑，当政府要实现行为模式由控制向引导的转变，以服务型政府的角色去发挥作用时，就必然对政府职能的具体承担者——公务员的综合素质提出更为严格的要求，需要他们更加职业化地进行工作，而对于职业化程度上不够高的我国公务员来说，进行职业化塑造与养成，提高其综合素质，促进公务员队伍职业化就成为构建服务型政府的一个必要前提。

二、何谓公务员职业化塑造

公务员职业化塑造就是采用一定的手段和方法使广大公务员在知识、技能、观念、思维、态度、心理、行为上符合职业规范和标准，达成工作状态的制度化、规范化、标准化。公务员职业化塑造可以从两个方面来看，就公务员这一职业而言，是一种具备一定职业准入、职业技能和职业规范的职业化过程，就公务员个人而言，是一个不断提高自身综合素质、维护和内化公务员精神并不断使自己更加专业化的过程。公务员职业化塑造的实质是实现组织的职业化以及个人的职业化，公务员职业化塑造的目的是打造一支高素质的职业化队伍。

公务员的职业化塑造表现在两个向度，一是外在塑造，二是内在养成。所谓外在塑造，即组织一系列制度安排、环境创设、管理方法等引导、教育培养、规范、激励和约束等将公务员塑造成符合公务员职业特征的人，打造职业化公务员队伍。所谓内在养成，是指公务员依据自我设计的蓝图，不断提高自己的职业素质和职业能力，使自己不断向职业化的理想状态接近。

---

① 张康之.论政府行为模式从控制向引导的转变【J】.北京行政学院学报，2012(2).

公务员的职业化塑造是一个由制度规范、组织管理、环境熏陶、自我塑造养成等一系列环节组成的整体,在这一系统中,各个环节之间相互关联,具有内在的逻辑系统性。制度规范是前提和基础,为公务员职业化塑造确定方向目标;组织管理是手段,它为公务员职业化塑造提供具体的操作原则和方法;环境熏陶是辅助,它为公务员的职业化塑造提供了土壤和情境;自我塑造与养成是归宿,它是公务员职业化生成的落脚点。

三、公务员职业化塑造的本质追求

公务员是否能以职业的身份完成自己的职业分工,是现代化的一个标志。温家宝要求公务员队伍必须做到:一要牢固树立执政为民的思想观念;二要知法守法,依法行政;三要忠于职守,勤奋工作;四要清正廉洁,公道正派,全心全意为人民服务。[①] 应该说,这既是政府对公务员的要求,也是公务员职业化的本质追求。公务员职业化塑造的最终目的是打造一支职业化的公务员队伍,这支队伍应该具备现代公共政策和公共事务理论素养;掌握先进分析方法及技术;精通公共政策、公共管理和公共事务,能够进行科学的行政管理,有比较高的行政效率。进而言之,就是通过公务员的职业成长、能力增强和绩效提升,来实现人事相宜、事竟其功、人尽其才和组织绩效的不断提高。

亨廷顿有一个著名论断:发展中国家现代化需要强大政府和强大政党,该理论被许多政治学者所认可。对我国来说,在人口众多、农业落后、发展不均衡的情况下,要推进国家现代化的进程,更需要有强有力的政党和政府来进行合理的制度设计和科学的政策制定。而“在路线、方针、政策和法律制度框架确定后,公务员的水平决定着政府的管

---

① 摘自温家宝.2003 年 12 月 19 日在全国人才工作会议上的讲话.

理水平，公务员的能力决定着政府的管理能力。在当今世界，没有高素质的公务员队伍，就无法应对越来越激烈的综合国力竞争。”①在我国，强大政府和强大政党组织的主体便是公务员队伍。公务员作为公共政策制定和执行的主体，其政策选择导向、政策制定水平和执行水平，直接影响到政策及其实施对社会发展的作用方式和效力，影响到政府的形象和公信力。公务员作为政府提供公共服务的主体，直接影响着政府方针政策能否得到认真的贯彻和落实，社会的各项事业能否得到有序的管理和推进，人民的各项利益能否得到持续的保障和发展，作为政府的代表，公务员承担着管理公共事务的责任，一支职业化的、精明强干的高素质公务员队伍，是获得政府良好绩效的根本保证。为此，我们必须重视公务员这一重要的人的因素，通过一系列的制度安排与规约，采取行之有效的措施，强化其职业意识，优化其职业态度，提升其职业能力，增强其职业道德，树立其职业形象。

四、公务员职业化塑造的价值

公务员职业化塑造有益于服务型政府建设。十届人大三次会议的《政府工作报告》明确提出努力建设服务型政府的目标。服务型政府不仅仅是一种形式上的变革或管理风格的细微变化，更重要的是政府的社会角色及政府与公民的关系方面所进行的改革，政府的公共服务职能将越来越得到政府的重视。公务员是服务型政府职能的具体承担者，公共政策的贯彻执行者，他们的综合素质特别是公共服务能力直接关系到政府的行政效能。进行公务员职业化塑造，提高公务员队伍的职业化水准，意味着公务员专业化水平的提高、公共服务水平的提升以及执政能力的增强，而公务员队伍职业化程度越高，整体的能力、价值就越能得到充分、稳定的发挥，就越有益于服务型政府的

① 华建敏.2003 年 12 月 21 日在全国人事厅局长会议上的讲话.

建设。

公务员职业化塑造有益于公共部门人力资源的开发与管理。21世纪,人类社会正经历着一种以全球化、信息化、网络化和知识驱动为基本特征的全新革命,这场革命使21世纪成为人才经济的世纪,使竞争变成了人才的竞争,在这场战争中,谁拥有最优秀的人才队伍,谁就会在国际竞争中占据主动,获得优势。发展中国家要在全球化、知识化的浪潮中站稳脚跟,后发而先至,就必须更加注重人才整体素质的提高。美国哈佛大学学者罗伯特·巴罗等人运用新的经济增长理论进行调查,调查结果表明:"妨碍穷国赶上富国的原因,主要是缺乏人力资本,而不是缺乏有形资本。"[①]我国与发达国家的差距恰恰就表现在人力资本上。要缩小我国与发达国家的差距,就必须把提高人员素质当作重中之重。公务员是我国人才队伍的重要组成部分,其担负着国家行政管理的重要职能,这支队伍素质的高低,直接决定着政府工作的成效。进行公务员职业化塑造,旨在提高公务员的职业化水平,而公务员作为公共管理部门的人力资源,其职业化程度的不断提高,无疑也会大大促进其潜能的开发与利用。

公务员职业化塑造有益于公务员队伍的优化。早在上世纪80年代,我国领导人就明确提出干部要"四化",即革命化、年轻化、知识化、专业化。但由于我国公务员制度起步较晚,且是在传统干部人事制度的基础上建立起来的,许多公务员都是从以前的"干部"直接转化而来的,其本身的理论知识水平就不高,且没有经过正规的考试录用制度和系统的管理理论培训,近年来,虽然实施了基层公务员考录制度,但由于"考碗热"的兴起,导致公务员难以形成正确的职业价值观和职业

---

① 转引自:朱效民.国民科学素质——现代国家兴盛的根基【J】.自然辩证法研究,1999(1).

意识。基于此，有必要从公务员职业本身入手进行改革，通过对公务员的职业化塑造，引导公务员由“身份”到“职业”的转变，以职业理性规避对公务员身份的崇拜，实现公务员的职业分化、公正的职业竞争环境和合理的职业选择，在政府人力资源开发管理中，引入市场竞争机制，通过充分的职业竞争、持续的职业培训、明确的职业规范建设，实现公务员的职业化管理。众所周知，在企业界，通过经理人职业化革命催生了大批具有良好职业素质的管理人，而通过公务员职业化塑造，也一定能够催生出一支具有职业意识、职业能力、职业态度和职业道德的公务员队伍，从而实现公务员素质的整体优化。

公务员职业化塑造有益于公务员公共行政能力的提高。公务员代表国家和政府，是国家公权力的行使者，是公共管理的实施者和公共服务的提供者，他们肩负着重大责任和使命，担当着处理国家事务和社会公共事务的重要职能，因而要求必须具有专业技术和较高的行政管理能力，特别是当前，随着我国的社会转型，行政机关服务社会事务范围逐渐扩大，这一要求就显得愈加迫切。然而公务员专业技术水平和公共行政能力的高低是受其职业化水平影响和决定的，职业化水平的高低决定了专业技术水平和公共行政能力的高低。这意味着，要提升公务员的专业技术水平和公共行政能力，就必须走职业化发展道路，对公务员进行职业化塑造。可以这样说，培养和造就职业化的公务员既是有效行政的前提和基础，也是提高公共服务质量的可靠保证。只有当广大公务员具备了为公众服务的专业技术和公共行政能力时，才会产生为公众服务的优良行为，才能做到有效运用公共权力为公众利益服务。不仅如此，提高公务员的专业技术水平和公共行政能力，就是提升政府的服务水平，就是提升政府的形象。

第二节　公务员职业化塑造的现实诉求

一、进行公务员职业化塑造是公共管理走向职业化的必由之路

从公共管理的发展来看，自20世纪70年代末80年代初以来，西方公共管理领域出现了新公共管理的思潮。这一思潮也不可避免地对我国公共管理产生冲击。新公共管理思想之一便是强调"职业化管理"。胡德在其担任伦敦经济学院院长的就职演说中曾特别强调，"新公共管理"的内涵及特征之一就是向职业化管理的转变。英国学者温森特·怀特亦认为，"管理主义"(新公共管理)强调职业化的管理、明确的绩效标准和绩效评估。具体到实践层面，20世纪70年代后期以来，美国政府的公共管理也开始呈现出相应变化，如，开始实施高级行政职务(SES)制度。实施该制度的目的就是打造一批可随时在不同职位和部门之间进行流动的高级管理人才，进而通过对这些高级管理人才的有效管理提高整体效率；任用管理型而不是专家型的人员担任部门领导。这意味着，管理越来越被看作是一项需要管理技能的职能，而非其他专家"一学就会"的事情。所有这一切无不表明：公共管理正走向职业化，需要"让管理者管理"。而公共管理的职业化自然离不开公务员的职业化。随着我国社会主义市场经济体制的建立，公共管理职能成为政府职能的重要组成部分，公共管理能力的高低成为衡量政府执政水平的重要标志。如何发挥政府在完善我国社会主义市场经济建设中的作用，如何运用市场的方法来管理公共事务，提高公共行政服务的质量和效率，实现公共行政管理的现代化，是一个既现实又紧迫的任务。而"让管理者管理"，实现"管理的职业化"的思想和做法更是值得我们借鉴。为此，必须打造一支职业化的公务员队伍，通过职业化模塑，让作为承担整个社会公共管理任务的各级政府公务

员，能够职业化地工作，有效地行使政府的公共管理职能。

二、进行公务员职业化塑造是提高国际竞争力的需要

从时代发展来看，21世纪已经进入知识经济时代，知识经济时代的人才竞争对各行各业包括政府行政管理提出了更高的要求。公务员作为政府行政管理的实施者，其工作成果的大小、工作效率的高低以及公共部门人力资源管理水平的优劣，将直接决定地区的服务支撑环境与制度环境的好坏。当下，美国、法国、日本等国都把握主动，纷纷大力推动公务员职业化建设，以此来提高公务员履行公共职责、从事公共服务的素质和能力，进而增加国家综合实力，提高国际竞争力。相比较以上国家，我国虽然也开始了公务员职业化的进程，但公务员队伍的职业化程度依然很低，表现在：在当今的公务员队伍中，既精通国内相关法律和情况又了解国外发展动态、熟悉国际惯例和规则的人才严重不足，其中适应加入世贸组织急需的涉外法律、公证、翻译、科研开发等领域的专业人才只占3%。因此，培养与塑造一支具有全球化眼光，拥有应对国际竞争能力的高素质职业化公务员队伍，就成为当务之急。

三、进行公务员职业化塑造是实现政府职能转变的需要

当前我国政府正在着力构建服务型政府，这意味着我国传统行政管理体制将面临着一系列变革，政府职能也由管理型转向服务型。党的十六大明确把政府职能界定为“经济调节、市场监管、社会管理和公共服务”四个方面，并且把政府与市场、政府与社会的关系和提供优质公共服务上升到政治的高度和善治的层面，即政府职能最终要转变到三个领域：一是要转到宏观调控方面，二是要转到社会管理方面，三是要转到公共服务方面。具体表现为六个方面：第一，要从无所不为的政府转变成为有所为、有所不为的政府；第二，要从热衷于审批的干预政府转变成为致力于扶贫帮弱的服务政府；第三，要从为国有经济服

务的倾斜政府转变成为整个国民经济服务、为所有经济成分服务的全面政府；第四，要从画地为牢的封闭政府转变成为主动、开放的开明政府；第五，要从以增长速度为中心的虚浮的政府，转变成为执政为民、统筹兼顾的务实的政府；第六，要从自由政府转变成为依法行政的法治政府。长期以来，我国政府采用的一直是全能型政府职能模式，这种职能模式是计划经济的产物。在计划经济条件下，政府通过指令性计划和行政手段进行经济管理和社会管理，政府是全能型的。政府扮演了生产者、监督者、控制者的角色，为社会和民众提供公共服务的职能和角色被淡化。而社会主义市场经济的确立和不断完善，要求政府由全能型、管制型向管理型、服务型转变。应该说，这是一套“全新”政府行为模式，而与“全新”的政府行为模式相配套、相适应的应该是一批“全新”的、具备公共管理知识与公共服务能力的职业化公务员。没有一支这样的职业化公务员队伍保驾护航，服务型政府的构建、政府职能的转变便无法实现的。为此，就必须对公务员进行职业化培养与模塑，实现公务员工作的职业化，唯有如此，才能确保公共管理改革不流于形式。

四、进行公务员职业化塑造是提高政府绩效的关键

“为政之要，惟在得人。”历史的发展无数次印证了人才是决定社会兴旺的重要因素。我国的公务员队伍作为党政人才的主体，是政府职能的具体执行者，公务员队伍的整体素质和能力直接决定着政府的行政绩效。这一点正如深圳大学当代中国政治研究所谭功荣教授所指出的那样，在现代民主政府体制中，以高绩效形式持续回应社会需求变化主要依靠的是其公务员系统。公务员作为国家公职人员，作为政府形象的代表，手中掌握着公共权力，在国家政治生活中拥有比一般公众更大的影响力，同时也被寄予更高的角色期望和要求。当公务员连起码的角色期望和要求都无法达到时，不仅提高政府绩效无从谈起，公众对他们的满意度和信任度也会降低，政府的合法地位就会受到质疑，执政基础就会削弱。因此，公务员的职业化对于提高政府绩效至关重要。

从社会发展趋势来看，人类社会正进入对公共权力机构有着更高要求的新的历史阶段，以信息技术为代表的科技革命迅猛发展，经济全球化及国际经济结构调整明显加快，这一切都对政府公共行政能力和水平提出了新挑战。要求担当公共行政的公务员必须拥有较高的法律观念、政治品质、政策理论水平、职业道德觉悟和从事公共服务的热情以及公平、公正、公开的工作准则、工作态度和工作作风。而从我国公务员队伍的现状来看，我国公务员队伍的整体素质还有待提高，行政能力和职业道德也远未达到应有的要求。基于此，必须为公务员队伍制定相应的法律规章以规范约束公务员，通过特有的行政组织文化去教化公务员，通过一定的专业训练去培养公务员，简言之，就是要对公务员进行职业化塑造，使之以职业态度、职业精神、职业素质、职业化行为进行工作。历史和现实证明，公务员作为事实上的行政主体，其素质的高低、能力的高下、品德的优劣是影响政策、法规和制度等国家意志能否完全、充分实现的最为关键的主体要素。因为政策规章不能自动产生和发挥作用，再好的政策规章，也必须靠人来推行，才能发生其效力。可以这样说，有什么样的公务员，便有什么样的政府，公务员的行政实践活动和工作作风决定着政府的绩效。正因为如此，所以要求必须对公务员进行职业化塑造，通过职业化的公务员来实现政府绩效的提高。

五、进行公务员职业化塑造是公务员队伍建设的内在需求

从公务员队伍建设来看，进行公务员职业化塑造是其内在要求。随着社会大环境的变化，政府的公共管理水平和公务员的公共管理能力受到了前所未有的挑战，公务员队伍要迎接这一挑战，提高自身公

共管理水平与胜任工作的能力，必须接受职业化塑造，进行职业化养成，实现自身的职业化。

我国《公务员法》第一条便明确其制定和执行的目的之一是“建设高素质的公务员的队伍，促进勤政廉政，提高工作效率”。1998 年朱镕基总理接见人民满意的公务员和人民满意的公务员集体代表时指出，“公务员是国家机器的重要组成部分，要改善国家行政机关的工作，就必须提高国家公务员的素质”。乔治·弗雷德里克曾精辟地论述道：“公务人员是政府职能运行与实现的主体。公务人员的观念、素质与行为方式，在很大程度上决定政府职能的具体实现方式和实现水平。”[①]党的十七大报告则站在全面推进改革、深入贯彻落实科学发展观、发展中国特色社会主义的战略高度，明确提出了要加快行政管理体制改革，努力建设服务型政府，这必然要求公务员职业素质与能力的提高、服务精神与职业意识的培养。近年来，随着我国公务员制度的建立，公务员队伍的整体素质、能力水平和精神面貌确实有了大幅度提高，但公务员作为公共权力行使者离“高素质、专业化”的要求仍有一定距离，如，依然存在官僚主义、人浮于事、效率低下、士气低迷、缺乏专业素养和职业精神等问题。

就公务员的理念来看，我国正处在从管制型政府向服务型政府的转型过程当中，不但管制模式观念根深蒂固，而且封建官僚文化积重深远，致使许多公务员的思维习惯、行政方式、政治使命都与服务型政府的要求相差甚远，这些无不严重影响我国政府转型的进度、力度、广度和深度。邓小平同志曾列举了“我们党和国家政治生活中广泛存在的‘官僚主义’现象的具体表现：高高在上，滥用权力，脱离实际，脱离

① [美]乔治·弗雷德里克．公共行政精神【M】．北京：人民出版社，2003：171—181.

群众,好摆门面,好说空话,思想僵化,墨守成规,机构臃肿,人浮于事,办事拖拉,不讲效率,不负责任,不守信用,公文旅行,互相推诿,以至官气十足,动辄训人,打击报复,压制民主,欺上瞒下,专横跋扈,徇私行贿,贪赃枉法,等等。这无论在我们的内部事务中,或是在国际交往中,都已达到了令人无法容忍的地步。”①要从根本上纠正这种陋习,必须加强对公务员队伍的职业化建设,通过职业化塑造,建立一支观念新、业务精、作风实的职业公务员队伍。

就公务员的知识水平来看,纵观我国政府职能转变,其目标便是建立高效的政府,实现行政的高效率。而要达成这一目标,必须摒弃过去那种不计成本的无所不包的低效率的管理,这意味着公务员队伍需要优化知识结构,知识储备需要不断更新。为此,公务员必须树立终身学习意识和竞争意识,不断提高自身的职业化素质和能力,唯有如此,才能适应社会发展进步的需要,胜任工作需求,否则,随时都可能被淘汰。

就公务员的行政能力来看,不断变化发展的形势对政府各级公务员的行政能力提出了更高的要求,表现在决策方面,要求他们必须研究新情况、解决新问题,并在此基础上做出快速、正确反应,进而科学决策;表现在依法行政方面,要求他们具有在各种法律法规规定的范围内有效行政的能力;表现在宏观调控上,要求他们能够防范和化解风险,应对可能出现的各种急难问题;表现在社会服务方面,要求他们能够提供优质服务、创造良好发展环境;表现在管理手段和方式方面,要求他们摒弃传统的单一的管制型的管理方式,转而采取多主体参与式的服务型的管理方式。凡此等等。各级公务员要达到以上诸多要求,必须接受职业化的塑造与培养。

---

① 《邓小平文选》(第二卷)【M】.北京:人民出版社,1994:327.

就公务员的职业道德来看，公务员行为所表现出的道德水准，不仅对自身的工作带来影响，而且对整个社会得到的提升或者衰落起着重要的导向作用。而今天公务员职业道德滑坡是不争的事实。进行公务员职业化塑造，就是要用较高的公共行政伦理和道德标准要求和约束公务员，提高其职业道德水平，锻造一支合乎职业道德规范的优秀公务员队伍。

所有这一切，都要求我国传统的干部队伍向现代化的职业公务员队伍转化，对公务员来说，这意味着传统的行政管理理念、范式、方式都要发生巨变。意味着多年来的业务，如行政审批等会越来越少，而不熟悉的业务将会接踵而至。而要适应以上变化和要求，必须打造职业化的公务员队伍，大力推进公务员的职业化建设，实施对公务员的职业化模塑，以形成具备专业能力、职业素养、敬业精神和价值追求的职业化公务员队伍。

第三节　公务员职业化塑造基本内容

公务员职业化塑造的内容相当广泛，概括起来其主要内容有：

一、严格职业准入

进行职业化塑造，首先要把好录用关口，坚持以职业标准为基础的职业准入。为了确保这一点，目前世界各国大多实行考录的方法。我国也确立了公务员考录制度，采用全国统一的国家公务员资格考试，统一规定取得公务员考试资格后方可参加各级各类公务员的录用考试。以考试作为职业准入的关口，旨在对应考者的职业资质进行认证，以确保进入公务员队伍的人符合职业标准。职业资质是从事本职业的基本素质和能力要求，是能够胜任本职业的基本标准，是对本职业在必备知识和专业经验方面的基本要求。

二、形成职业意识

公务员作为公共权力的行使者，代表着国家和政府，是人民公仆。对此公务员必须形成明确的职业意识，明确自己的"公仆"身份。这也就是说，必须形成普遍的"职业"意识，把"公务员"作为一种"职业"来看待，摒弃"官念"，弱化"权力"概念，奉行"忠于党和国家、忠于人民、忠于职守"的职业精神，把为社会民众提供公共产品和公共服务作为自己的职业宗旨，把维护公共利益作为自己社会生命的实现途径，坚持权为民所用、情为民所系、利为民所谋。为群众诚心诚意办实事，尽心竭力解难事，坚持不懈做好事。总之，要使择业者一旦成为公务员，就能自始至终地去完善自己的社会生命，进而为社会发展作出贡献。

三、培养职业道德

职业道德是指与人们所从事的职业活动紧密联系的并具有自身职业特征的道德准则和规范。职业道德是在相应的职业环境的职业实践中形成和发展起来的。公务员的职业道德就是公务员职业范围内的特殊道德要求，是从事公务员职业的人所应遵循的，与其职业活动紧密相连的，具有公务员职业特征并反映公务员自身特殊要求的道德准则和规范。公务员担负着管理公共事务行使公共权力的重要职责，对社会的发展具有至关重要的作用。公务员的职业道德不仅关系到他们能否正当地行使公共权力、高效地履行国家公务，而且还关系到整个社会的道德建设以及国家的兴衰成败。因此国家和社会对公务员的职业道德有着更为特殊和更为严格的要求。进行公务员职业化塑造，就是要对公务员提出严格的职业道德要求，并促使其内化，融于自己的工作实践。

四、提高职业技能

具有职业技能是职业化公务员队伍的显著特征。我国人事部制定的《国家公务员通用能力标准框架(试行)》公布了公务员应具备的九种通用能力，它们分别是：一是政治鉴别能力，有辨明大是大非的能力，能够做到识大体、晓大义、顾大局；二是依法行政能力，能够做到有法可依、有法必依、执法必严、违法必究；三是公共服务能力，真正做到、做好全心全意为人民服务；四是调查研究能力，能够从实际出发、全面、深入了解具体情况，完成工作任务；五是学习能力，能够树立终身学习观念，为不断开拓进取随时“加油、充电”；六是沟通协调能力，作风民主，善于团结合作以顺利发展共同事业；七是创新能力，解放思想、与时俱进、勇于开创新局面、登上新台阶；八是应对突发事件能力，充分掌握有关信息，密切注意情况变化和及时采取有效措施的能力；九是心理调适能力，有强烈事业心和高度责任心，保持良好心态乐观向上。

就公务员职业化塑造而言，除了要求各级各类公务员具有以上通用能力外，更重要的是要造就应用型、职业型、岗位型的各种专门人才，如，从事公共事务、公共管理和公共政策研究与分析等方面的高层次应用型专门人才，具有现代公共管理理论和公共政策素养，掌握先进分析方法及技术，精通某一专业的管理者和政策分析者等等。

五、塑造职业形象

公务员作为政府的代表，是公众审视政府的窗口，正是透过他们的一举一动、一言一行，公众对政府的行政行为表现、性状特征、精神风貌等产生这样或那样的印象和评价，可以说，公务员的形象就是国家和政府的形象，就是政府在社会公众心目中的反映，以及政府在公共行政中体现出来的整体素质、综合能力、施政理念和施政业绩等给公众留下的一种综合印象或看法。这种印象或看法具体反映了政府在公众心目中的知名度和美誉度，亦即美丑好坏，体现了一个政府赢得社会信任、赞誉的程度。我国《公务员法》以法律的形式对公务员的行为作了规范性约束，要求广大公务员严格约束自己的行为，认真履行其法定职责，自觉遵守职业道德与社会公德，圆满完成其工作任务，切实为社会做好服务。应该说，这既是对公务员职业行为的基本要求，也是公务员塑造职业形象的重要内容。

六、进行职业监督

职业监督是指加强对公务员的监督，促进勤政廉政。公务员作为国家公职人员，行使的是公权力。为了防止公务员滥用权力，对公务员的义务、纪律有特别规定。这种规定不同于对普通公民的要求，也不同于对一般的在国有企事业单位工作的公职人员的要求。为了加强对权力的监督和制约，需要加强对公务员的监督。目前，我国对公务员的监督有党的监督、国家权力机关监督、行政监督、检察监督、社会监督、审判监督、经济监督等多种形式。对公务员进行职业监督，目的在于通过强有力的外在约束促使公务员进一步强化职业意识、提高职业技能、加强职业道德、提升职业形象，推动公务员职业化的实现。

理论与经验借鉴篇

理论乃行动指南，而他山之石，可以攻玉。大量的相关理论研究成果为我国的公务员的职业化塑造指明了方向，对成功经验的总结分析又可以提供具体实践的经验借鉴。

第四章 公务员职业化塑造的理论依据

公务员职业化塑造理论的建构和具体实践，不是无源之水、无本之木，它有自身特定的理论依据和思想资源，这些理论依据和思想资源，构成了公务员职业化塑造的理论建构可资整合的理论基础，同时也为公务员职业化塑造实施中的具体策略、方法提供了依据。

第一节 组织理论与分类理论

一、马克斯·韦伯组织理论

马克斯·韦伯是与泰勒、法约尔齐名的三位西方古典管理理论先驱。马克斯·韦伯主要著作有《新教伦理与资本主义精神》、《一般经济史》、《社会和经济组织的理论》等，其中关于官僚组织模式的理论（即行政组织理论）对后世可谓影响巨大。

马克斯·韦伯认为，任何组织都必须以某种形式的权力作为基础，没有某种形式的权力，任何组织都不能达到自己的目标。人类社会存在三种为社会所接受的权力：分别是传统权力、超凡权力、非法定权力。传统权力由传统惯例或世袭而来；超凡权力来源于别人的崇拜与追随；法定权力是理性——法律规定的权力。对于传统权力，韦伯认为：人们对其服从是因为领袖人物占据着传统所支持的权力地位，同时,领袖人物也受着传统的制约。然而人们对传统权力的服从并不是以与个人无关的秩序为依据,而是在习惯义务领域内的个人忠诚。领导人的作用似乎仅仅为了维护传统,因而效率较低,不宜作为行政组织体系的基础。而超凡权力的合法性,完全依靠对于领袖人物的信仰,他必须不断以奇迹和英雄之举赢得追随者,超凡权力是非理性的,带有强烈的感情色彩,不是依据规章制度,而是依据神秘的启示。所以,超凡的权力形式也不宜作为行政组织体系的基础。在韦伯看来,只有法定权力才能作为行政组织体系的基础,法定权力的根本特征在于它提供了慎重的公正。原因在于:(1)管理的连续性使管理活动必须有秩序地进行。(2)以"能"为本的择人方式提供了理性基础。(3)领导者的权力并非无限,应受到约束。在此基础上,马克斯·韦伯勾勒出了理想的官僚组织模式,该模式具有下列特征:(1)组织中的人员应有固定和正式的职责并依法行使职权。组织是根据合法程序制定的,应有其明确目标,并依靠一套完整的法规制度,组织与规范成员的行为,以期有效地追求与达到组织的目标。(2)组织的结构是一层层控制的体系。在组织内,按照地位的高低规定成员间命令与服从的关系。(3)人与工作的关系。成员间的关系只有对事的关系而无对人的关系。(4)成员的选用与保障。每一职位根据其资格限制(资历或学历),按自由契约原则,经公开考试合格予以使用,务求人尽其才。(5)专业分工与技术训练。对成员进行合理分工并明确每人的工作范围及权责,然后通过技术培训来提高工作效率。(6)成员的工资及升迁。按职位支付薪金,并建立奖惩与升迁制度,使成员安心工作,培养其事业心。韦伯认为,凡具有上述 6 项特征的组织,可使组织表现出高度的理性化,其成员的工作行为也能达到预期的效果,组织目标也能顺利地达成。

作为韦伯组织理论的基础,官僚制在 19 世纪已盛行于欧洲。韦伯从现实出发，把人类行为规律性地服从于一套规则作为社会学分析的基础。他认为一套支配行为的特殊规则的存在，是组织概念的本质所在。没有它们，将无从判断组织性行为。这些规则对行政人员的作用是双重的：一方面他们自己的行为受其制约，另一方面他们有责任监督其他成员服从于这些规则。

韦伯的理想行政组织体系自出现以来得到了广泛的应用，如今已经成为各类社会组织的主要形式。韦伯关于理想的官僚组织的建构，今天依然可以作为政府机构改革和企业内部重整的准则。韦伯强调规则、强调能力、强调知识的行政组织理论为社会发展提供了一种高效率、合乎理性的管理体制。而"效率、稳定、平等的官僚制价值也构成了公务员职业化的基本价值；官僚制倡导理性精神，避免了任意行事和感情用事，给组织带来理性与效率，保证组织按照系统的规则保持高效运转；官僚制高扬法制精神，否定人治管理，有效地防止领导专权与以权谋私；官僚制高扬科学精神，抛弃经验式管理，重视知识、技术与效率，保持组织运行的精确性、稳定性、持续性、统一性，有效地降低组织摩擦"。[①] 事实上，这些理性官僚精神正是我们所要表述的职业公务员的职业精神。借鉴韦伯的行政组织理论，进行公务员职业化塑造，构建一支有知识、有能力、善用规则的高素质公务员队伍，以此管理国家，有效行使政府公共管理职能是必要的。

二、分类理论

分类是管理的前提和依据，"分类与管理是紧密相关的，可以说，没有分类也就谈不上管理"，[②]只有进行科学的分类才会有科学的管

① 秦彦霞、黎锋. 论中国公务员制度建设——公务员建设中的理性官僚制精神【J】. 武汉交通职业学院学报，2004(4).

② 程连昌、徐颂陶、戴光前. 国家公务员制度操作指南【M】. 北京：中国人事出版社，1993：26.

理，这一点对于公共部门也不例外。公共部门正是通过人事分类制度来实现人力资源的科学管理，进而提高公共部门工作效率的。

1. 职位分类

职位分类是指按照职位的工作性质、难易程度、责任大小、任职资格条件的不同，把所有职位从纵横结构上划分出不同的类别和等级，在横向结构上按照工作性质的不同而划分为若干职系、职群、职类，纵向结构上根据难易程度、责任大小、任职资格条件的不同而区分为若干职等和职级，从而形成有序的职位类别和等级体系。① 职位分类具有以下基本特征：②第一，以事为中心。职位分类是按照工作性质、责任大小、难易程度以及任职资格条件的不同，将职位在横向结构上分为不同的职门、职组、职系，纵向结构上分为若干不同的职等和职级；第二，注重工作人员的专业知识和技能。职位分类不像品位分类那样强调通用的任职资格条件，而是更注重任职者在某一领域中特殊的知识或技能，因此，公共部门人员的流动一般在同一职系或同一职组范围内进行；第三，官等和职等合一。职位分类遵守"同工同酬"的薪酬标准，不实行"级随人走"，任职者的职位流动将会影响其职务级别和工资级别；第四，严格的功绩制。公共部门人员的评价主要以工作实绩为标准，并且以此来决定其职务升降、奖惩、培训、辞退等。

首先将职位分类理论在公共部门人力资源管理中加以应用的是美国，具体来说是源于 20 世纪初期美国联邦政府工作人员的薪酬制度改革。之后进行了多次调整和改革，目前国外绝大部分国家都实行公务员职位分类制度。我国自从 1993 年正式建立公务员制度以来一直明确规定要实行职位分类制度。1993 年颁布的《国家公务员暂行条

---

① 吴志华. 我国公共部门人力资源管理改革【M】. 上海：上海交通大学出版社，2009：64.

② 吴志华. 公共部门人力资源管理【M】. 上海：复旦大学出版社，2007：97.

例》规定“国家行政机关实行职位分类制度”。按照《暂行条例》的规定，国家行政机关根据职位分类设置国家公务员的职务和等级序列，职务分为领导职务和非领导职务，共设 12 个职务层次，级别划分为 23 级。2006 年1月1日开始实施的《公务员法》再次规定，“国家实行公务员职位分类制度”。并规定“公务员职位类别按照公务员职位的性质、特点和管理的需要，划分为综合管理类、专业技术类、行政执法类等类别”；“对于具有职位特殊性，需要单独管理的，可以增设其他职位类别”。同时，2006 年 4 月下发的《公务员法实施方案》中，对公务员的等级序列做了调整，由原来的 23 级增加到 27 级。到目前为止，我国在公务员职位分类制度的建设中，在职位分类的纵向结构上，基本形成了由现有行政职务等级改造而来的比较成熟的职务和级别序列，横向结构上划分出了综合管理类、专业技术类和行政执法类三大类别。①

2. 职位分类的原理、方法与原则

职位分类理论是通过明确职位的工作性质、难易程度、责任大小等相关因素，从纵横结构上划分出不同的类别和等级，并规定各自的职责和权限，从而实现组织的科学管理，提高组织的工作效率。

职位分类的过程可分为职位调查、职位分析、职位评价、职位归级四个步骤。(1)职位调查。职位调查是指以调查的方法收集现有职位的工作内容、职责权限等方面的数据资料，并编制职位说明书的过程。职位调查信息可以通过填写职位调查表获得，也可以通过相关工作手册、办事细则、组织规程或其他相关刊物中加以收集。(2)职位分析。职位分析是指在对职位调查中收集的职位信息进行整理和审核的基础上，通过比较、分类和综合等分析技术，对收集获得的各种职位信息

① 吴志华.我国公共部门人力资源管理改革【M】.上海：上海交通大学出版社，2009:72.

进行全面分析和综合评定，并总结归纳出有关职位的关键因素和主要成分。职位分析涉及两个层面：一是对职位调查所获得的职位数量、类别等结果的统计分析；二是借助于概念、判断、推理等思维形式，对职位的内容及其内在联系进行系统化的理论分析。(3)职位评价。职位评价是指在职位调查和职位分析的基础上，根据基本分类因素的比较，对职位进行区分纵向上的职级和职等、横向上的职系的过程。(4)职位归级。职位归级即依据一定程序，将职位归入适当的职级、职等、职系的过程。职位归级的操作程序大致分为两步，一是将职位说明书中的工作项目、所需资格条件等有关内容与职系说明书的相关内容进行比较，以确定该职位所属的职系。二是按照职位说明书中的工作描述与该职位所属职系的职级规范相比较，以确定职位所属的职级和职等。①

职位分类的方法实际上就是职位调查、职位分析以及职位评价的方法。常用的职位调查的方法主要包括直接观察法、面谈法、问卷法、工作日志法等。直接观察法是指通过现场观察任职者的实际工作情况来收集职位信息的方法。这种方法一般适用于相对标准化、重复性强及周期短的体力消耗性工作，也可以用来分析体力和脑力任务之间的相互关系，但对于工作行为比较复杂且工作周期较长的职位工作，以及处理紧急情况的间隙性工作则不太适用；面谈法是通过与任职者直接交谈来收集职位信息的方法。调查者在面谈前应做好准备工作，制定出比较全面的面谈提纲，以使面谈符合既定的调查目标；问卷法是通过任职人员填写调查问卷来收集职位信息的方法。问卷法的优点是费用低、速度快、调查范围广，尤其适合对大量员工进行调查；工作日志法是要求任职者在规定时间内按标准格式详细记录自己所从

① 吴志华. 公共部门人力资源管理【M】. 上海：复旦大学出版社，2007：98—102.

事的每一项活动，以获取职位信息的方法。该方法的优点是所收集到的材料一般比较真实可靠，且费用较低，同时还可以检验其他方法所收集的信息资料是否真实。不足之处在于如果填写人填写不认真，就会因遗漏工作内容而影响信息的准确性，同时对工作日志获得的信息进行整理工作量较大，增加调查工作难度。

职位分析的方法包括功能性职位分析、职位分析问卷、关键事件技术等。功能性职位分析是从职位要完成工作的工作内容、工作目标、工作方法、工作人员的职能等方面来分析的方法。职位分析问卷是人员导向的职位分析方法，其目的在于对通用职位进行分析测量。关键事件技术是用以识别各种工作环境下职位绩效的关键性因素的方法。关键事件技术的分析结果同时包含了职位的静态维度和动态特征，保证了职位说明的可观察性和可测量性。

常用的职位评价的方法主要有：

分级法。分级法是根据职位所承担的责任、复杂程度等因素，通过比较职位之间的级别关系或重要程度来确定所有职位序列的方法。分级法的优点是操作简便，成本低廉，缺点是有很大的主观性，缺乏精确的测量尺度并过分依赖于评价者对职位的熟悉程度，当职位数量较多时，误差较大。

分类法。分类法是在对职位进行分类的基础上建立职位等级标准，将各个职位划归相应等级的方法。分类法方法相对简单，由于参考了指定的工作要素，较之分级法会更加客观准确。但分类法一般仅适用于职位内容变化不大的组织，对职位内容变化较大的组织不太适用。

要素计点法。要素计点法是将影响职位的主要因素通过加权求和以衡量职位相对价值的方法。要素计点法将职位分解后进行系统评价，评价结果更加客观，但建立因素评价系统相当困难，且定义和权衡因素的技术要求较高。

因素比较法。因素比较法是通过挑选出职位评价因素直接比较各职位价值的方法。因素比较法是一种精确、系统、量化的职位评价方法，具有广泛的适应性。

职位分类在现代人事分类制度中占有决定性的地位，被认为是人力资源管理中较为成熟的制度安排。职位分类须遵循以下四个基本原则：[①]一、系统原则。按照系统原则，在确定是否设置职位或评价职位设置得是否合理时，应该从组织的战略目标出发，考察并分析该职位在组织系统中的地位和作用，评价其是否能保持协调以实现组织整体目标，职位设置是否经济等问题。二、整分合原则。职位分类时应在公共部门战略目标指引下层层分解为总目标和子目标，直至每个具体职位。在目标分解的基础上还要对各具体目标进行有效综合，使各职位之间协调配套，以服务于公共部门的整体战略目标。三、最低职位数量原则。职位数量须在人员编制的限额内按所需职位的要求确定，应限制在为有效完成工作所需职位的最低数额，不得随意增设或减少职位。确因工作需要必须变更职位时，也应按规定程序重新确定。四、能级原则。评估不同职位的功能，使公共部门的各种职位处于相应的能级位置上，以保持和发挥公共部门的整体效能。职位功能的大小，取决于其工作性质、权力范围、职责轻重、工作繁简程度和所需资格条件等因素。

通用公司的前掌门人韦尔奇在总结自己的管理经验时说过一句话：让合适的人做合适的事。把合适的人放在合适的岗位上，实现人职匹配，这是实现工作高效率的前提，因为只有任职者的能力素质水平满足任职要求时才能做到人事相宜，大大提高工作绩效，否则，即使任职者非常努力，其工作绩效也会很低。可见，职位类别的差异会对

---

① 谭融. 公共部门人力资源管理【M】. 天津：天津大学出版社，2003：102—103.

任职者的能力素质提出不同的要求。因此，在公务员职业化塑造过程中，素质、能力指标的设定不应“因人而定”，而应该“依职而定”，即在同一职位上对于不同人的素质能力要求是相同的，相反，同一个人在不同的职位上应该具有不同的素质能力要求。

由于人的素质及其能力水平具有差异性，不同职位对于公务员的职业化提出了不同的要求，即便是同一职位在不同的历史时期对公务员职业化的要求也有所不同。在公务员职业化塑造过程中，可以把职位分类视为职业化塑造考虑的前提条件之一。首先针对某一类任职者提出通用职业化要求，然后根据职位分类理论，结合职位的差异，有针对性地建立该职位职业化标准。

第二节　新公共管理理论与新公共服务理论

一、新公共管理理论

1. 新公共管理概念的提出

比较早提出“新公共管理”概念的是管理学家胡德，他在其担任伦敦经济学院院长的就职演讲中将“新公共管理”的内涵及特征做了如下概括：(1)让管理者来管理，部门领导负有更多的责任，不再仅仅服从别人的命令；(2)有明确的绩效标准并且便于测量；(3)重视产出控制，能够根据测量的绩效将资源分配到另一个领域；(4)公共部门内部由聚合趋向分化；(5)向更具竞争性的方向发展；(6)将私营部门行之有效的管理手段运用到公共部门；(7)在资源利用上具有更大的强制性和解决性。①

① 参见欧文·E.休斯.公共管理导论(第2卷)【M】.北京：中国人民大学出版社，2001：72—73.

依据世界经济合作与发展组织(OECD)关于发达国家政府改革的研究报告:新公共管理的主要内涵可概括为以下几个方面:(1)企业管理技术的采用;(2)服务以及顾客导向的强化;(3)公共行政体系内的市场机制以及竞争功能的引入。[①] 而按照拉森和斯图亚特的观点来看,新公共管理应包括:(1)视人民为顾客,并强调顾客的价值;(2)创造市场或准市场的竞争机制;(3)扩大个人以及私人部门自理的范围;(4)购买者的角色须从供给者的角色中分离出来;(5)契约或半契约配置的增加;(6)由市场来测量绩效目标;(7)弹性工资。[②]

奥斯本和盖布勒认为,由于政府和企业是性质不同的组织,政府当然不能像企业那样运作,但在理念和精神上应当是相通的。"任何机构,无论是公营私营,都可以有企业家的精神,正像任何公私机构,都会出现官僚主义"。[③] 因此,运用企业经营中的顾客服务意识、成本意识、质量意识、创新意识等,是可行的,也是有效的。在具体的管理方法上,更是可以相互借鉴的。奥斯本和盖布勒概括了公共管理的十大原则:(1)起催化作用的政府:掌舵而不是划桨;(2)社区拥有的政府:授权而不是服务;(3)竞争性政府:把竞争机制注入到提供服务中去;(4)有使命的政府:改变照章办理的组织;(5)讲求效果的政府:按效果而不是投入拨款;(6)受顾客驱使的政府:满足顾客的需要,而不是满足官僚政府的需要;(7)有事业心的政府:有收益而不是浪费;(8)有预见的政府:预防而不是治疗;(9)分权的政府:从等级制到参与

① OECD. Public Management Development [M]. Pans: OECD. 1990.199.

② 转引自张成福.公共行政的管理主义:反思与批判【J】.中国人民大学学报,2001(1).

③ [美]戴维·奥斯本、特德·盖布勒.改革政府:企业精神如何改革公共部门【M】.上海:上海译文出版社,1996:23.

和协作；(10)以市场为导向的政府：通过市场力量变革。①

2. 新公共管理的内容

囊括新公共管理的思想，主要有以下内容：(1)顾客导向。公共管理概念要求对政府职能进行重新定位，从过去的重管理轻服务，转为以提供公共服务、满足人民的需求为中心，创建“服务行政”，进而实现“小政府，大服务”的理想状态。政府不再是高高在上的“自我服务”的官僚机构，政府中的公职人员应该像私人企业中的“企业经理和管理人员”，社会公众则是提供政府税收的“纳税人”和以享受政府服务作为回报的“顾客”或“客户”。政府官员在履行自己的义务时，应向私人企业的经理对待他的客户一样，热心为公众服务。政府服务应以社会和公众的需求为导向，应采取各种措施增强对社会公众的响应力。比如，英国于1991年制定并颁布的《公民宪章》，就为医疗、交通、学校等服务业规定了明确的服务标准和公众享有的权利。(2)私营部门管理方式的竞争机制的引入。

从总体上看，传统公共行政是排斥私营部门管理方式的，它主要依据一种相对稳定的、层级控制的官僚体系实现对公共事务的管理。与此不同的是，公共管理强调政府广泛采用私营部门成功的管理方法、手段(如成本分析——效益分析、全面质量管理、目标管理等)和竞争机制，打破公共服务供给的垄断性，通过政府业务合同出租、竞争性招标等方式，将公共服务承包出去，实行全面的质量管理和目标管理。公共管理的理念主张，政府的主要职能固然是向社会共提供服务，但这并不意味着所有公共服务都应该由政府直接提供。政府应根据服务内容和性质的不同，采取相应的供给方式。大力引进私营企业的管

① [美]戴维·奥斯本、特德·盖布勒. 改革政府：企业精神如何改革公共部门【M】. 上海：上海译文出版社，1996：12.

理技术和方法，如绩效评估、全面质量管理、组织发展、人力资源开发等，以提高政府部门的行政效率。(3)注重结果与产出。传统官僚行政强调公共机构按照一系列的规则和规范来投入人力、物力和财力，并且常常是只计投入而不计产出。新公共管理更加重视政府活动的产出和效果，即重视提供公共服务的效率和质量。与此相对应，公共管理促使人们从过去的重视政策制定转向重视政策执行。因为人们已经认识到，仅仅依照制定各种各样的政策和计划并不一定就会产生预期的效果，政策执行的效果和效率同样影响着对社会问题的解决。因此，公共管理理念强调要以结果和产出为导向，以结果的正确性而不是程序和过程的正确性来评估管理水平。(4)重绩效评估和效率。与上面一点相联系的是，新公共管理反对传统公共行政中遵守既定法律法规、轻绩效测定和评估的做法，主张放松严格的行政规制(即主要通过法规、制度控制)，并根据绩效示标(performance indicator)对目标完成情况进行测量和评估，由此而产生了所谓的三E，即经济(economy)、效率(efficiency)、效果(effect)三大变量。

英国学者温森特·怀特认为，"管理主义"(新公共管理)强调职业化的管理、明确的绩效标准和绩效评估；以结果而不是以程序的正确性来评估管理水平；看重金钱的价值；对消费者而非公民的需要保持敏感，强调公共服务的针对性而非普遍性。[①] 这些思潮所表现出的对公共部门的职业化管理，就意味着："让管理者管理"。新公共管理理论强调通过提高管理能力来提高整体效率，而管理越来越被看作是一项需要管理技能的职能，而非其他专家可"一学就会"的事情，这对于我国公务员走职业化之路，对于公务员的职业化塑造与养成，对于实现公务员职业化，都具有重要的指导意义。

---

① 赵景来."新公共管理"若干问题研究综述【J】.国家行政学院学报，2001(5).

二、新公共服务理论

1. 新公共服务理论的提出

新公共服务理论是以美国著名公共管理学家罗伯特·登哈特为代表的一批公共管理学者在对新公共管理理论进行反思，特别是针对作为新公共管理理论之精髓的企业家政府理论缺陷的批判的基础上而建立的一种新的公共管理理论。

按照新公共服务理论，公共管理者在其管理公共组织和执行公共政策时应该集中于承担为公民服务和向公民放权的职责，他们的工作重点既不应该是为政府航船掌舵，也不应该是为其划桨，而应该是建立一些明显具有完善整合力和回应力的公共机构。

2. 新公共服务理论的基本观点

新公共服务理论强调建立一种以公民为服务对象，以尊重公民权、实现公众利益为目标，重视社会、公民参与，以实现公务员、公民、法律、社会协调运行的综合治理的模式。

新公共服务理论的基本观点如下：(1)政府的职能是服务，而不是"掌舵"。公务员日益重要的角色就是要帮助公民表达并满足他们共同的利益需求，而不是试图通过控制或"掌舵"使社会朝着新的方向发展。(2)公共利益是目标而非副产品。公共行政官员应当积极地为公民通过对话清楚地表达共同的价值观念并形成共同的公共利益观念提供舞台，应该鼓励公民采取一致的行动，而不应该仅仅通过促成妥协而简单地回应不同的利益需求。(3)服务于公民，而不是服务于顾客。(4)重视公民权胜过重视企业家精神。(5)思考要具有战略性，行动要具有民主性：政府，更具体地说，政治领袖能够为有效的和负责任的公民行动奠定基础。人民逐步认识到，政府是开放的，并且是可接近的，是有回应力的，其存在的目的是为了满足民众的需要，能够为公民服务并且为公民创造机会。(6)承认责任并不简单。(7)重视人，而不只是重视生产率。

新公共服务理论对公务员的职业化塑造具有导向作用。表现在：新公共服务理论要求注重培养公务员以公民为本位的服务理念，尊重公民并且重视与公民之间的关系，强调引导公民积极性、主动性和创造性的发挥，这为公务员的职业素质修炼提供了新的发展空间；新公共服务理论要求公务员不断提高自身能力，增强竞争意识。因为公共服务供给方式的转变必然对作为公共服务供给者之一的公务员的素质提出了更高的要求，客观上需要公务员不断提高自身能力素质；新公共服务理论要求提高公务员的责任意识和服务意识。为社会提供公共服务并非简单的责任和义务，而是一个复杂的过程，需要处理好公民、社会、非营利组织等方方面面的关系，这就需要公务员具备多种能力素质，需要承担多方面的责任和义务，例如法律责任、政治责任、民主责任等。

第三节　服务型政府与行政效能理论

一、服务型政府

1. 服务型政府及其本质

所谓服务型政府是指“在公民本位、社会本位理念指导下，在民主制度框架内，把服务作为社会治理价值体系核心和政府职能结构重心的一种政府模式或曰政府形态”。[①] 服务型政府的本质是公民本位、社会本位。服务型政府既是一种全新的政府理念，也是政府在职能配置、机构重组、价值导向、管理方式方法和行为模式上的革命。它不仅

① 施雪华.服务型政府的基本含义、理论基础和构建条件【J】.社会科学，2010(2).

颠覆了管制行政的传统，也从根本上改变了政府的角色和政府官员的角色。著名学者张康之认为可以从以下八个方面来界定服务型政府："第一，不是控制导向，而是服务导向的政府；第二，不是效率导向，而是公正导向的政府；第三，是把工具效用与价值观照有机结合起来的政府；第四，是包含着合作和信任整合机制的政府；第五，是德治与法治有机结合的政府；第六，是行政程序的灵活性与合理性相统一的政府；第七，在行政人员的行为层面上，是行政自由裁量权得到道德制约的政府；第八，是超越了回应性的前瞻性政府。"①

2. 服务型政府的特征

首先，服务型政府的职能结构重心在于社会服务，社会服务职能是服务型政府的中心职能，其他一切职能都服从于社会服务职能这一中心职能。易言之，社会服务本身就是目的，是服务型政府存在的价值所在和主要依据。服务精神应该贯穿政府活动始终以及一切政府活动中。在传统政府模式下，政府职能结构的重心在政治统治功能上，政府虽然也提供服务，但那不过是维持政治统治、稳定社会秩序、争取政治合法性的手段。

其次，服务型政府提倡公民参与，并健全公民参与机制。提供社会服务虽然是服务型政府的主要职能，但提供什么服务，怎样提供服务，却不是由政府意志所决定，而是取决于公民的意愿和需要，即以公民的期望决定策略设计的蓝图，以公民的需求决定服务的内涵与方式；以公众的满意度衡量政策执行的成效；以公众的评价决定政策变迁的方向。当然，要做到这一点要求政府必须对公民的服务做出前瞻性的回应。基于此，就有必要健全公民参与机制，畅通公民参与渠道。让公民表达和选择各自需要的社会服务。这也就是说，服务型政府必

① 张康之. 把握服务型政府研究的理论方向【J】. 人民论坛，2006(3).

须鼓励公民参与,实行政府权力民主化。

第三,服务型政府与公民之间存在平等、合作的新型互动关系。在传统政府模式下,政府居于主导地位,公民往往不得不仰视以官僚制组织起来的庞大政府体系。在这种情况下,政府的社会服务能力和社会服务水平必然会大打折扣。服务型政府提倡公民本位、社会本位,反对官员本位、政府本位,这无疑会提高公民在政治过程和公共服务提供过程中的作用,使政府和公民之间的关系在新的层次上实现更为切实的平等。在此基础上,政府与参与社会治理的公民、公民社会组织进行协商、合作,共同致力于社会服务水平的提高。①

第四,服务型政府的行为准则是依法行政。服务型政府强调政府由法律产生、受法律控制、依法律办事、对法律负责。同时要求政府的服务程序化、规范化,不仅追求行政行为效率,而且遵循公平、公正、公开的原则,因此应通过制定政府信息公开办法,保障公众的知情权。通过职务分析、职位说明书明确工作职责。通过制定《部门规范化服务细则》明确工作目标。通过控制自由裁量权防止行政行为的显失公正,以保障公民享有平等的政府服务,市场形成公平的竞争环境。通过建立重大行政决策事项的专家咨询论证制度、重大行政决策事项的公示、听证制度来提高行政决策的科学化、民主化。

第五,服务型政府实行违法必究的问责机制。责任型政府是现代民主政治的一种基本理念,又是一种对政府公共行政进行民主控制的制度安排,它要求政府必须回应社会和民众的基本要求并积极采取行动加以满足,履行政府在整个社会中的法律义务,并承担责任。也就是说,政府提供公共服务是法定权利,也是神圣的责任。不仅政府行使的每项权力都有连带责任,而且政府拒绝行使法定的权力也要承担

---

① 施雪华.服务型政府的基本含义、理论基础和构建条件【J】.社会科学,2010(2).

责任。人民不仅享有政府服务的权利，还有监督政府行政、要求其承担责任的权利。对于政府服务得怎样，是否达到人民期望值，人民有权评判，对于政府违法服务、过失服务造成的后果，人民有权追究。

服务型政府构建与公务员职业化塑造是相辅相成的，公务员职业化既是服务型政府的重要建设内容，又推动着服务型政府的建设进程。建构服务型政府就是要变“全能型政府”为“有限型政府”，强调树立“公民权利本位”、“政府义务本位”思想。而政府不过是机构组织，真正要落实这些主张和思想还需要各类各级公务员的实际工作。只有对各类各级公务员进行职业化塑造，使之实现职业化，才能使政府从根本上树立服务意识，提升服务能力和水平。

二、行政效能理论

1. 行政效能的含义

所谓行政效能就是指国家行政机关和行政人员，为执行和完成政府任务和行政目标从事公共行政活动发挥功能的程度及其产生效率、效果、效益的综合体现。行政效能具有多重含义：一是功能的含义。在公共行政活动中，行政机关及其工作人员如不能履行职责，发挥功能作用，就不可能有行政效能；二是社会效益的含义。没有社会效益的公共行政，效率再高也体现不出行政效能。社会效益的好坏，主要看对社会需要的满足和社会成员的认同程度；三是经济数量的含义。用最少的时间，最快的速度，花费最少的人力、物力、财力实现行政目标，是对行政效能的基本要求；四是法制的含义。公共行政是公共权力的运用，行政机关必须依法行政；五是系统的含义。行政效能是对公共行政活动多种因素有序运行的基本要求，行政机关及其工作人员必须具有系统观念和整体现念，否则难以保证高效能。

2. 测评行政效能的标准与方法

（1）测评行政效能的标准

测评行政效能的标准有四个：一是量的标准，量的标准就是看人力、物力、财力、时间节约的程度和数量界限，是以耗费的人力、物力、财力、时间同行政活动实现的成果相比较；二是质的标准，质的标准包括服务社会的行政宗旨和正确的行政目标；三是机会效益标准，即公共行政活动适应国家政治、经济、文化、社会发展以及人民需要的满足程度；四是规范性标准，公认的规范性标准是法律规范、纪律及各种规章制度。此外，规范性标准还可以通过比较来确定，它通过对多部门同样工作一般所需的物力、人力、财力和时间，以及所实现的成果的比较分析，进而确定这一类工作的规范性效能标准。

(2) 测定行政效能的方法

一是行政费用测量法。包括人均费用测量法、单位费用测量法和计件费用测量法；二是行政职能测量法。行政组织都有一定的行政职能，能否充分发挥行政职能，圆满实现行政目标，体现了行政效能的高低；三是标准比较法。就是对完成各种公共事务的消耗与结果，按照公认的指标与实际行政效果作比较，超过标准的为高效，达到标准的为有效，不达标准的为低效；四是行政组织因素评分测量法。这种方法是对影响行政工作结果的各种行政因素进行评分评估来测量行政效能。行政组织可分解为不同的因素，如人事、经济、物资、机构、制度、决策、监督、沟通、信息、执行、制度、方法等，按照其在公共行政活动中作用的不同给予不同的分数。测定行政效能时，只要对行政组织的各种因素进行评分，最后相加总分即为效能的分数。

行政效能理论要求对政府行政行为所花费的时间、人力、物力、财力与其所产生的社会效益进行比较，并通过这种比较来提高行政效能。公务员作为政府组织中最活跃的因素，政府行政行为无一不是通过广大公务员来实现，他们不仅是公共政策的执行者，同时也是生产公共产品、提供公共服务、维护公共利益的公共职业劳动者，提高行政效能，最终必然要落实于广大公务员的工作上。要实现公务员工作效能的提高，势必要求公务员工作职业化。

第四节　行政自制理论与自我管理理论

一、行政自制理论

20 世纪 90 年代行政法学界曾掀起过一场关于行政法理论基础的热烈讨论，形成了“平衡论”、“控权论”和“管理论”等理论。按照“控权论”观点，就是要以立法权及司法权来实现对行政权的抑制、约束。然而，外在性的他控虽然必要，却是被动和高成本的，外在性的他制弊端有目共睹。为了解决这一问题，有学者提出了行政自制理论。[①]

所谓“行政自制”，就是指行政主体自发地约束其所实施的行政行为，使其行政权在合法合理的范围内运行的一种自主行为，简言之，就是行政主体对自身违法或不当行为的自我控制，包括自我预防、自我发现、自我遏止、自我纠错等。行政自制是行政机关对行政权的自我控制，从广义上讲，行政自制的主体可以是作为整体的政府，也可以是作为个体的公务员。对于公务员个体来说，行政自制指向的是其自身的行政行为和活动，即公务员在服务公众的愿望和需要之下从事行政行为的状态。[②]

可以说，行政自制不仅为政府规制公务员的行为提供了理论依据，同时也为公务员职业化塑造提供了一个新的视野，其目的就是要求行政组织和公务员能够自我规约，自动自发地进行职业化自我塑造。

---

① 余军.法律责任概念的双元价值构造【J】.浙江学刊 2005(1).

② 杨建顺.论行政裁量与司法审查——兼及行政自我拘束原则的理论根据【J】.法商研究,2003(1).

二、自我管理理论

自我管理理论是现代管理学之父彼得·德鲁克在1999年5月出版的《21世纪的管理挑战》一书中提出的，自我管理理论具体内容：

1. 了解自身的长处、优势所在。首先，专注于你的长处；其次，不断强化你的长处，获得新技能、新发展；再次，发现你知识上的愚昧无知，并加以克服，从而避免自欺欺人，纠正那些妨碍你的效能和业绩的坏习惯。一言以蔽之，就是增强优势，改正缺点。

2. 了解自己的行为方式。第一个要点是善于阅读还是善于倾听；第二个要点是了解自己应该如何进行学习，学习的方式很多，应该以擅长的方式进行学习；第三个要点是了解自己是一个与人共事者还是独来独往者。试图改变自己是不大可能获得成功的，应该努力改善自己的表现方式。

3. 了解自己的价值观。你的价值观与一个组织的价值观念相冲突，那么，你在这个组织中工作要么遭受挫折，要么碌碌无为，有时一个人的价值观与其优势之间存在冲突，但价值观念是最终的检验。

4. 了解自己的归属。成功的职业生涯不是靠设计而实现。了解自己的优势、自己的行为方式和自己的价值观念，就会明白自己的归属，一旦有机会，就会紧紧抓住，知道归属是什么，能使一个普通人变成成绩出众的人。

5. 了解自己应该贡献什么。回答这个问题，必须处理好三个不同的要素，即形势需要什么？以自己的长处、表现方式和价值观念，怎样才能对需要做的事做出最大贡献？最后，为了发挥影响，必须实现什么结果？由此得出的行动方针是：做什么、在何处以及如何开始做，确定行为目标和最后期限。

6. 对关系负责。为了取得成功，你必须了解上司、同事的长处、表现方式和价值观。因为每个人都以自己的方式进行工作，你必须对沟通负责，与上司、同事进行充分的沟通。总之，与之交往，也应贯彻“知己知彼，百战不殆”的原则。

自我管理强调在个人自我价值实现及成功中个人的主体性。要求个人必须具备清醒头脑，具有反省、内视能力，重视自己的价值，把自己当成一块“材料”；认为自己是人力资本配置的主体，自己对自己职业发展、成功与否负责；同时重视个人情商对成功的作用，承认情商、良好的人际关系对成功的重要性。应该说，自我管理理论恰恰吻合了公务员职业化塑造中自我模塑、自觉锤炼的要求，公务员职业化塑造不仅需要进行制度设计、营造相应的组织环境，还需公务员个体的努力，将自我管理理论引入公务员管理领域，与公务员职业化塑造相结合，探寻公务员职业化塑造之自我模塑道路，无疑会促进公务员职业化的实现。

第五节　素质模型理论

一、素质模型

素质模型是为了完成某项工作，达成某一绩效目标所要求的一系列不同素质要素的组合，包括不同的动机表现、个性与品质要求、自我形象与社会角色特征以及知识与技能水平。该组合可以作为一种人力资源工具应用于组织的选拔招聘、培训与开发、绩效评估及继任者计划等人力资源管理环节。

目前比较有影响的素质模型主要有两种，一是素质洋葱模型，二是素质冰山模型。

1982年美国学者理查德·博亚特兹提出了素质洋葱模型。素质洋葱模型的核心要素包括由内至外逐渐可被观察、衡量的个性特质与动机、自我形象与社会角色和技能。个性特质是个体对各种信息及外部环境等因素的倾向性和反应方式;动机是促使个体为达到目标而采取行动的内驱力;自我形象是个体对自身的看法与评价,其组成部分是自我认知和自尊;社会角色是指个体对自身在组织中或所属群体中所担任的社会角色及其认为与其身份相一致的一整套权利、义务的规范与行为模式;技能是与达到绩效目标相关的,由一系列行为所展示出的能力。按照博亚特兹的观点,技能等外层素质要素可以后天培养,也比较易于测量和评价;而个性特质和动机等内层要素则具有先天性,且难以测量和评价。

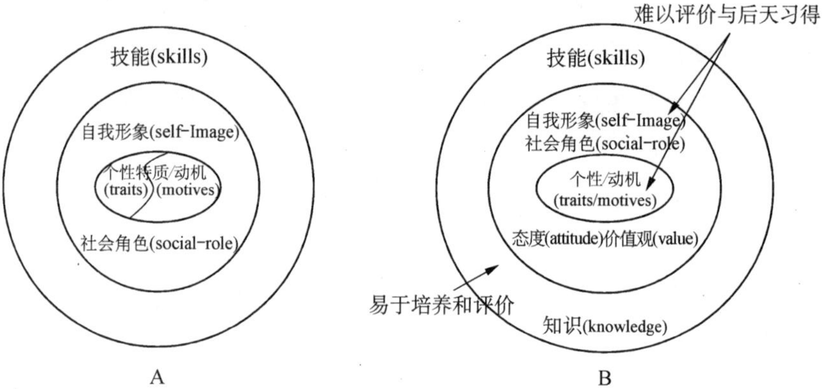

素质洋葱模型①

1993 年,美国学者莱尔·斯潘塞(Lyle. M. Spencer)在前人研究的基础上经过进一步研究,提出了素质冰山模型。素质冰山模型把素质形象地描述为漂浮在洋面上的冰山,将素质构成的核心要素分为表象和潜在两部分。表象为水上部分,表现为知识、技能等,潜在为水下部分,表现为动机、个性特质、自我概念等。水上部分显现的是表层特

① 吴志华.我国公共部门人力资源管理改革【M】.上海:上海交通大学出版社,2009:81.

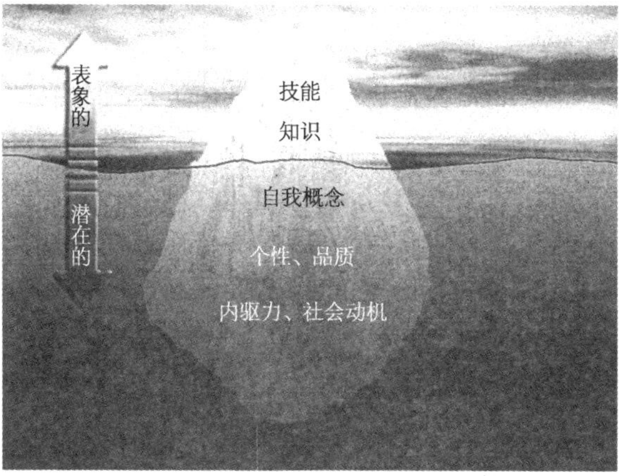

莱尔·M.斯宾塞的素质冰山图①

征，属于显性职业素养，水下部分表达的是本质特征，属于隐性职业素养。前者虽然直观，但是据此还不足以区分一个人工作的绩效优劣；后者尽管较为隐蔽，但却是决定一个人行为的关键因素，据此可以鉴别绩优者和一般者。

我们可以把一个人素质看成是一座冰山：浮在水面以上的部分大约有八分之一，它代表一个人的形象、资质、知识、行为和技能等方面，这些可以通过专业考试来验证，也可以通过各种学历证书、职业证书来证明。这一部分属于显性的素质，具体实在，能够看得见、摸得着，而隐藏在水面以下的部分大约占整体的八分之七，它代表一个人的意识、道德、作风和态度等方面，这一部分属于隐性的素质，无法通过考试和相关证书来印证。显性素养和隐性素养共同构成了一个人所应具备的全部素养，其中，显性素质是隐性素质的外在表现，而隐性素质决定、支撑着外在的显性素质。

① Spencer Lyle M. & Spencer Signe M. (1993), Competence at Work: Models for Superior Performance, New York: John Wiley & Sons, pp. 9-11.

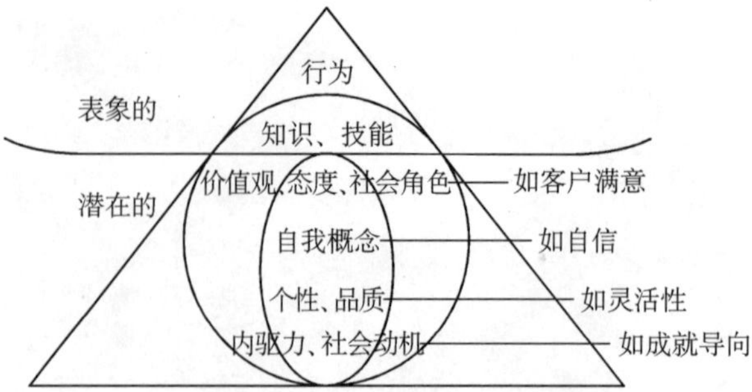

我国理论界通用的"素质冰山模型"①

二、素质模型的特点

1. 具体性

素质模型是具体的，它必须和具体的工作职位密切联系，职位所规范的任务目标、工作内容、职责和职权、激励约束机制等决定了该职位所需具备的各种知识、技能、个性品质等综合素质。不同的职位对素质的要求不尽相同。

2. 多维性

素质模型包含了知识、技能、个性特质等多种形式的素质要素，这些要素既包括表象的，又涉及潜在的。

3. 动态性

由于职位所处的行业环境、组织环境等宏观环境是随着时代的发展而不断变化的，因而素质模型的各组成要素也应具有强烈的时代特征，以体现环境变化对其提出的新要求。

4. 战略性

素质模型是基于职位要求的核心素质，它们是支持在职人员优

① 吴志华. 我国公共部门人力资源管理改革【M】. 上海：上海交通大学出版社，2009：82.

质、高效地完成岗位工作的关键,也是促进组织战略实现的重要前提。

素质模型理论作为一种新兴的管理理论,为公务员走职业化之路,进行职业化塑造提供了重要的理论指导。首先,素质模型理论为公务员职业化素质要素的选取提供了依据。其次,素质模型理论为公务员的选拔与任用、培训与开发、绩效考核与改进等素质建设的相关环节提供了理论指导。第三,素质模型为公务员改进和提高工作绩效提供了依据。通过素质模型可以判断并发现导致员工绩效好坏差异的关键驱动因素,从而成为改进与提高绩效的基点。素质是解释员工绩效优劣差异的根本原因,就组织而言,对同类素质进行分级,可以准确反映从事不同工作性质与内容的素质要求以及工作绩效目标的差异;就员工而言,素质分级为他们选择合适的工作提供了依据与参考。①

第六节　目标管理理论

始于泰勒的管理思想一直关注理性而忽视人性,这种管理强调应该如何做,而很少考虑做的人的思想状况和需求,忽视了人在管理中的能动作用,因此形成了阻碍员工积极性发挥的"压迫式管理"。第二次世界大战之后,西方经济由恢复转向迅速发展的时期,企业急需采用新的管理方法调动员工积极性以提高企业的竞争力。在这一背景下,著名管理学家彼得·德鲁克于1954首先提出了"目标管理和自我控制"的思想。德鲁克认为,管理的原则是能让个人充分发挥特长,凝聚共同的愿景和一致的努力方向,建立团队合作,调和个人目标和共

---

① 参见李小霞. 中国基层公务员素质建设研究【D】. 华东师范大学博士论文,2011:32—36.

同福祉的原则。而目标管理和自我控制是唯一能够做到这一点的管理原则。一个组织的目的和任务必须转化成目标,如果没有目标来指导组织中每个人的工作,则组织的规模越大、人员越多,发生冲突和浪费的可能性也就越大。德鲁克一方面强调管理的目标导向;另一方面强调目标管理的内部控制,即管理中的员工自我控制。德鲁克指出:"组织的每一个人都应参与目标的制定并在工作中实行严格的自我控制,以保证目标得以实现。(目标管理)能让追求共同福祉成为每位管理者的目标,以更严格、更精确和更有效的内部控制取代外部控制。"① 德鲁克的目标管理理论纠正了组织原有的层级化、部门化、本位主义、个人主义的缺失,促进了部门、科层、个人之间的沟通与联系,使组织成员皆有一定的努力方向,并通过目标确立、团队合作、自我控制等方式共同达成目标。

一、目标管理的精髓

目标管理理论被称为"管理中的管理",因为它既是一种管理理论,也是一种管理方法,它通过设立目标、分解目标、实施计划、监测和修正计划、评价目标成果等自我控制的手段来达到管理的目的。目标管理的主要特点在于它的管理是从期望达到的目标出发,采取能保证管理目的和成果实现的措施,以调动管理主体的积极性,使每个人都为达到自己的目标而主动采取各种可能奏效的方式方法,成为管理的主动者。其精髓在于它的主动性、创造性和条理性。

实施目标管理,可以使组织及其成员共同参与工作目标的制定,在实现组织对各阶段目标实施情况控制的同时,实现组织成员的自我管理和自我控制,并努力达成工作目标。目标管理是组织及其全体成员制定出期望达到的目标后,由各部门和全体员工根据组

① [美]彼得·德鲁克.管理的实践【M】.北京:机械工业出版社,2006:102.

织总目标的要求，采取上级部门与下级部门间以及平行各部门间相互配合的方式，来协商确定各自的分目标，并将这种目标贯穿到组织的各部门及各单位的员工中，同时在目标执行过程中实行逐级充分授权，各员工自主地确定实现目标的方法和手段，以达到自我管理。因为有明确的目标作为考核标准，对员工的评价和奖励会变得更客观和合理，由此便可以调动员工的工作积极性，激发其为完成组织目标而努力。

二、目标管理的特点

目标管理，简言之就是“根据目标进行管理”，即各项管理活动都要围绕目标进行的。目标管理认为在目标明确的条件下，人们能够对自己的行为负责。与传统管理方式相比，它具有以下几个特点：

1. 面向未来

管理者必须重视对未来的预期，把规划目标作为自身的首要职责。目标是一种对未来的期望值，具体的目标能把人的行为导向未来，从而激励个体发挥自身最大的潜能、取得最令人满意的成果。目标管理是一种高效能的管理。管理效能＝目标方向×工作效率。其中目标方向是首要因素。只有在确保目标方向正确的前提下，才能制定目标规划，有效地指导管理活动。

2. 系统整体

目标是整个管理活动的中心内容，对管理活动具有统筹和调节作用，使整个管理过程保持统一性和连续性。在目标管理中组织目标的确定，决定了管理必须以共同的目标来统一全员的思想和行动，这是由管理的系统性所决定的。同时必须将组织目标细化为不同层次的子目标，建立一个合理的目标体系，以使整个管理活动层次分明。并由达成各个子目标来促进整体目标的实现。整体与局部之间形成双向环路，实现系统整体的管理。

3. 注重成果

目标管理最为显著的一个特点就是奖惩分明。要保障目标的顺利达成，必须根据各级子目标完成与否及完成的程度，建立检查、监督、考核的奖惩机制，做到职责分明，激励先进，鞭策后进，将贡献大小与物质上和精神上的奖励挂钩，切实调动全体成员的积极性、主动性和创造性，最后对完成目标的情况进行考核、评价，并给予相应的奖罚。唯有如此，才能真正体现出目标管理的实际效果。

4. 自我控制

目标管理主张在整个管理过程中实现自我，即实现管理中的“自我控制”与“自我调整”。所谓自我控制，是指个体在自愿基础上接受和承担目标；而在实施目标中，能够按要求自主处理问题、自我检查工作。实行目标管理能够把传统管理方法中的“要我做”和“要我怎么做”转变为“我要做”以及知道“应当怎么做”。因此，目标管理具有强烈的自觉性，是一种自觉的管理。德鲁克认为，“员工是愿意负责的，也是愿意在工作中发挥自己的聪明才智和创造性的”。[①] 目标管理的主旨在于用“自我控制的管理”代替“压制性的管理”，它使员工能够控制他们自己的业绩。这种自我控制作为一种激励，将推动员工尽自己最大努力把工作做好。

应该说，目标管理是一种超前的管理、系统整体的管理、重视成果且重视人的管理，应用目标管理既可以克服传统管理缺乏预见性、计划性以及官僚作风的弊端，又可以使组织成员在实现目标的过程中充分发挥主观能动性，积极提高工作效率。

目标管理作为面向未来的管理，为公务员自我规划以及职业化塑

① 转引自：郭海龙.现代化与自我管理问题研究【M】.北京：中国社会科学出版社，2007：198.

造与养成提供了一个方向。从宏观上说，公务员职业化塑造作为一项理性的实践活动，在实践前应该具有比较成熟的构想即设定一定目标作为指导，并将其作为标准运用到公务员管理的各个环节之中。在此基础上的公务员职业化塑造才更具系统性和科学性。从微观上说，目标管理理论为公务员职业化塑造提供了参照系。随着我国的社会转型和政治体制改革的进一步深化，社会各界对公务员行政素质与行政能力的要求越来越高，而当前的公务员职业化建设中一个比较突出的问题就是缺乏一套科学统一的标准作为目标，导致公务员往往不能明确自身努力的方向，不知道自己应该在哪些具体方面进一步改善或加强。而将目标管理应用于公务员的职业化建设中，有利于公务员职业化目标的实现，有利于公务员职业化的养成和自我塑造。因为目标具有导向作用，精心设计的目标体系为各级公务员描述了个人未来的发展与努力方向。把每一位公务员在不同时期、不同部门、不同职位上所应具备的素质做出具体地规定和要求，为公务员提高自身素质提供一个参照系，目标被制定和接受后，各级公务员就会充分认识到自身素质和职业化素质之间的差距，清楚地知道自己的前进方向和组织的要求，进而明确自己要做出何种努力，积极主动地进行有针对性的自我调整和自我提升。循着自己设计的轨迹，公务员们只要把注意力放在具体的任务上，就可望取得自己期望的阶段性成果，实现个体的自我发展。这样既能满足个人的自我实现和成长需要，又能将个人发展与组织发展有效地结合起来，最终达到实现公务员职业化的目标。

第五章　公务员职业化塑造的经验借鉴

经过近二十多年的探索，我国公务员制度得以确立，各种机制也逐步开始运行，然而各种问题也逐渐暴露出来，其中核心问题便是公务员职业化程度较低，严重影响了公共行政的效能与效率。因此，走职业化之路，进行公务员职业化塑造就成为当前政府面临的一个重要任务。在这方面，西方国家走在了我们的前面，其公务员职业化建设的经验值得我们学习与借鉴。

第一节　美国以制度为基础推进公务员职业建设

一、公务员制度的发展及其基本原则

美国著名的公共行政学家尼古拉斯·亨利把美国公务员制度分为如下几个阶段：[①]道德意识较强的监护人阶段；肆无忌惮的分赃阶段；注重效率的科学管理阶段；为强调政治官员与终身行政官员之间对立的行政管理阶段；为大量具有不同专业背景，受到良好教育的社会人士供职于政府的职业化终身阶段；将职业化与管理相结合的职业化公共行政阶段。后两个阶段分别始于 20 世纪 50 年代和 70 年代。

① ［美］尼古拉斯·亨利．公共行政与公共事务【M】．北京：华夏出版社，2002：242.

它反映了公务员提供公共服务的基本特征,即公共服务的职业化。在职业化公共行政时期,它要求把政治(公共)和官僚制度(行政)界定为公共行政职业完全合理合法的基石,即要求公务员在提供有效公共服务的同时,还要体现社会公平、公正等伦理要求。①

新公共管理运动和公共服务职业化,使公务员制度的基本原则受到了挑战,并使公务员职业化建设出现新的内容。詹姆斯·鲍曼指出,美国公务员的职业精神既强调"专业技术(将事情做好)",又强调"伦理道德素质(做正确的事)",在他看来,提供公共服务的公务员必须具有三面的技能:技术水平、道德品质以及领导能力,才能形成职业优势。②

美国公务员制度经过100多年的不断改革探索,确定了一系列基本原则,主要包括(1)公开竞争:必须进行机会均等的公正、公开的考试,从合适的来源、合格的人员中招聘公务员。(2)平等对待:所有求职者及公务员,无论其党籍、种族、肤色、宗教、性别、年龄、婚姻状况、祖籍状况、残疾状况如何,均应受到公正合理的对待,政府必须注意宪法赋予他们的权利。(3)同工同酬:应对价值相同的工作付给相同的报酬,对优异的工作表现要给予鼓励和承认。(4)良好道德:所有公务员必须具有良好的道德修养,个人品行要端正,能够模范遵守社会秩序,并保持对公众利益的关切。(5)保证高效:公务员队伍的一切力量应有效加以利用,以保证公务员队伍的高效率。(6)严格要求:工作表现良好者应继续任职,工作成绩不理想者应加以改进,不达标者予以免职。(7)加强培训:对公务员进行有效的教育和培训。(8)政治中立:保持公务员免受专横行为或个人好恶之害,保证公务员不被迫为

① 参见曾维和.当代美国公务员职业精神及其启示[J].中国行政管理,2007(3).

② [美]詹姆斯·鲍曼.职业优势——公共服务中的技能三角【M】.北京:中国人民大学出版社,2005:1—16.

政党的政治目的而从事活动，禁止公务员使用其权力及影响去干预或影响选举的结果或竞选提名的结果。(9)保障权利：公务员应受到保护，不得因进行合法揭发而遭到打击报复。

公务员制度的形成和日渐完善不仅为美国的公务员职业化提供了保障，同时也为公务员职业化养成起了基础性的作用。

二、公务员职业化建设与文官制度密不可分

美国公务员职业化建设与其传统文官制度及行政文化有着密切的关系(如，美国文官制度的“政治中立”、“职业常任”等特点)，表现在：在公务员选拔录用上，重视公开、平等、公正。1883年，美国国会通过了《调整和改革美国文官制度的法律》，又称《彭德尔顿法》，标志着公务员制度的建立。根据该法设立文官委员会，建立了考试制度，排除了政治势力对公务员任命和解聘方面的干预，确立了功绩制原则，从而奠定了美国公务员制度的基础。在公务员的在职培训上，秉持专才主义文化，强调与其所任职务相关的知识和技能培养。在职业道德建设上，加强公务员职业道德建设的立法工作。1958年通过了《政府雇员培训法》。1978年10月，美国国会又出台了《公务员改革法》，并通过了《美国政府道德法》；1989年又通过了《美国政府道德改革法》；1990年颁布了《美国政府官员及雇员的行政道德行为准则》；1992年制定了《美国行政部门工作人员伦理行为规范》等等。其中，1978年的《公务员制度改革法》对美国的公务员制度进行了比较大的改革，这是美国公务员制度中一部非常重要的法律，也是美国公务员职业化历史上的一个里程碑。该法确定了联邦政府人事工作遵循的九条功绩原则，对人事管理、高级行政职位、功绩工资、公务员考核和处分程序等作出了重大改革。主要包括：第一，确立了功绩制的九项原则。强调公务员必须以能力、知识和技术决定录用和晋升等。同时在制度上贯彻考核制，对于工作表现和业绩不良者，必须督促改进或予以解雇。

除此之外，实行功绩工资制，工资的基本构成为，基本工资＋可比性工资（其数额由工作成绩来决定）。第二，加强公务员工作中的道德素质和品质培养，这不仅表现在国会和政府的公务员道德法案方面，还包括了协会道德规范的制度和实施。同时，完善公务员职业道德监督机制。政府设立了广泛的管理监督机构，制定了详细的公务员道德规范及处理措施，以保证所有规范和措施真正落实到位。同时还特别注重发挥公民和民间组织及社会团体的舆论监督作用等。第三，改革高级公务员的职位分类制度，设立"高级行政职位"（Senior Executive System，简称 SES 系统）。具体包括原属于职位分类体系中 16 至 18 职等的高级公务员职位，计 9200 个，实行官随人走的品位分类方法，加大任用弹性，同时要求全面提高高级公务员的综合素质。第四，改革公务员人事主管机构。撤销文官委员会，建立新的人事管理机构，即"人事管理局"、"功绩制保护委员会"、"联邦劳工关系局"等三个独立机构。同时下放一些人事管理权限，扩大政府各机关用人权。第五，建立联邦文官学院，专门培训政府公务员，提高其绩效水平。第六，确认和强化公务员的权利。使之拥有程序改进后的申诉权利和监督行政首长管理公务员的权利。公务员可以组织工会，有权向行政当局争取和交涉关于公务员权利的事宜，妥善解决政府中的劳工关系问题。①

第二节　英国以运动为依托培育公务员职业精神

英国是世界上最早建立公务员制度的国家，也是近代"新公共管理"运动的发起者。英国通过"新公共管理运动"来加强完善政府职责和提

① 参见：天尊卓越法务活动部资料，http://www.tz-law.com.

升公务员的执行能力、采用竞争机制来提高政府的工作绩效和公务员的工作效率,其做法值得我国政府在公务员职业化塑造方面加以借鉴。

一、以运动为依托,强化公务员职业精神建设

进入20世纪以来,“新公共管理运动”在英国兴起,这场运动以1979年英国首相玛格丽特·撒切尔上台为标志。英国的公共部门逐步加强了与私营部门的合作,公务员的职业精神建设日益得到政府的重视。自20世纪80年代起,英国政府采取了一系列改革措施:如,发起反对浪费和低效益的运动,以企业精神重塑政府,把政府改造成“以绩效为中心”的组织;1982年英国政府推出旨在提高行政绩效和强化管理责任的“财政管理创新”活动;1987年英国政府又推行了“下一步行动计划”;1991年推出“公民宪章”和“市场检验”活动;1994年,又提出一项名为“新的行政机关”白皮书计划。所有这一切,其目的就在于强化公务员的职业精神,并以此提高公务员的执行力,进而完善和强化政府职责。

二、以人为本,服务至上

在撒切尔执政期间,英国政府提出了“公众是顾客,政府为顾客服务”的执政理念,以纠正长期存在的公务员高高在上的传统。进入梅杰执政时期,英国政府进一步提出了“顾客中心论”的思想,要求政府改变过去墨守成规的做法,不断改进服务方法,提高服务质量和服务水平。1991年出版的《公民宪章》明确要求政府提供良好的信息服务,政府各部门应该了解人们期望得到的服务和政府各部门能够提供的服务,不能歧视任何特殊人群,不论其种族、性别、信仰、职业、语言,也不论是孤寡老人还是残疾人,政府都应向他们提供相应水准的服务。此举无疑是对传统的官僚体制观念的摒弃,是对行政主客体关系的重新建构。这种做法使得传统的伦理规范和伦理标准受到了极大冲击,道德规范和价值观念开始趋向多元化,它标志着英国公务员职业精神

建设中行政权利的转移、机构的重组和公务员角色的重新定位。英国公务员职业精神建设进入了新时期。

第三节　韩国以法制推动公务员职业化

韩国的公务员职业化建设主要是靠法制来推动，以制度先行。如，韩国不仅有《国家公务员法》、《地方公务员法》，还有《公共事务条例》、《公务员服务规定》、《公职人员伦理法》、《公职人员伦理宪章》以及《防腐败法》等，这些法律和制度具体明了，具有很强的可操作性。

1.《大韩民国宪法》规定，公职人员应该为全体国民服务，公职人员总的伦理标准是把国民利益作为价值基础。《国家公务员法》的适用范围包括行政机关、立法机关和司法机关全体公职人员，且明确规定了公务员应该遵守的一系列行为准则。

2.《公职人员伦理法》规定了公务员的基本伦理要求。该法从总则、财产申报与公开、礼品的申报、限制退职公职人员的就业、补则、惩戒和罚则几个方面，对于公务员的行政伦理、职业精神进行了法制约束。1993 年以总统令形式颁布的《〈公职人员伦理法〉实施令》，在《公职人员伦理法》的基础上，进一步做出了更为具体、细致、便于操作的规定。

3.《公务员服务规定》进一步将公务员伦理规范系统化和具体化。1970 年 6 月，韩国以总统令形式颁布了《公务员服务规定》，其后，进行了 12 次修订。《公务员服务规定》对于规范公务员的服务行为，促使其更加职业化地工作具有重要意义。

第四节　新加坡以廉政助推公务员职业化

新加坡政府在公务员的廉政建设不仅卓有成效，而且对公务员职业化也起到了推动作用。

一、公务员聘任制

新加坡提倡"人才立国"、"精英治国",注重建设精干、高效、廉洁的公务员队伍。从公务员的录用来看,实行的是聘任制。招聘对象为大中专毕业生,一般不进行笔试,而是以学生在大学的学习成绩为依据,在此基础上进行面试。面试重点检查应聘者的知识与能力以及二者之间是否统一,此外,还要进行心理测试,以检验应聘者的基本素质和潜能,面试通过后,学习成绩位列一二名且行为表现优异的学生可被聘为一级公务员,学习成绩三四名者被聘为二级公务员。应聘者被录用后,有两年的试用期,试用期结束经审核合格者,方可成为正式公务员。

二、严格的公务员法律制度

1. 立法明确

新加坡政府对于公务员的行为有着非常明确而又具体的规定,这对确保公务员工作行为职业化有着重要作用。如,新加坡有《公务员指导手册》,在这本手册中,对公务员的政治行为、工作纪律、言行举止都做出了明确规定。

2. 执法严明

新加坡强调法律面前人人平等,任何人违法乱纪都会受到严厉处分,无论其性别、种族、身份、职业及地位高低。公务员更不能例外。

3. 充分授权和有效监督有机结合

在新加坡,公务员被充分授权,与充分授权相对应,公务员的职责也很明确。在这种情况下,各级公务员各司其职,各负其责,工作效率普遍很高。同时,政府还建立了完善的公务员监督机制,实行纵横两个向度的监督。纵向表现为设立了两大机构,公共服务委员会和贪污调查局。公共服务委员会有权对公务员的缺勤、抗命、工作过失等不当行为进行调查并处理(最严重的处理为除名,且永不录用)。贪污调查局则集行政和执法于一身,为了确保公务员的廉洁奉公,法律授予贪污调查局十分广泛的特权,对违规和触犯法律的公务员实施严格的查处直至逮捕。横向表现为:一是设立与公众对话机构,公众如若对公务员的工作行为不满,如,办事不公、态度粗暴、效率低下等,可直接向对话机构反映;二是形成由新闻媒体主导的社会舆论,如在报纸上开辟"服务栏",公众对公务员的意见皆可登载在报纸上,且必须在一周内做出回复。如此多层面、全方位的监督不仅保证了权力的有效制约,同时也使得新加坡公务员必须谨言慎行,职业化地工作。

三、高薪养廉的福利制度

新加坡政府为了增加公务员职业的吸引力,除了确保公务员在正常条件下能得到较快提升外,还将公务员的工资市场化,实行灵活工资制,以保证公务员过上体面的生活。除此之外,还大力提高公务员的福利待遇,新加坡公务员的福利待遇包括退休金(养老金和公积金)、假期、有限度的医疗福利、免费制服、免费在职培训、贷款优惠、住房优惠和集体保险等。这些做法对于促进公务员职业化,提高行政效能,遏制贪污受贿起到了相当重要的作用。①

---

① 叶楠、范仁庆.新加坡公务员廉政建设及其借鉴意义【J】.山东行政学院、山东经济管理干部学院学报,2004(3).

制度规约篇

公务员的职业化塑造在相当程度上依赖其制度安排，必须有来自政府以及组织的制度规范约束，以政府和组织的管理制度为依归，即通过制度规约推进公务员职业化。纵观西方国家公务员制度确立的原则，无一例外地体现了职业化趋向：1. 功绩制原则。西方各国的公务员制度奉行以能力和业绩评价为本位的功绩制原则，功绩制原则贯穿于西方各国的公务员制度体系。在该原则指导下，公务员的录用采取竞争考试、择优录用的制度，公务员的晋升加薪与能力及实绩挂钩，即晋升和加薪与否取决于其所掌握的技术与能力以及所做出的工作成绩，并建立了一套标准客观的、非人格化的评估体系来评估公务员的工作业绩。2.“政治中立”和“两官分途”。西方国家大都坚持“政党轮流执政”，为了避免“政党分赃”的腐败现象的滋生，把国家公务员分为政务官和事务官两类，并且特别强调“政治中立”。“政治中立”即公务员系统独立于党派之外，公务员不得以公务员身份参加党派活动，在公务活动中不得带有党派的政治倾向性。3. 常任制与聘任制相结合。为了确保公务员队伍的稳定性和连续性,西方国家把常任制度作为公务员制度确立的基本特征。为了保障公务员的职业安全,规定一个人一旦进入公务员系统,就成为国家公职人员,组织不得随意解雇和辞退。同时为了改善常任制带来的弊端(保守固化、效率低下、官僚作风等),又以聘用制对常任制予以补充。4. 职业训练和终身教育相互补充。西方国家一直非常重视对公务员的职业训练,认为这是造就高素质的行政管理人才,实现公务员职业化的重要途径。早在1945年,法国就根据戴高乐总统的建议创建了国立行政学院,美国和英国也于1969年分别创办了联邦行政学院和公务员学院。目前,美国有近100所大学设有行政学院、行政研究院、行政学中心等,分别承担着公务员的各种职业培训。① 5. 法规制度健全,职业观念深入人心。西方国家有着十分健全的社会职业观念,在观念上,人们认为公务员职业不过是众多社会职业之中的普通一种,鲜有“官”的概念。因此,公务员能进能出,能上能下,机制健全,渠道畅通。在完善的市场法制下,许多公务员在政界、学界、商界不断自由转换角色。

诺斯认为,制度就是规则。康芒斯认为:制度作为一种行为规则,“它们指出个人能或不能做、必须这样或必须不这样做、可以或不可以做的事,由集体行政使其实现”,②从而为人的生存和发展提供保障和规范。规则是从“周围”或“旁边”限定成员行为的东西。它可比喻为火车的两个轨道挟持着火车前行,又像河流的两个堤坝制导着河水向前。规则使人只能在一定范围里运行,不能超出其外。③ 早在上世纪末邓小平同志就曾讲过,“我们过去发生的各种错误,固然与某些领导人的思想作风有关,但是组织制度、工作制度方面的问题更重要,这些

① 谭功荣. 公务员职业化、内涵及模式比较【J】. 中国行政管理,2009(2).
② [美]康芒斯. 制度经济学【M】. 北京:商务印书馆,1997:87.
③ [美]道格拉斯·诺斯. 论制度【J】. 经济社会体制比较,1991(6).

方面的制度好,可以使坏人无法任意横行,制度不好,可以使好人无法做好事,甚至会走向反面。”[①]因此,要实现公务员队伍的职业化,就必须加大力度改革政府管理体制,创新公务员管理机制,通过进行科学的制度设计,使制度规定、要求、准则、规范成为一种“挟持性”动力,引导公务员的职业化行为。

制度安排之于公务员职业化是一种外在的规约,表现在:

一、制度赋予公务员以特定角色。兹纳涅基说过,人总是担任一定的社会角色,生活于相对确定的社会圈子或制度中。一种制度安排被实施后,便会成为一种既定的对象和现实的力量,对人的行为进行规约,使这种主体性、能动性的发挥遇到边界、程度的限制。制度对人们行为边界的划定,决定了人的历史和现实活动的范围与空间。从我国的情况来看,首先,制度从角色身份上对公务员做出了严格界定。《中华人民共和国公务员法》第二条从身份上对我国的公务人员做出了如下规定:“本法所称公务员,是指依法履行公职、纳入国家行政编制、由国财政负担工资福利的工作人员”。[②]《中华人民共和国公务员法》第十一条规定:“公务员应当具备下列条件:(一)具有中华人民共和国国籍;(二)年满十八周岁;(三)拥护中华人民共和国宪法;(四)具有良好的品行;(五)具有正常履行职责的身体条件;(六)具有符合职位要求的文化程度和工作能力;(七)法律规定的其他条件。”[③]其次,制度从角色职责上对公务员做出了明确的规定。行政制度既严明了行政人员的权责、纪律,也明确了组织体系中行政人员作为执行主体的相对独立性及其行为责任。公务员作为政府公共管理活动的主体,是

---

① 邓小平文选(第2卷)【M】.北京:人民出版社,1994:327.

② 应松年、宋世明、仲崇东.公务员法释义【M】.北京:国家行政学院出版社,2005:208.

③ 应松年、宋世明、仲崇东.公务员法释义【M】.北京:国家行政学院出版社,2005:210.

公共权力的实际行使者，其客观责任和义务就是：表达公共意志、维护公共利益、实施公共管理。从法律层面，行政制度对公务员角色职责的规定，凸显了公务员作为执行主体的相对独立性和执行公务的自主裁量权，有利于增强公务员的责任感、自律感，克服长官意志，防止公权滥用，提高行政人员独立思考和依法行政的自觉、自律、自警能力。再次，行政制度显露的价值原则或精神对公务员行政行为产生直接影响。正是基于行政制度对公务员的角色定位和素质培养导向的功能，公务员获得了明确的、相应的角色意识。而角色意识正是公务员职业行为赖以成长的沃土。当一个公务员被安排到一定的行政岗位上，他在这个岗位上找到了自己的角色，根据制度的引导，形成一定的角色意识，并时时根据角色意识选择职业行为。

二、制度为公务员职业化塑造提供价值导向。罗尔斯说过："社会的制度形式影响着社会成员，并在很大程度上决定着他们想要成为的那种人，以及他们所是的那种个人。"①行政制度亦如此，行政制度作为具有价值导向性的规范性安排，对公务员的职业化进程必然具有巨大的影响力，这包括了观念的、习惯的、行为的等方面所产生的压力与激励。也就是说，制度在约束公务员行为使之职业化的同时，也在塑造着他们的价值观念和道德品性。因为制度本身必然带有价值的导向性。"制度中蕴藏着文化基因，是人的伦理关系、价值关系及其尺度的现实凝结物"。② 制度安排越具体，对人行为的约束越详细，越便于人们在社会实践中的交往。

三、制度规定了公务员的权利和义务。作为一名公务员，其权利的有效保障必须依靠相应制度的建立与完善。我国《公务员法》第十

① ［美］罗尔斯．政治自由主义【M】．南京：译林出版社，2000：285．

② 鲁鹏．制度与发展关系研究【M】．北京：人民出版社，2001：191．

二条规定："公务员应当履行下列义务：(一)模范遵守宪法和法律；(二)按照规定的权限和程序认真履行职责，努力提高工作效率；(三)全心全意为人民服务，接受人民监督；(四)维护国家的安全、荣誉和利益；(五)忠于职守，勤勉尽责，服从和执行上级依法做出的决定和命令；(六)保守国家秘密和工作秘密；(七)遵守纪律，恪守职业道德，模范遵守社会公德；(八)清正廉洁，公道正派；(九)法律规定的其他义务。"《公务员法》第十三条规定："公务员享有下列权利：(一)获得履行职责应当具有的工作条件；(二)非因法定事由、非经法定程序，不被免职、降职、辞退或者处分；(三)获得工资报酬，享受福利、保险待遇；(四)参加培训；(五)对机关工作和领导人员提出批评和建议；(六)提出申诉和控告；(七)申请辞职；(八)法律规定的其他权利。"[①]依据这些权利的法律保障，公务员便可以在开展行政工作的过程中，拥有了一个使自己的能力得到充分展现、成为相对自由自觉的主体的平台。

四、制度规范着公务员的行政行为。公务员行使权力，执行公务必须以法律为依据，任何违法或越权行为都要受到司法制裁或行政惩戒。为了保证政府部门的高效率，我国《公务员法》第五十三条规定："公务员必须遵守纪律，不得有下列行为：(一)散布有损国家声誉的言论，组织或者参加旨在反对国家的集会、游行、示威等活动；(二)组织或者参加非法组织，组织或者参加罢工；(三)玩忽职守，贻误工作；(四)拒绝执行上级依法做出的决定和命令；(五)压制批评，打击报复；(六)弄虚作假，误导、欺骗领导和公众；(七)贪污、行贿、受贿，利用职务之便为自己或者他人谋取私利；(八)违反财经纪律，浪费国家资财；(九)滥用职权，侵害公民、法人或者其他组织的合法权益；(十)泄露国家秘密或者工作秘密；(十一)在对外交往中损害国家荣誉和利益；(十

① http://www.tjc.gov.cn/displayf.asp?id=1068&bt=中华人民共和国公务员法.

二)参与或者支持色情、吸毒、赌博、迷信等活动;(十三)违反职业道德、社会公德;(十四)从事或者参与营利性活动,在企业或者其他营利性组织中兼任职务;(十五)旷工或者因公外出、请假期满无正当理由逾期不归;(十六)违反纪律的其他行为。”[①]有了这些行为规定,公务员在履行公务时,就有了明确的行为导向和目标,就能清楚地知道哪些行为是必须的、哪些行为是不被允许的、哪些行为是组织鼓励和赞扬的、哪些行为是要受到组织惩处的。

五、制度使行政人员获得稳定的预期。现代公务员制度作为政治民主化的产物,在体现民主原则和人本原则的同时,也为公务员提供了稳定的预期,这种稳定的预期对公务员职业化的生成无疑会产生促进作用。如,我国《公务员法》对公务员队伍的进、管、出等各环节,以及职务职级、奖励惩戒、劳酬福利、权利义务、监督约束、法律责任等方面都作了明确规定。如在选拔公务员时,遵循公开、公正、平等竞争的民主原则,打破了任人唯亲、世亲世禄、封妻荫子、卖官鬻爵等带有专制主义色彩的用人原则;在考核公务员时,通过民主评议、民意测验等方式,以做到公平合理,对不称职的公务员通过民主监督予以罢免、撤换。此外,现代公务员制度保障每个公务员平等地行使职权,履行职责,反对特权现象,反对下级对上级的人身依附关系,切实体现“政府是多数人的政府而非少数人的政府”这一民主理念。

对公务员职业化塑造与养成而言,制度是基础,是保障。当然,单靠一两项制度的建立和推进是不够的,而是需要在各个环节上确立起职业化运作的制度和方法。不同环节的制度起着不同的作用,它们相互补充、相互联系、相互促进,形成一种合力共同推动公务员职业化的实现。

① http://www.tjc.gov.cn/displayf.asp?id=1068&bt=中华人民共和国公务员法.

第六章　立足公务员制度确保职业素养

相比于西方国家，我国的公务员制度的建立起步比较晚，各种配套的法规、章程、制度尚不健全，且从入轨启动到转入良性运行也需要一个过程。因此，还需要进一步完善公务员制度，凸显其职业特征，以此助推公务员职业的实现。

第一节　通过科学招录规范公务员职业准入

1993 年 10 月 1 日实行的《国家公务员暂行条例》拉开了我国公开考试录用公务员的序幕。2006 年 1 月 1 日起实施的《中华人民共和国公务员法》第四章明确规定，"录用担任主任科员以下及其他相当职务层次的非领导职务公务员，采取公开考试、严格考察、平等竞争、择优录取的方法。公务员录用考试采取笔试和面试的方式进行，考试内容根据公务员应当具备的基本能力和不同职位类别分别设置。"[①]对于公务员招录而言，"竞争是一种科学合理的评价尺度，是衡量人才真伪的刚性尺度。有效的竞争机制能够激发出公务员合于其

① http://www.tjc.gov.cn/displayf.asp?id=1068&bt=中华人民共和国公务员法.

职位要求的真实动机，鼓励公务员努力学习，奋发向上，积蓄能量，更新素质。”[①]

目前，我国的公务员录用模式主要有三种：考试、调任、聘用。这三种模式还有待于不断完善。

一、严把入口，以“道相同”为招录原则

为政之要，首在择人，更在以制举人。职业化强调竞争，强调职业的选择。因此，进行公务员职业化塑造，应该始于选拔录用这一环节，严把入口关，通过科学招录规范公务员的职业准入，从职业本身的特性入手，优选高素质、具有职业水准的人才。

这里的“道”即职业价值观。价值观是人们角色定位和行为选择的内在依据和行为导向。公务员的价值观是公务员首先依托的内部控制资源。特里·L.库珀曾经说过：“价值观是我们应该拥有的一种信仰类型，它比其他的信仰类型更为基础；它是我们信仰系统中的核心，也因此是我们的‘态度’。价值观就是关于我们该如何去做的信念。”[②]公务员的价值观对其行政品质以及行政权力运行的方向有着极大的影响和指导作用，将从根本上决定着行政行为选择的方向和道路。公务员是一个特殊的职业，这一职业要求具有特殊的价值观——公共价值观。公共价值观具体表现为：一是强化社会责任的公共性价值观。包括从事公务员职业所应具备的公共意识、关怀意识、责任意识、奉献意识等。二是强化以公共利益为核心诉求的公众利益价值观。即始终把公众的利益放在首位，并以此作为自己的行为指南。因为“行政人员不是简单地为自我实现而工作，而是以增加公共福利的方式为公民服务，他们是公民利益的忠实代表，一切以公众的福利为重。也就

---

① 梁丽芝.论提高公务员素质新机制的构建【J】.行政论坛，2002(11).

② [美]特里·L. 库珀.行政伦理学：实现行政责任的途径【M】.北京：中国人民大学出版社，2001：75.

是说，不管是谁，只要你选择了公务员这一职业，就必须为公众利益献身”。[①] 三是强化“顾客导向”的服务型价值观。即树立“顾客导向”意识，强化“服务”导向。四是强化依法行政的法律价值观。即必须依照法定权限、法定方式、法定程序来实施行政管理行为。以“道相同”为原则招录公务员，就是要根据应考者价值观与公务员队伍的公共价值观是否吻合来决定录用与否。因为认同并接受公共价值观，意味着日后会以此价值观作为自己工作和行为指南，会从这种公共信仰中寻找依据和力量，进而朝着职业化顺利发展；反之则可能有悖于职业化要求。如果他不能选择和接受公共价值观，就应该被弃除在公务员职业之外。

当前参加公务员考试的大多为大中专院校毕业生，社会人员占少数。近年来，公务员报考日益火爆，录取率逐年创新低。有人称，如今的公务员考试已经当仁不让地从昔日被誉为“千军万马过独木桥”的高考处接过了接力棒，成为中国竞争最激烈的考试。公务员考试竞争究竟有多激烈，录用究竟有多难，由下表可略见一斑。

2003 年—2012 年国家公务员考试报名人数与录取人数比例统计[②]

年份	招考职位	招录人数	审核通过	参考人数	最终比例	招录比例
2012	10486	17941	130 万	96 万	53∶1	1.09%
2011	9758	16205	141 万	103 万	87.3∶1	1.15%
2010	9275	15526	144 万	92.7 万	59∶1	1.69%
2009	7556	13566	105.2 万	77.5 万	58∶1	1.75%
2008	6691	13787	80 万	64 万	46∶1	2.15%
2007	6361	12724	74 万	53.5 万	42∶1	2.0%

① [美]特里·L.库珀.行政伦理学：实现行政责任的途径【M】.北京：中国人民大学出版社，2001：167.

② 资料来源：华图教育.

续 表

年份	招考职位	招录人数	审核通过	参考人数	最终比例	招录比例
2006	6053	10282	54 万	50 万	48.6∶1	2.05%
2005	5456	8271	31 万	29 万	35∶1	2.86%
2004	4036	7572	18.2 万	12 万	15∶1	6.67%
2003	5400	5475	12.5 万	8.7609 万	16∶1	6.25%

考试竞争如此之激烈，录用率如此之低，为什么人们还如此热衷于挤这座独木桥呢？难道真的都是具有服务于公共利益的情怀，做好了为公众利益献身的准备？答案无疑是否定的。对于相当多的报考者来说，他们仅仅是将公务员作为一个就业的途径，“考碗族”因此被叫响；或者认为公务员职业稳定、工作清闲，贪图公务员手中的权力等等。广州市穗港澳青少年研究所曾对外公布的一项调查显示，近半广州青年认为当公务员是最理想的职业，其理由是公务员工作压力不大，待遇福利稳定，这种看法其实也反映了目前部分年轻公务员的心态。应该说，这些都是与公务员应该秉持的价值观相背离的。基于此，必须进一步严格和完善公务员招录制度，加强对应考者价值观方面的考察，确保进入公务员队伍的人符合公务员的职业价值观，杜绝与公务员职业价值观格格不入的人进入公务员队伍。

二、完善招录制度，确保职业水准

公开招考公务员是我国人事制度的一项重大变革，根据我国《国家公务员录用暂行条例》，对公务员的录用采用“考录制”，推行“凡进必考”制度。公开招考是贯彻“公开、平等、竞争、择优”原则的具体实践，是确保公务员队伍整体素质的有效途径，如此不仅可以做到唯才是举，同时作为一种以职业标准为基础的选拔，一方面提升了公务员队伍的职业水准，另一方面也为日后进一步的职业化塑造奠定了扎实而良好的基础。遗憾的是，该制度还存在诸多问题。一是考录制的适用范围目前还仅限于初级公务员(很多高层次人才想进入政府部门只能通过考试,并且不论学历和经验,统一被任命为主任科员以下),且报考资格、条件限制不合理,对于报考人员的身份和学历存在多方面的限制,如包括国家中直机关和各地方单位在招考公务员制定的报考条件上,都有不少对性别、地区、学校、年龄等的硬性限制条件(有些条件往往由用人单位自行规定,给营私舞弊留下了空间),这些限制条件往往与招考公务员的宗旨相违背,如此歧视政策导致大量人才被排挤在公务员队伍之外。二是笔试内容设计不科学。笔试内容注重公共科目知识,缺乏专业知识考察,理论与实践结合不够,无法有效检验考试者的能力水平能否充分满足岗位需要。三是考试命题形式单一,缺乏创新,不能准确判断报考者的能力。四是面试环节不规范,考官素质不均衡,评判不一,影响公正性。凡此等等都亟待改进。

1. 改"单一入口"为"多层次、多标准、多入口"

排除身份和学历等诸多要求,扩大招考范围,形成不唯身份、不唯学历的招考条件。根据《新录用国家公务员任职定级暂行规定》,公务员考试录用的级别一般为 11 级到 15 级,在职位分类中属中下级,而西方则可以直接录用高级公务员。相比之下,我国公务员的录用不仅范围太窄,而且职位也相当低。在今后公务员制度改革中,在完善公务员分类制度的同时,应按照我国公务员的分级制,参照西方发达国家的考试分级,进行划分,扩大和提高公务员的录用职位和职级范围。对新录公务员的级别不必限于担任主任科员以下非领导职务,对一些更高级别的职务也可以试行。当然,实施这项方案既要解放思想、大胆创新,又要逐步推行、及时总结。采用这种竞争的录用机制,在一定程度上可以避免选拔人才上的"任人唯亲"、"托关系,走后门"等种种弊端,真正做到唯才是举,有效地提高政府行政管理的效率,促进公务员的职业化。而竞争机制的建立,也会增强中高级公务员的危机感,进一步促进公务员素质的提高。

2. 根据不同的专业设立不同的准入门槛

尽管目前的公共科目的考试根据职位特点有所侧重，分为A、B两类，但是考试的类别还有待于根据专业要求进一步细分。尤其是要改变考试不分级别，主任科员与科员、办事员同一试卷测试的状况，根据不同的专业要求设立不同的准入门槛，以确保新录用人员的专业素质和水准。

3. 进一步改进考试科目及内容，优化选拔系统

科学选拔是确保拥有职业素质和能力、具有可塑性的人才在公平、合理的竞争中进人公务员队伍的一个关键点。

首先，要确保选拔方式的科学性，提高考试的信度和效度。为此要做到命题标准化、科学化；考试手段多样化，真实、可靠地评价应试人的试卷、答辩和面试成绩，全面、综合地考核应试人的各项职业素质。

就笔试而言，试卷内容和结构的科学性直接关系到能否选拔出高素质的、具备职业化水准的公务员。当前，我国公务员笔试中的行政能力测试和申论题目基本是按照原人事部印发的《国家公务员通用能力标准框架(试行)》包含的几项基本能力来设计的，包括政治鉴别能力、依法行政能力、公共服务能力、调查研究能力、学习能力、沟通协调能力、创新能力、应对突发事件能力、心理调适能力。测试的是在公共部门工作的通识能力，这是对应考者职业意识、职业能力的一种基本判别。为了确保笔试的科学有效，在笔试过程中，需要把握以下几项原则："一是'以用为考'，在笔试的内容设计、科目设计、测试水平等方面要从用人部门的实际出发，考察、了解应试者的知识和能力，并突出对应试者知识运用能力的考察。二是在知识结构和知识的广度、深度方面，要把握好'通才'与'专才'的关系，注意使公务员的知识结构更

趋合理。三要多角度考察应试者的知识、能力、个性特质、发展潜力等，以便较准确、全面地了解应试者与岗位需求之间的差距，为其他环节的考试、考核提供依据。”①

现在不少地方已经开始在笔试上尝试改进。如采用标准化考试，建立试题库，减轻命题难度，提高测试过程的组织管理水平。

就面试而言，为了确保面试的科学有效，须对传统面试的测试内容和形式加以改进和更新，测试内容尽量做到有的放矢；注重不同专业、不同职位对相关素质的特殊要求，重点考察应试者的心理素质、应变能力和专业管理能力。同时引入一些先进且行之有效的面试方式。现在有些公务员面试已经开始借鉴企业常用的面试方式。如，无领导小组讨论、行为描述面试法、文件筐测试法、角色扮演、管理游戏等。

无领导小组讨论。无领导小组讨论是近年来公务员招考中经常采用的一种面试方法，无领导小组讨论采取小组面试的方式，一般是若干应聘者组成一个小组，共同面对一个需要解决的问题，小组成员以讨论的方式，经过汇集各种观点，共同找出一个最合适的答案。在讨论之前考评者不指定讨论的主持人，面试官在一旁观察各应试者行为表现并据此做出相应评价。小组面试的步骤一般是：一、接受问题，成员各自分别准备发言提纲；二、小组成员轮流发言，阐述自己观点；三、成员交叉讨论，渐渐得出最佳方案；四、解决方案，总结并汇报讨论结果。无领导小组讨论的好处在于，一是节约时间，二是可以让应聘者在相对放松的环境中较为自如地发挥，从而全面考察应聘者的语言能力、逻辑思维能力、沟通能力、反应能力、宏观统筹能力等以及在团队中适合扮演的角色。

---

① 李晓霞.中国基层公务员素质建设研究【D】.华东师范大学博士学位论文，2010:181.

行为描述面试。行为描述面试是通过一份比较结构化的问卷对候选人进行综合面试的一种方法，旨在发现候选人在过去某项具体的经历中表现出来的素质能力与岗位要求之间的契合程度，以此来确定候选人是否适合该职位。面试官通过行为描述面试可以了解两个方面的信息，一是通过应聘者过去的工作经历来判断他未来在本组织中可能采取的行为模式，二是通过将应聘者在特定情景、特定环境下所采取的行为模式与空缺职位所期望的行为模式进行比较分析，以此来确定候选人是否适合该职位。在行为描述面试过程中，要求面试官按照 STAR 法则进行相关面试。S 即情景，如当时是怎样的情况？导致这些情况发生的因素是什么？周围情形如何？有什么人涉及其中？采取了什么措施等等；T 即目标，即当事人在当时情况下有什么样的想法？当时希望达到的目标是什么？设定目标的原因和背景是什么等；A 即行动，表示探询相关行动信息，如在当时情况下做出了哪些反应？在整个事件中担当了什么样的角色？在当时的情境下，有什么想法？要采取的行为是什么等等；R 即结果，表示探询相关结果信息，如事件最后的结果怎样？产生了哪些影响？得到了什么样的反馈等等。在整个行为描述面试的过程中，面试官须做好面试记录，最好直接记录应聘者的原话，以确保整个事件的完整性和客观性，从而便于就应聘者的回答情况进行分析、比较、判断和评价，有效地把握应聘者过去关键行为和经历的本质和核心。

文件筐测试法。文件筐测试法也是评价应聘者能否胜任某一特定岗位的有效选拔方法。文件筐测试方法具体操作流程如下：将应聘者置于特定的职位或管理岗位的模拟环境中，由评价者提供一批该岗位经常需要处理的文件，要求应聘者在一定时间和规定的条件下处理完毕，并以书面或口头的方式解释说明这样处理的原则和理由。评价者则根据应聘者处理公文的实际情况、处理方式、处理速度、处理程序、处理结果等，并参考其口头说明的处理理由，对其处理日常公文的总体能力和处理公文中反映出来的逻辑思维能力、分析问题能力、判断能力、文字表达能力等做出评价。文件筐测试法的优点在于它模拟的是真实的工作情境，测验材料是实际工作的样本，因此具有较好的模拟效果，且便于操作。

角色扮演。角色扮演是一种用以测评应聘者人际关系处理能力的情景模拟活动。在这种活动中，由评价者设置一系列尖锐的人际矛盾或人际冲突，要求应聘者扮演某一角色并进入角色情景去处理各种问题和矛盾。评价者通过对应聘者在不同人员角色的情景中表现出来的行为特征进行观察和记录，评价其相关素质与能力。在角色扮演中，评价者一般会从以下几个方面来评价应聘者的行为表现，一是角色适应性。应聘者是否能够准确地判断形势并迅速进入角色，按照角色规程中的要求行事，如表现出相应行为风格、人际交往技巧、对突发事件的处置能力、思维的敏捷性等。二是其他影响因子，包括应聘者在扮演指定的角色处理问题的过程中所表现出来的问题解决的能力、决策能力、指挥能力、控制能力、协调能力等。

管理游戏法。管理游戏是一种以完成某项或多项“实际工作任务”为基础的标准化模拟活动，评价者可以通过模拟活动来观察和测评应聘者实际能力。由于模拟活动大多要求应聘者通过游戏的形式进行，并且侧重评价应聘者的管理潜质，因此称之为管理游戏法。在管理游戏中，应聘者被置身于一个模拟的工作情境之中，面临一系列实际管理中的现实问题，须想方设法加以妥善解决。管理游戏法同文件筐测验法类似，在测评过程中，考评者常常会以各种角色身份参与游戏，给应聘者施加压力，增加工作难度，促使矛盾激化、冲突加剧，其目的是全面评价应聘者的应变能力、人际交往能力等。

在以上面试中，除了考察应试者的综合服务能力外，还要着重考察应试者对公务员职业的理解，是真正具有服务精神和态度，还是仅仅基于个人发展和公职保障的基础来考虑选择公务员这一职业。如果一个人不能建立和拥有服务大众的信仰，没有追求奉献的精神，他就不应该进入公务员的队伍。因为，公务员不是简单地为自我实现而工作，而是以增加公共福利为目的，他是公民利益的忠实代表，应该一切以公众的福祉为重，具有为公众利益献身的精神。

其次，要提高面试官的测试能力和道德水平，减少个人主观好恶和价值取向对选拔人才的影响，削弱"人治"思想和特权倾向，真正把符合职位要求的优秀人才选拔到公务员队伍中来，防止鱼目混珠、滥竽充数现象的发生。

最后，应进一步扩大考试录用的适用范围，尽量缩小委任制、调任制等行政任用方式，以增强更多空缺职位竞争性，通过公开、公平的考试在更大范围内选拔人才。

4. 提高考官队伍的素质

加强各地区甚至全国考官的统一培训，提高考官队伍的素质，保障面试过程中评判的公正性。在国家公务员考试中面试成绩在总分中所占的比例很大，而按规定面试所负担的任务也很重，如，要测试应试者的综合分析能力、语言表达能力、组织协调能力、情绪控制能力、应变能力、人际关系能力等。要在有限的时间内全面测试以上能力，对面试考官无疑也是一种考验，需要面试考官具备较高的素质。首先，面试考官要经过严格的专业训练、精通面试方法、具备现代面试技术和经验。其次，面试考官应按照面试要素和面试职位的特点有针对性地选择面试方法，以全面地考察考生的素质和能力水平。第三，面试考官要具备客观公正的素质。可以说以上几个方面在我国的公务员面试工作中尚未完全具备，其科学性、公平性、公正性还难以全面保障。

5. 加强对面试环节和后期体检环节的监督

在公务员选拔考试中，还需进一步加强对面试环节和后期体检环节的监督，以避免“幕后操作”而产生的各种不公平现象。

总之，公务员的职业化塑造应该从“入口”开始，在来源系统要把握住报考者的类别、数量和质量是否符合公务员职位的要求，是否具有选拔空间。通过严把“入口”关，招入高素质、具有职业水准且具有可塑性的人来充实公务员队伍，坚持以职业标准为基础的招录。以此为基础，打造一支职业化的高素质的公务员队伍。

三、美国公务员考试录用机制介绍

美国联邦政府于1883年通过文官法，设置文官委员会，其主要目的是推行考试用人的功绩制，美国吸收录用的政府公职人员中，85%是通过考试录用的。

美国的考试录用一般经过招考、考试、选用、试用四个步骤。美国《文官制度法》第二条明确规定：“考试内容尽可能合理，并与考生执行他们要求就任的职位所需要的能力及适应性有关”。可以看出，美国在确定考试内容时，注重体现考生所想从事的工作的专业知识和能力，而不是要求内容面面俱到选取通才。①

美国文官考试采用两轮制，第一轮包括两场考试，一是文化知识考试，包括语文、数理及其他基本知识的笔试；二是专业知识考试，除了公共行政知识测试之外，还有相应的技术知识测试。

美国公务员考试录用秉持公平、平等、择优原则，坚持能力取向，注重考察应试者所具有的专业知识和技能，为公务员的选拔提供了客观的标准，这种以能力为取向的入口机制，确保了整个公务员队伍的高素质和高职业能力。

---

① 参见谭健.二十国人事制度【M】.沈阳：辽宁人民出版社，1987：200－201.

第二节　创新选才途径提升公务员职业化程度

一、推行公开选拔和竞争上岗制度，以竞争促进公务员队伍职业化

目前，我国对中级公务员（副处级至副厅级）的领导职务和非领导职务采取的依然是调任的方法。显然，这种方法是存在缺陷的。为了弥补缺陷，已有部分省、市进行了一些尝试，开始推行中级公务员“公开选拔”、“公推公选”、“竞争上岗”制度。应该说，“公开选拔”、“公推公选”、“竞争上岗”制度的实施为符合中级公务员职务标准的人提供了一个“公平竞争”的机会，避免了政府机关中长期存在的“论资排辈”现象，扩大了选才用人的范围，不仅体现了公开、公正、平等、竞争的精神，做到了使能者上庸者下，而且有益于优化公务员队伍，提升职业化程度，最大限度做到人职匹配，人尽其能。

以河北省阜城县为例，目前已初步形成了“民主推荐、民主提名、民主任命、民主监督”四位一体的创新选才工作机制。所谓“民主推荐”，就是在后备干部选拔时，由相关单位全体党员干部进行无记名投票表决，得到绝大多数党员干部认可、符合《干部选拔任用条例》相关规定的，才能被确认为后备干部人选，进行重点培养。所谓“民主提名”，就是根据知情度、代表性和利益相关性原则，由党员干部进行民主投票，决定干部初始提名，逐步改变单纯靠组织或领导干部进行提名的通常做法，使干部选人视野更加宽广。在乡镇党委书记、乡镇长重要岗位干部选拔中，召开专门会议，由县委委员和不是县委委员的县级领导进行投票，广开举贤荐能之路。所谓“民主决定”就是在副科级以上领导干部任命时，坚持事前酝酿和会议表决相结合，由县委常委会议集体决定，不搞个人或少数人说了算。在干部任命前，由组织

部门向县委主要领导和熟悉拟任干部情况、熟悉拟任岗位的领导介绍相关情况、征求意见，并结合组织掌握情况，全面系统地综合分析，最终提出最佳选人方案。所谓“民主监督”，主要是做好干部日常监督和任前监督两个方面工作。日常监督，就是全面推行党务政务公开，定期把单位主要工作和财务、人事等各项事务向单位全体党员干部公开，接受监督。任前监督就是在严格落实干部任前公示制的基础上，坚持凭实绩选人用人的导向，增加被公示干部近三年履行岗位职责制情况和主要工作实绩，接受干部群众的监督评判。①

二、扩大聘用制，增强公务员队伍专业化程度

在公务员队伍中，有些职位具有很强的专业性，仅靠公务员招录难以满足要求。《公务员法》第十六章关于职业聘用制指出，对于一些专业性较强的职位，如金融、财会、法律、信息技术等，以及一些辅助性的职位，如书记员、资料管理员、数据录入员等，可以直接从社会上进行聘任，按照合同进行管理。对专业性强和辅助性的职位引入市场机制实行聘任制，有利于增进公务员队伍的开放性，为吸引优秀人才特别是专业技术人才开辟了一条合法途径。聘任制作为公务员任用的补充形式，拓宽了选人、用人渠道，可以有效地解决公务员队伍中专业技术人员匮乏的问题，增强公务员队伍的专业性和职业化程度。

第三节　完善退出机制确保公务员的职业水准

建立和完善多渠道退出机制，其目的在于畅通出口，建立一个有进有出、能上能下、能进能出、进出有序，促进优秀人才脱颖而出的用

---

① 资料来源.光明日报【N】.2010—12—27.

人机制，培养和造就一支高素质的职业化的公务员队伍，同时实现公务员队伍的“活血化瘀”，避免系统内“梗阻”现象的发生。

我国公务员的退出机制主要有三种形式：辞职、辞退和退休。但事实上，除了退休和辞职外，辞退者少之又少。这主要是因为，在行政组织中工作一段时间后，公务员主要致力于从事机关部门的事务性工作，除了一部分技术部门，很难学习到在社会中所需的技能。当公务员发现自身晋升无望，转而向社会其他行业转型时，其长期在行政组织中形成的工作态度和能力已经不能满足社会的需要。如此一来只能困在原有的岗位上。由于公务员队伍的出口不畅，而在整体容量有限的情况下，补充新鲜血液也有限，因而无法正常新陈代谢，活力自然就不强。从某种程度上说，出口不畅已经成为公务员管理的“瓶颈”，因为不能从根本上改善公务员队伍的整体结构，进而严重制约了公务员队伍职业化的实现。如何完善公务员的退出机制，进一步畅通公务员队伍的出口，是当前公务员管理制度创新的一个重点，也是进行公务员职业化塑造，实现公务员职业化必须面对的问题。

一、树立职业理念

要求公务员树立职业理念，即把公务员当成一种职业，既然是一种职业，有就业也就有失业，而在社会主义市场经济条件下，就要引入竞争机制，打破铁饭碗，增进竞争，通过竞争淘汰不合格者。

二、加大公务员的调整力度，改革任用制度

改革任用制度，就是要做到能上能下，对不称职的公务员要调整下来；即使是称职的公务员，如果工作需要，也能顺利地调整下来。在具体制度上，突破单一的委任制模式，通过公开选拔、竞争上岗等方式不拘一格选人才。同时探索实行机关中层领导职务聘任制、任期制、合同管理制度等做法，以此来解决领导干部一经任命、终身不下的弊端，真正做到能上能下，增强活力。

三、规范辞职辞退制度

提倡和鼓励进行双向职业选择，对不愿意继续从事公务员职业的人员允许其退出公务员队伍。在职业标准更为明确、科学的前提下，建立起相应的“辞退”标准，使辞退工作更具操作性和刚性，对不能胜任职务的公务员应该以强制方式令其“退出”。

四、完善退休制度

主要是指在退休条件（年龄、身体状况、工作年限）、待遇、管理等方面进行更科学、更合理、更人性的设计，进而从制度上保证壮有所用，老有所养。加快公务员保障体制的改革，建立科学、合理和社会保障制度。

五、在提前退休、辞退制度中引入激励机制

根据公务员的具体工作年限、工作岗位等情况，制定相应的标准，在经济上给与适当的补偿，能够使公务员达到心理平衡，心甘情愿地离开政府部门以安度晚年或重新谋职。

六、拓宽公务员退出渠道

政府应建立多元化的公务员退出通道，鼓励公务员“下海”、到大学任教、进入咨询公司、中介公司工作等，以促进机构精简人员分流。

第四节　英美公务员考录制度介绍

为了造就职业化的公务员，必须严把公务员入口这一环节，在这方面，西方国家的公务员考录制度值得我们借鉴。在西方国家，对公务员的选拔考试大多实行等级考试制，不同的等级对应试者有不同的要求。

一、英国公务员考录制度

在英国，政府对公务员实行不同等级分级考录。把某些领导岗位公务员的选拔也列入选拔考录的范围。英国的公务员考试偏重“通才”标准(基于政府工作日益走向专业化和综合化,要求各级文官,特别是中高级文官既懂管理,又懂专业。英国政府从1968年起开始改造“通才”结构,增加“专才”在文官结构中的比重。到1978年,英国文官队伍中的专家人数已达40500人),即注重选拔对象的教育、知识、素养以及综合推理和判断能力,而不是狭隘的专门知识,具体表现为十个方面的素质要求:沟通能力和交流能力;处理人际关系能力;观察和分析能力;高效率工作能力;领导和管理能力;计划与组织能力;宏观能力;崇尚服务对象的意识;组织意识;全局意识。测试项目包括七个方面:一是鉴识。考生阅读有关问题的文件,在150分钟内拿出至少四个解决问题的方案并分析其优劣,在此基础上提出建议并分析理由。二是文件起草。在45分钟内以明确肯定的语言答复一项来文。三是集体讨论。一般讨论两至三个重要问题,主考人员进行观察打分。四是模拟开会,考生轮值主席,就某个问题组织讨论,得出结论。旨在考查考生的交涉能力、口才、常识和个性。五是智力测试。包括认知、辨别、口语、统计推理和常识等。六是口试。由3名考官分别对应试者进行40分钟的口试,最后同组考生相互打分,以观察其识人能力。七是决选。以口试形式进行决选,以决定排列名次及是否录用。

总体来说,英国公务员录用制度的重点是招收更高素质的、符合时代发展要求的复合型人才。英国内阁事务办公室曾指出,公务员的招录的核心在于招收和培养政策专家、政策执行人才及公共服务人才,对高级公务员的录用考察要突出全局意识、综合分析及组织管理能力等因素。

英国的考录制度不仅使考试更加公平,更加符合用人的需要,而且确保了唯才是举,从而吸引更多各行各业的精英人才加入公务员队伍,同时也促进了公务员队伍的职业化。

二、美国公务员考录制度

在美国，90.9%的公务员都是经过考试录用的。考试以测试语言能力、数理能力、思维能力、认知能力、情绪智力以及行政裁量能力为主，同时还考历史等科目。这种考试方法有三种：笔试、面试与实际操作。凡考试合格者都按成绩高低编入候用人员名册，由用人单位选用。面试中往往选择与岗位相关度较高的4—6个能力要素进行评价，在面试最后做出总体评价。面试有三种指向：关注应试者过去的行为，他们在假定情形下的行为或者两者的结合。考试录用一般经过招考、考试、选用、试用四个步骤。美国《文官制度法》第二条明确规定："考试内容尽可能合理，并与考生执行他们要求就任的职位所需要的能力及适应性有关"。可以看出，美国在确定考试内容时，注重体现考生所想从事的工作的专业知识和能力，而不是要求内容面面俱到选取通才。[①] 美国公务员考试采用两轮制，第一轮考试包括两场考试，一是文化知识考试，包括语文、数理及其他基本知识的笔试；另一场考试是专业知识考试，除了公共行政知识测试之外，还有相应的技术知识测试。美国联邦政府授予联邦各部门选拔权，但对选拔的方法、命题、操作程序进行了严格的规定。在他们看来，错误雇用一名公务员带来的损失远比向其支付的薪水大得多。与英国相比，美国公务员考录更加重视专业化，更加偏向"专才"标准，其笔试、面试等考试内容更加注重同将要担任的职位紧密结合，侧重选拔对象所具有的职务上的专业技能，强调个人在某领域的一技之长，重视专家的地位和作用，并经常吸收专家学者参与领导工作。但近年来，美国政府已开始意识到，无论是"通才"标准，还是"专才"标准都有它的片面性和局限性：以"通才"标准选择的人员往往缺乏从事专门性工作的技能和经验，领导难

① 谭健.二十国人事制度【M】.沈阳：辽宁人民出版社，1987：200—201.

以深入;以“专才”标准选拔出的人员虽堪称某个领域内的专家,但他们的知识面狭而不博,偏于一隅,统筹兼顾的能力较差,尤其是缺乏行政管理方面的知识和能力,因此很难成为一个好的领导者。基于此,美国在战后十分重视各级官员行政管理知识的培训,从 20 世纪 60 年代起,开始加紧寻求“通才”型的人才。

美国公务员的考试录用制度坚持公平、平等、择优的原则,坚持能力取向,注重考察应试者所具有的专业知识和技能,为公务员的选拔提供了客观的标准,这种以能力为取向的入口机制,对于美国公务员的职业化建设及实现起到了助推作用。

第七章　健全职业发展规划激发职业追求

职业选择理论认为，职业人追求的既是一种经济利益，从长远来说更是一种良好的职业发展。公务员作为一种职业虽然追求的是社会公益，但良好的职业发展前景对于公务员也有着重要的意义。众所周知，在我国，吸引人们进入公务员队伍的主要因素是基于职业发展的一些考虑：一些人看好公共部门相对稳定，有可以预期的职业发展前景；一些人热衷于执掌权柄，借此获得更大的心理满足和更高的社会声望；还有的人则偏爱公关部门的职业特性，热心于公众事业，希望创造有利于公众福利和社会正义的普遍价值。无论出于何种动机，职业发展的考虑都是人们选择步入公务员行列的首要因素。职业发展不仅为公务员发展目标的制定提供了依据，也为公务员素质和能力的提高指明了方向，更重要的是为公务员的自我实现提供了途径。鉴于此，进行公务员职业化塑造，就必须把职业发展作为重要的一环，通过健全职业发展规划，为公务员职业发展提供通路，使其对自己的职业发展前景充满希望，并以此为切入点，激发其职业追求，坚定其职业理想。

公务员的职业理想应该是全心全意为人民服务，“因为公共管理体系上的核心价值是服务。”①公务员的职业理想决定着公务员在职业

① 张康之.论公共管理者的价值选择【J】.中共中央党校学报，2003(11).

活动中的事业心和责任感，是职业精神的灵魂。作为公务员，只有对自己的职业发展充满期望，才能进而对自己的职业理想——全心全意为人民服务抱以最大的热忱，才会以全心全意为人民服务的目标追求而存在，才会成为具有职业水准的公共管理者。因为“有什么样的理想也就会有着相应的态度。公共管理者有了全心全意为人民服务的理想，也就必然会在其公共管理实践中抱持相应的态度，用这种态度从事公共管理职业，开展公共管理活动，以及对待他人”。①

第一节　我国公务员职业发展规划扫描

一、职业生涯发展与公务员职业化塑造

职业生涯发展指为达到职业生涯规划的各种职业目标进行的知识、能力和技术的发展性培训、教育等活动，也是个体逐步实现其职业生涯目标，并不断制定和实施新目标的过程。职业生涯发展是以个体的发展为基础的，但在现代社会中，员工的职业生涯发展，需要在实现组织目标的过程中，根据组织需要(在组织为其成员构建的职业发展通道中)不断提高个人的职业能力和素质，并取得成绩，使组织和个人彼此满意，共同发展。

职业生涯发展规划从本质上说，是个人在其工作经历中做出的自我角色定位，这种自我角色定位非常重要，它使个人明晓自己的主体特征，既知己所长又知己所短，客观评价自身的能力、专业知识和技能，以及家庭背景，争取在职业生涯发展中，扬长避短，充分发挥潜能，避免不必要的职业危机。就公务员职业化塑造而言，为公务员做好职业生涯发展规划，为其职业发展提供通路，一方面可以帮助公务员明

① 张康之. 论公共管理者的价值选择【J】. 中共中央党校学报，2003(11).

晰职业定位，强化职业意识，淡化“官本位”意识，另一方面可以明确组织目标与自身目标、工作与个人特长的关系，将个人目标与组织目标相结合，实现人与事的最佳组合，使工作与个人特长相协调，提高工作绩效，获得事业的成就感，进而坚定职业理想。而对不胜任工作或自我无法满足的公务员，组织则可以通过正常的渠道和方式让其流动到其他岗位或单位。如此，使每一位公务员都得到合理而充分的使用，不致造成人力资源的浪费。

二、公务员职业发展的掣肘因素

近年来，公务员队伍中“权力寻租”等腐败现象层出不穷。公务员的权威性受到挑战，直接影响了政府的公信力，造成这些问题的原因固然是多方面的，但与公务员职业发展不够顺畅不无相关。从现实来看，我国对公务员的职业发展规划相当欠缺，公务员的职业发展通路亦不够通畅，这严重阻碍了公务员的职业发展空间，进而影响了公务员的敬业程度，表现在：

一是基层公务员晋升十分困难。我国公务员的级别晋升本是由两方面决定的，一是职务晋升；二是年度考核结果。但事实上并不是所有表现优秀的公务员都能晋升自己期望的职务。公务员职务晋升必须有一个大前提，那就是职位空缺。而我国的行政组织往往采用科层制的组织结构，这种结构呈现出一种金字塔形的组织架构，非领导职务远远多于领导职务，低级职务远远多于高级职务。底端基层的公务员人数众多，越往上职位越少。据国新社报道，我国副处级职务以上的公务员只占8％，92％的公务员都在科级职务及以下。这就造成了相当多公务员一生都停留在金字塔底层。特别是在地市级行政机关中，只有极少数公务员能够晋升为正处级以上的领导干部。可以想象，当一个人由于岗位限制等客观原因不能晋升时，其工作的积极性势必会受到影响。从全国来看，公务员有92％是处在科级以下非领导职务上,县乡两级公务员占全国公务员的58%。机构规格限制了县乡基层公务员的职务发展空间。如一个县,县长是处级正职,副县长是处级副职,公安局局长是科级正职,副局长是科级副职,能够担任局长、副局长的人数毕竟是少数,大部分公务员只有科员和办事员两个台阶。基层机关特别是执法部门的基层机关公务员队伍基数越大,压职压级的现象就越严重。职业发展台阶少,空间小已成为一种普遍现象,从《公务员法专题讲座》中我们看到了这样的数据,近五年来,河北省三河市离退休的106名公安干警中有68人仍是三级警官,这一数字说明这68人在30年的工作生涯中根本没有得到过晋升的机会。再以浙江绍兴市为例,2004年3月公务员状况分析表明,在副科级以上担任领导职务的公务员仅占公务员总数12.58%,在万余名公务员中有86.4%将在正科级以下职务上任职几十年直至退休。如何使基层公务员和一般干部职业发展有空间、晋升有通道,既是公务员制度需要解决的问题,也是公务员职业化需要特别关注的问题。

二是公务员的职业生涯发展机会和发展路径比较单一,只能依靠当领导来实现自己的价值,当官成为公务员的唯一追求,也是他们提高自己待遇的最好途径。所以,出现了“千军万马挤官道”的状况,跑官、买官、卖官的丑恶腐败现象屡屡发生,一些有技术的公务员大量流失,寻求自己新的发展途径。

三是晋升空间狭小,职业高原问题突出。职业高原问题是由美国职业心理学家Ference提出的。它主要是指“公务员在职业生涯发展的某一阶段中,其职务级别难以得到进一步升迁所导致的职业发展停滞的状态”。[①] 在我国公务员队伍中,职业高原问题相当普遍。有关调查表明,约有51.2%的受调查者出现了不同程度的职业高原现象,而

① 转引自常永梅.浅谈公务员职业倦怠【J】.现代经济信息,2011(19).

到达职业发展极限的公务员占到12%左右，其中尤以40岁以上的公务员为多。企业从业者在40岁的时候，职业发展可能处于顶峰，但在公务员系统中，40岁就成为公务员职业晋升的一个临界点，40岁以上几乎就没有晋升的可能性了。因此，随着职业发展停滞状态的逼近，处于职业发展高原期的公务员工作缺少积极性，更不用说工作创新了，如此自然会影响工作绩效，影响整个公务员队伍的职业化水准。

四是对公务员的使用普遍存在“重提拔、轻管理、无规划”现象。受传统的人事管理影响，公共组织的人力资源管理不注重公务员个体的职业生涯发展，个人发展目标不明确，不能有效将其与组织目标相结合。同时，公务员使用的随意性很强，组织需要成为调配公务员的笼统理由，公务员很难选择最能发挥自己特长的岗位，人难以适其位、尽其事。如公安机关通过统一招考的计算机、英语等专门人才，却因需在基层锻炼被分配在执法办案的基层部门，对于计算机等这些专业性很强且知识更新迅速的领域的人才来讲，耽搁几年时间就足以造成专业水平落伍。在能力拓展上，也不太注意公务员的全面发展，缺乏因势利导的个性培养，职业培训也缺乏系统性、全面性和针对性。不少优秀人才进机关若干年后，职业技能和职业水平非但没有得到提升，反而出现退化现象。有些人戏言自己一无所长，只会当干部。

五是晋升路线不确定，且不够透明和公开。不管公务员的专业素质与职位要求是否相同，只要组织有需要，就可以在完全不同的系统中晋升。这种做法在一定程度上弱化了晋升的激励作用。而从选拔角度来看，一般是由组织部门在公务员中选定发展的候选人，作为组织主要的培养对象，然后通过一个时期的考察，将其提升为某一部门的领导干部。由于发展途径的单一和选拔途径的封闭，使得公务员自身很少或几乎不可能对自己的职业生涯做出具体规划，而只能按部就班地循着固定的线路等待晋升。这在很大程度上制约和影响了公务员的职业进取心，造成了公务员队伍的懒散，行政效率的低下。

公务员作为政府组织中最活跃的因素，他们不仅是公共政策的执行者，是生产公共产品、提供公共服务、维护公共利益的公共职业劳动者，同时也是人，和其他人一样，他们不仅需要物质上的满足和享受（如政绩、加薪等），也有精神上的追求（如升迁、自我成长等）。如果这些需要得不到很好地满足，不仅不利于公务员自身的职业发展，也有碍公务员队伍的职业化发展。

第二节　健全职业发展规划坚定职业理想

要培养和造就职业化的公务员队伍，必须为公务员的职业发展提供明确的预期，而基于当前公务员队伍中职业发展中存在的种种问题，有必要健全职业发展规划，通过为公务员提供预期良好的职业规划，坚定其职业理想，激发其职业热情和职业追求。

从操作层面上看，健全公务员职业发展，亟待解决两大问题：一是公务员职务发展渠道过于单一；二是和基层公务员晋升台阶过少。为此，必须做到：

一、把好入口，做到人职相宜

把好公务员“入口”关，按照组织实际需求和岗位的素质和能力要求，选择与求职者自身相适应的合适人选，做到“道相同，才相谋”，实现人职相宜，如此无论是对组织的发展还是对个人的发展都有益。在招聘的过程中，要向应聘者提供职业发展信息，入职后不仅要考虑到当下个人与职位的匹配性，还要考虑到今后的发展方向和发展可能性。只有这样，才有益于日后公务员的职业化模塑和职业化养成。

二、设置职位，编制职位说明书要“以人为本”

在设置职位、编制职位说明书时要体现“以人为本”的思想。坚持合理配置岗位人员，使公务员能够胜任岗位工作，避免在工作中因迷失方向而无所适从。同时要为公务员的职位发展提供环境，使工作设计呈现阶梯性，让工作富有挑战性，以此来激发公务员的工作潜能。当然，还要依照社会发展的实际情况，及时对工作进行再设计，满足公务员自我发展、价值实现的需要，使之通过工作获得自我实现，进而激发其更高的职业追求。

三、完善分类管理，提升职业能力

没有分类就没有管理。“职位分类是一种明确地界定公务员每一职位的权、责、利的技术手段。它不仅消减了政府工作中存在的责任不清、权责利分离、人事脱节等孳生官僚主义的诱因，而且更能促使公务员树立以工作为中心的思想，不断提高自身的政治素质和业务技能来适应职位规范对其提出的要求。”[①]分类管理是现代公共职位管理的基本要求，是现代公共职位管理制度设计、建立和运行的基本原则，它符合各类公务员职业发展的规律，同时也为公务员的职业能力建设奠定了基础。从《公务员法》的实施来看，行政执法类、专业技术类、综合管理类的分类方式确实有其积极意义。通过分类管理，组织明确了各个岗位的任职者应具有的能力，进而为培养这种能力做出相应规划与安排。但从实施效果来看，这种分类管理还有待于进一步完善。

首先，设计不同类别的公务员的职业发展通道。应该根据不同类型的公务员的发展、成长规律，实行不同的管理制度，为不同类型的公务员提供不同的发展舞台。具体来说，就是根据公务员工作的性质、特点和单位的类型将职位划分为综合管理职务阶梯、执法监督职务阶梯、专业技术职务阶梯。

取消现行非领导职务设置，设立专业技术职务，建立单一的综合

① 梁丽芝.论提高公务员素质新机制的构建【J】.行政论坛，2002(6).

管理职务序列。综合管理类职务由干事、办事员、科员、副科长、科长、处长助理、副处长、处长、司长助理、副司长、司长、部长助理、副部长、常务副部长、部长、国务委员、副总理、总理、国家副主席到国家主席等组成，共分为30个级别，建立以资历和实绩为主要依据的行政级别系列，并将其分为初级、中级、高级三个级别段。初次确定行政级别，以学历、资历为主要依据。行政级别的晋升，以德才表现、工作实绩和资历为依据。在一个级别段内，连续三年考核称职或连续两年考核优秀晋升一个级别，连续两年考核不称职或根据公务员纪律处分有关规定降低级别；到本级别段的最高级别，需要晋升至上一级别段时，须参加升等资格考试，合格后才能晋升。对在本职工作中有较大贡献以及获得国家级、省（部）级表彰、被授予荣誉称号的，在严格审核审批的基础上，可奖励升级，对有重大及特殊贡献的，由全国公务员主管部门批准后，可以奖励晋升2个以上级别。转任或者不担任行政职务时，取消职务、级随人走，退休后可以保留级别，以此反映公务员的荣誉和享受各种待遇。级别初定时，主要考虑个人的品位因素；级别晋升时，主要考虑职位因素。法官、检察官、警察类等司法部门的人员也可以参照综合管理岗位公务员的职务设置相应系列，最高为部级。

执法监督职务在工商、税务、质检、环保等行政执法部门的基层单位的行政执法职位中设置，主要履行行政监管、行政处罚、行政强制、行政稽查等现场执法职责。行政执法职务分为7个职务层次，最高职务层次相当于综合管理类公务员的处级，最低相当于办事员。设置行政执法职务，主要是解决工商所、税务所等一些基层执法部门的公务员职业发展空间狭小、职务晋升困难等问题，激励一线执法公务员忠于职守，更加职业化地工作。

专业技术职务在专业技术类职位（如公安部门中的法医、海关部门的原产地评估师、外交部门中翻译以及财务、审计、信息管理等）中设置。这类公务员在组织中承担专业技术职责，为实施公共管理提供直接的技术支持和保障，是本职工作的专家。专业技术职务分为实习工程师、见习工程师、助理工程师、工程师、高级工程师 I 级、高级工程师 II 级、高级工程师 III 级、主任工程师等 8 个职务层次，相当于综合管理类公务员中司级以下、科员以上的职务层次。设置专业技术职务主要是为从事专业技术工作的公务员提供职业发展阶梯，吸引和稳定专业技术人才，让会干事的有地位，激发其工作热情和工作潜能，为公务员队伍提供高水平的专业人才。

其次，实现不同类别公务员职业通道之间的相互跨越，比如，应当允许有专业特长的综合管理类公务员考评专业技术职称，以获得更多的职业选择机会，进而坚定其职业理想，激发其更高的职业追求。

第三，扩大交流的范围，实现不同类别的公务员之间的相互交流，以适应不同的工作面，做到让想干事的人有机会。不仅如此，还要加大、加深与国企、事业单位、人民团体中从事公务的人员的交流，以促进公务员在不同的岗位上锻炼成长，造就既懂经济又懂管理的多面手，做到既提升了公务员的职业化能力和水准，也实现了公务员自身职业发展。

美国是最早实行“职位分类”制度的国家，“职位分类”也是美国人事制度的特色之一。“职位分类”的主要做法是：按职位的性质把各种职位分为若干类，在进行职位分类，职位标准的格式和内容大体包括以下几个方面：(1)职位名称和等级；(2)工作概述；(3)工作特性；(4)工作举例；(5)应具备资格：①智力和其他才能，②经验训练和教育程度，③体格，④其他条件和资格。[①] 然后再按职位的责任大小、工作繁简、所需的教育程度、技术精粗划分成若干等级。

---

① 李和中.比较公务员制度【M】.北京：中共中央党校出版社，2003：48—49.

四、完善分级管理,坚定职业理想

分类与分级是统一的,分级管理是分类管理的必要补充和实施途径,通过分级管理可以在相当程度上解决公务员职务晋升单一的问题,克服官本位思想,使一些公务员即使没有晋升空间或机会,也能实现级别的晋升,以此坚定其职业理想与追求。从现实来看,我国县乡两级公务员占全国公务员的70%,但现行的职位设置为县乡机关基层公务员提供的职务晋升台阶太少,他们在几十年的职业生涯中一般只有副科级和正科级两个晋升台阶,这些人中的大部分人都以科员的身份退休,严重影响了其职业热情和工作积极性。因此,探索建立职务与职级并行制度,以此拓展基层公务员的发展空间,解决基层公务员发展空间小、待遇偏低的问题,调动公务员队伍积极性。公务员在现有15个级别的基础上,可以参照公务员的职务系列,设置职级系列。职级用于确定公务员的身份和工资福利待遇。初次确定职级时,以学历、资历为主要依据。职级的晋升,以德才表现和工作实绩为依据。连续两年考核为优秀或连续三年绩效考核为合格的公务员可以晋升一个职级;公务员的待遇按照其职务或职级中的高者,实行就高不就低;公务员的职级晋升上限为其所在部门行政级别高5个职务级别的标准。考虑到职务对工作经历的要求,对每个职务的任用规定最低级别资格。

职务和级别的晋升独立进行,使职级晋升成为公务员职业发展的另一条重要渠道,让职级是与职务一样可以确定公务员工资及其他待遇。如此一来,即使有些公务员得不到职务晋升,也可以随着职级的增长而提高待遇。这样不仅可以从根本上解决公务员通过“挤职务”解决待遇的问题,在一定程度上也缩小了“当官”和“不当官”公务员之间的待遇差别,让会干事的有地位,使公务员在没有职务的情况下依然能够坚定其职业理想,模范履行其职责。

对于分级管理，有一些系统已经先行试水，其经验也值得借鉴。如，在国税系统试点了能级管理。能级管理以能力为本位，以业绩为主线，为公务员开辟了一条职务晋升以外的具有较大发展空间的级别晋升激励渠道。

五、量身打造科学的职业生涯发展规划，激发职业满足感

利用“职业锚”理论，帮助公务员制定科学的职业生涯发展规划，明确自身定位，寻求最适合的职业发展通路，进而激发公务员的职业满足感。

首先，要培养公务员积极的职业生涯发展观，要对公务员的个人需求加以引导，强调个人工作绩效对组织目标和个人目标完成的重要性，使其自觉将个人需求与组织需求相结合，以谋求组织与个人的“双赢”。

其次，组织辅助公务员制定并执行职业的目标、行动计划。将组织目标分解到公务员的工作职责中，根据个人的需要，帮助公务员分析个人在组织中可供发展的职业路径，促使其实施目标并测定、检查、评估其进展。由于“官本位”思想影响，很多公务员会把目标设定在职务晋升上。然而，依据我国目前的公务员制度，公务员职务和级别的晋升除了以绩效为依托，还有严格的年限规定，且晋升渠道相对狭窄，所以组织在辅助公务员制定职业规划时，应注意利用和引入“职业锚”理论，帮助公务员设定职业目标，明确职业发展通路。

“职业锚”的理论是美国麻省理工大学斯隆管理学院教授、哈佛大学社会心理学博士埃德加·施恩首先提出的，指个人经过搜索所确定的长期职业定位。施恩的“职业锚”共分为八种，分别是：技术职能型职业锚、管理能力型职业锚、创造性型职业锚、自主型职业锚、安全感型职业锚、纯挑战型职业锚、服务型职业锚、生活型职业锚。“职业锚”有助于识别个人职业抱负模式和职业成功标准；能够促进员工预期心理契约的发展,有利于个人与组织稳固的相互接纳;有助于增强个人的职业技能和工作经验,提高工作效率;体现个人职业生涯选择的着重点;可为员工后期职业生涯发展奠定基础。运用职业锚理论,组织可以及时且准确地反馈公务员的个人信息,并据此为员工发展设置可行、有效、通畅的职业通路;公务员个人则通过组织提供的职业通路,实现自身的职业需要。这样一来,自然会深化广大公务员对组织的归属,对职业的认同,并获得职业满足感。不仅如此,由于职业锚是个人职业工作的长期贡献区,相对稳定的长期从事某项职业必然增长工作经验,也使个人职业技能不断增强,这样工作成就感也得到了满足。以公安系统为例,对技术型职业锚的警察,他们的职业目标是发挥自己令人瞩目的侦察破案能力,行政和服务型的工作在他们看来是虚度光阴。因此,组织应针对他们的职业需要,尽量安排他们从事侦察办案等一线工作,充分发挥他们的才能。而对于安全感型职业锚的警察则倾向于寻找以日常工作的稳定、安全和例行公事为特点的组织岗位,对职业进步的兴趣不大。针对这类职业锚型的警察的特点,组织应尽量满足他们的需要,安排他们从事稳定的日常工作。组织若不考虑这类锚型人员的特点,就只能造成他们对工作的抱怨、敌对情绪,影响工作的完成和组织目标的实现。而创造性型职业锚的警察有着特殊的才华,他们的创造力是其他职业锚类型的警察所不可比拟的。因此,组织应赋予其挑战性较高的工作,如领导一个专案组,参与一个棘手案件的侦破等。①

六、把公务员使用与规划结合起来,以职业化管理促进职业化

实施职业化管理,首先要立足于做好各级各类公务员的职位分析工作,根据职业特点和人才成长规律,提炼出共同的职业行为标准和

① 参见孙琴.公共人力资源职业化研究【D】.安徽大学,2007:37.

资格标准，通过完整、规范的职位分析，结合个人的特长和职业规划进行职位分配，同时让每一位公务员都清楚自己的岗位要求和职责范围，通过不断学习与努力，实现人职匹配；在此基础上再进一步确定公务员评价标准，将是否完成职业目标列入公务员年度考核的重要内容，激励公务员保质保量完成工作任务；同时还要通过适度开放工作岗位，实现工作岗位与公务员之间的双向选择，为公务员根据自身规划选择适合自己的岗位创造条件，让能干事的人有岗位；最后还要建立公务员职业转向支持和公务员职业生涯规划纠偏机制，为公务员调整职业发展目标提供帮助。①

---

① 参见贺永祥. 公务员职业化完善的制度分析【J】. 湖南科技大学学报，2008(7).

第八章　优化培训制度提高职业能力

对公务员的职业化塑造来说，培训是不可或缺的环节。培训是对公务员当前和未来职务所需要的知识、技能等进行的一种培养、教育和训练活动。它“是为现职的责任和义务而提供的学习，这种学习多数集中在技能的建构上，同时，也可能包括概念和理论的理解，并藉此增进个人观念、态度、想法及行为的自我意识等。”①培训的目的是通过学习、训练的手段，提高被培训者的工作能力、知识水平，挖掘其潜能，最大限度地使其素质和能力与工作需求相匹配，进而促进现在和将来工作绩效的提高。我们不能寄希望于通过传统的选拔性考试一劳永逸地获取符合组织素质要求的公务员，因为即使当初经考录选拔的最优秀人才，在这个变革风起云涌的时代也会迅速地遭遇能力不足的困难。为了应对各种变革带来的挑战，公务员必须不断接受各种与自身工作有关的培训，以此保持和不断提升职业能力。为了确保培训的卓有成效，各级公共部门不仅需要将培训制度化，还要根据本组织的实际情况和现实需要不断完善培训制度，以此为着力点，来促进公务员职业能力的不断提升。

---

① [美]罗纳德·克林格勒、约翰·纳尔班迪. 公共部门人力资源管理：系统与战略(第四版)【M】. 北京：中国人民大学出版社，2001：366.

第一节 我国公务员职业化培训现状

“二战”后，各国公务员培训出现了明显的变化，一是改一次教育为终身教育，二是培训机构呈现多元化趋势，三是培训机制日趋完善，培训方式与内容日益丰富。有关资料表明，在美国每年接受培训的公务员约占总人数的三分之一，日本每年接受培训的公务员约占总人数的五分之一，法国推行以就职前的入门培训为主的方针，其入门培训约占全国公务员培训的70%。由此可见，培训之于造就职业化的公务员何其重要。

我国自1994年推行国家公务员制度以来，公务员培训工作受到高度重视和有效推进，为培养和造就一支高素质、专业化的公务员队伍作出了重要贡献。特别是最近几年，参训率逐年提高。当然，问题还是有的，主要表现为：一是培训内容以知识更新为主，缺乏公共管理能力的培训，无法很好地满足公务员亟待提高职业能力的新需求。当前，公务员的各种学习、培训一直在进行中，但多是一些与本人工作实际关系不直接的学习和培养，这样不仅收效不大，而且还浪费行政资源，很难培养出行政管理专才，甚至造成了“学习培训就是放松休息”的不良氛围。二是培训工作不规范，各地各行其是，流于形式。三是培训机构不专业。目前的培训，主要是组织人事部门依托当地行政管理学院、干部管理学院、党校和一些高校等进行短期培训。由于供需双方间缺乏紧密联系，因而难以形成一个完整的培养体系和目标，加之缺乏竞争，培训质量难以保证。四是培训结果对公务员没有约束力。有些培训既没有目标意识，也没有质量要求，结果公务员培训变成“轰轰烈烈走过场”，公务员培训班成为“重在参与”的学习班。五是培训方式方法陈旧单一，培训效果不佳。目前很多培训依然采用灌输演讲形式，学员缺少参与与实践机会，因而感到枯燥乏味，无法激发参与热情，更有甚者把培训演变成参观考察。六是培训评估机制不健全，难以衡量培训产生的实际作用。

第二节 优化培训制度提升职业素质与能力

培训意味着加油充电，意味着素质和能力的更新。1996 年，人事部出台《国家公务员培训暂行规定》，将公务员的培训分为四种：一是初任培训，这是对新录用公务员的培训；二是任职培训，这是对晋升领导职务公务员的培训；三是业务培训，这是根据专项工作需要进行的专门业务培训；四是轮训，这是对全体公务员进行的更新知识、提高工作能力的在职培训。所谓优化培训制度，其基本要求就是要落实好上述四类培训，并与公务员个人需要及职业发展有机结合起来，进而以优化培训制度为着力点，为公务员素质更新和能力提升提供直接的支持。

一、确立正确的培训理念与导向

对于当前的公务员培训来说，确立正确的培训理念，形成正确的培训导向非常重要。就培训理念而言，首先要更新培训理念，一是要将竞争引入培训。借鉴新公共管理“市场化”和“竞争”的新理念，把培训交给市场，引入竞争，以提高培训质量和水平。二是注重培训时效。要做到学历培训与职位要求相适应，专业学习与岗位所需相对口。就培训导向而言，公务员培训一定要坚持以素质与能力提升为导向，严格按照公务员职业素质需求进行培训。内容上要突出职业素质和职业能力的培养与锻炼。形式上可以探索各种行之有效的方法，除传统的理论讲授之外，可以尝试案例教学、情景模拟、主题讨论、实训等方法。对于公务员职业素质和职业能力的提升来说，社会是最好的学校，实践是最好的课堂，今天已经有一些单位尝试通过相互交流、挂职锻炼、蹲点扶贫等实践培训方法来提高公务员的职业素养和职业能力，这些探索是非常有益的。

二、建立以能力为重心的培训模式

以能力为重心进行培训，需要摸索相应的培训模式，在这方面，西方国家的一些做法值得我们借鉴。当今，许多国家尝试着将职业技术培训模式引入公务员培训，建立了以能力为重心的培训模式，并取得了良好效果。这种模式表现为：(1)由单项培训转向系统性学习，注重学习的战略性；(2)由临时性"充电"转向现代培训，注重培训的连续性；(3)由传统培训方式转向现代培训方式，注重利用现代科学技术革新的手段；(4)从注重"教"转向注重"学"，突出个别化学习；(5)从注重知识、技能的培训转向学员综合素质的提高，强调培训的效益性。[①] 我们可以以此作为借鉴，结合我国公务员队伍的实际情况，探索建立以能力为重心的培训模式。

三、以职业能力标准为导向，实现培训内容与职业能力标准的衔接

培训形式和方法关系到培训目标和培训效果的实现，是培训工作中的重要环节。我国国家人事部曾于 2003 年 11 月发布了《国家公务员通用能力标准框架(试行)》，提出了公务员必须具备的九种通用能力：政治鉴别能力、依法行政能力、公共服务能力、调查研究能力、学习能力、沟通协调能力、创新能力、应对突发事件能力和心理调适能力。进行公务员培训，必须从实际出发，通过不断改进和完善培训的内容，使培训与职业能力相衔接，通过培训，真正提高培训参与者的职业能力和水平。为此，需要做到：

---

① 张修学．公务员培训的国际借鉴【J】．国家行政学院学报，2000(4)．

(1) 根据不同类型公务员的成长规律进行培训，为此，可设计不同的培训项目。如，针对新入职公务员进行“上岗引导”培训和“新生力”培训；针对领导干部进行“领导力”培训、“前瞻力”培训、“批判性思维”培训；针对中层管理者进行“执行力”“协调力”培训；针对基层公务员进行“人际理解力”、“运行力”、“应变力”培训等等。总之，要有适合不同类型公务员的培训内容，使每个公务员都能找到适合自己的培训项目。

(2) 实现内容的丰富化和多样化。公务员培训内容中既要有各种理论知识，也要有实践知识。并且培训内容应该通过调查研究不断进行改进。在这方面，我们可以参考一下国外的做法。如，美国联邦公务员的培训主要内容包括联邦行政的工作环境、管理体系和管理程序等方面的知识，除此之外，还要安排学员到某一单位进行实地调查研究，或帮助某一机构解决实际问题，并要求小组集体写出报告作为结业论文。日本在公务员培训中既注重专业培训又注重全面素质的提高。法国的行政学院规定的培训内容除技术性、管理性、应用性方面的知识外，还会安排学员到政府部门或企业实习，力争使学员在较短的时间内获得丰富的工作经验。英国以人文教育为主，兼有行政管理和领导技能。① 在芬兰，担任高级职务的公务员需要学习非政府部门或企事业的工作经验，以解决跨部门跨行业的各类问题。②

四、创新培训方式，实现学习与工作有机结合

公务员培训的参训者除了初任培训的培训对象之外，大多是具有一定的工作经验、具有一定的文化水平和理论素养及相应的专业知识的特定群体，对他们的培训不仅要求内容科学，而且在方式上也要进

---

① 薛允连.英国公务员的培训【J】.中国公务员，1999(11).

② 孙迎春.芬兰公务员培训特色【J】.山东经济管理干部学院学报，2001(4).

行创新。

基于现实需要，近年来还探讨创新出一些新的培训形式：

1. 脱产培训。脱产培训是一种封闭性的培训方式，具体做法是让参训公务员离开原工作岗位，集中到培训基地如行政学院、党校、高等院校，进行一定期限的严格管理学习训练，并配以专题考察和实地观摩活动。从培训效果来看，这种培训方式既能使受训者学到扎实的基本理论，又能开阔视野，增长见识，因而倍受受训者欢迎。

2. 挂职锻炼培训。挂职锻炼是一种实践性的培训方式。具体做法是将公务员选派到预先约定的基层组织和单位进行实践锻炼，并担任一定职务，目的在于通过研究实践问题提炼出解决问题的方法，获取实际工作经验。近年来广东省启动的“十百千万干部下基层活动”，即一种挂职锻炼培训。

3. 调研培训。是一种培养理论联系实际的工作作风、提高科学决策和分析问题能力的培训方式。具体做法是按照理论与实践相结合的原则，组织公务员带着调研课题，深入基层一线，深入工厂企业，调查研究，了解新情况新问题，并在此基础上撰写调研报告，交流调研成果。

4. 学历培训。学历培训是一种旨在提高专业化、知识化水平的培训方式。具体做法是选送或组织公务员到高等院校进行深造，接受继续教育，获取更高学历，提高知识文化素质。从人才投资的角度看，学历培训具有系统性、完整性、科学性的特点，是一种投资大、收益也更大的培训方式。美国经济学家舒尔茨教授指出，学历层次与脑力劳动能力的比值为：大学：中学：小学＝25：7：1。[①] 美国每年都选送2000多名联邦雇员到哈佛等名牌大学进修，提高学历档次。[②] 美国学

① 参见欧阳重晖.新知本时代人力资源管理【M】.北京：人民日报出版社，2004：1124.

② 参见欧阳重晖.新知本时代人力资源管理【M】.北京：人民日报出版社，2004:610.

历培训的做法值得我们借鉴，政府应该出台优惠政策，如报销学费，积极鼓励公务员参加学历培训，改善学历结构，提高专业化、知识化水平。

5. 网络培训。利用网络信息技术和电子政务平台，构建网络培训"超市"也是一种不错的尝试。在这方面，山西省大同市已经率先进行了探索。2009年他们与国家行政学院合作开办了"大同市公务员培训教育网"，组织各级公务员根据组织和自身工作需求有选择地、有目的地进行在线学习。这种网络学习超越了时间、空间限制，让广大公务员更加快捷、方便地更新知识。丰富的教学资源，增加了大家的知识的积淀，对充实、完善自己大有裨益，使大家能够在学中干，干中学，实现了"缺什么，补什么；干什么，学什么"的目的。大同市公务员培训教育网的开通，为公务员的学习搭建了一个良好的平台，犹如清风活水，给公务员培训教育工作注入了新的活力，取得了很好的效果。

当然，无论何种培训，都应该注重专才和实际技能的培养，否则，公务员队伍的职业能力建设就是一句空话。就培训力度而言，应进一步加大对公务员的培训力度。可以依托社会培训资源，开辟基层实践领域，构建多主体参与的公务员培训网络和实训基地。就培训模式而言，应进一步加强"干中学"，完善公务员交流、挂职锻炼、挂点扶贫等行之有效的实践培养模式。还可以根据公务员职业发展的需要，选择性地推行交叉任职、AB角互补、领导助理等新的培养模式，帮助公务员在多岗位锻炼中开拓视野，提升境界，增长见识和才干。①

五、开发有效培训方法，促进综合素质提升

当前常用的培训方法主要包括课堂讲授、集中研讨、专题讲座、案

① 梁文懋、杨龙兴. 我国公务员职业生涯规划支持体系建设刍议【J】. 江西社会科学，2006(8).

例研究、角色扮演、岗位轮换、行为示范、头脑风暴等。

课堂讲授。课堂讲授是最为传统的一种培训方式。该方式通过集中授课使参训公务员掌握相关的知识技能。课堂讲授式培训的优点在于操作简单，且容易对整个培训过程进行控制。缺点是不够灵活，单向的信息传递影响信息的反馈效果。为了克服该缺点，课堂讲授的方式也在不断创新。目前，课堂讲授式培训大多都采用多媒体技术，通过生动的画面、声音和图像来增加培训内容的生动性和活泼性，并穿插一些案例供参训者讨论，以增强课程的互动性，尽量避免"灌输式"单向沟通的枯燥和乏味，从而提升课程的深度，启发参训者深入思考。

集中研讨。集中研讨是近年来公务员培训采用的新形式。在集中研讨中，所有参训公务员都可以自由发表观点，通过大家的相互交流、经验分享，达到经验学习、知识共享的目的，并从中碰撞出新的观点和思路，使得学习更加深入有效。

专题讲座。专题讲座是指聘请对某一专题有深入研究或具有较高造诣的专家，在经过充分准备后，通过口头讲述的形式，集中在较短的时间内针对该专题对公务员进行系统的培训。专题讲座是当前公务员培训中最常见的一种方式，该方式的优点在于能在较短的时间内向大批受训人员传授某一专题理论与知识，开阔其视野。

案例研究。案例研究是指通过对教学案例的阅读、分析、研讨达到对特殊议题的确认与了解，从而实现培训目标的一种能力培训方法。案例研究因其具有互动性、启发性、开放性等特点，且费用低廉和反馈效果好，故而广受培训主客体的欢迎，目前已成为培养各级公务员战略决策能力、创新能力、学习能力以及团队建设能力的最有效方法之一。

角色扮演。角色扮演是指预先模拟某一职位实际工作中事先设计好的情景，在未经演练和没有对话剧本的情况下，由参训公务员扮演该职位工作者进入角色情景去处理各种问题和矛盾，表演结束后，其他参训公务员对其在该情境下所做出的各种反应与行为进行探讨、分析和评价。角色扮演旨在培养公务员待人处事、处理各种人际关系的技巧。目前几乎所有涉及人际关系方面的培训都会采用这种方法。采用角色扮演法的目的在于帮助参训者体验工作中所遇到的各种人物的心理感受,进行换位思考,培养其适应能力和从多各角度看待问题的思维能力。

岗位轮换。岗位轮换就其实质来说是一种在职培训,它是指在预定的时期内变换受训公务员工作岗位,使其在不同岗位得到锻炼以获得相关工作能力与经验,进而达到开发多种能力、培养工作的多面手,提高其职业能力的目的。岗位轮换既可以在机构内部部门之间人员进行,也可以在不同级别单位与系统之间进行。岗位轮换不仅有助于增加不同部门、不同岗位之间的相互了解,有利于跨部门跨岗位之间工作的协调,有益于打破部门、岗位间的本位主义,同时对于后备干部的培养也大有裨益。因为对于担任领导职位公务员来说,应对其负责的所有部门或岗位的工作有全面了解,具有对全局性问题分析和判断的能力。而这些能力的培养,通过在某一部门内或某一岗位上做自下而上的纵向晋升是不够的,必须在不同部门或不同岗位间横向移动,以开阔视野,通过与各部门、各岗位的同事进行广泛的交往接触增进对各部门、各岗位的深入了解与把握。另外,岗位轮换还是培养复合型人才的途径之一。大量实践证明,岗位轮换是提高公务员职业能力的有效手段。相关管理部门应结合各单位的实际情况采用此方式。

行为示范。行为示范是指培训指导者在参训公务员面前现场展示某种动作、讲解某种工作程序或技巧,以使其能重复相同的动作或程序。行为示范主要适用于某种特殊技能或某一新的程序或技巧的培训,其优点是比较形象具体、可重复进行操作、“从做中学”,掌握上手快,印象深刻,缺点在于受训人数不宜太多并且需要特殊的环境加以配合、需要耗费较多的时间。目前，有一些单位在采用行为示范这种培训方式时，采用了在职“师傅带徒弟”的方式。选择一些实践经验、理论知识丰富的公务员，自愿与新参加工作或刚转向该工作岗位的公务员结成对子，由“导师”对“徒弟”进行一对一的辅导。采用行为示范法，选拔优秀的兼职教师是关键。

头脑风暴。头脑风暴法是指针对某一特殊问题，鼓励参训者打破常规思维、敞开思想，在不受任何约束限制的情况下，提出能想象到的所有意见，使各种思想和意见在脑海中相互碰撞激起创造性风暴。该方法主要用于帮助参训公务员尝试解决问题的各种新措施与新办法，以达到启发其思考能力、开阔其想象力的目的。头脑风暴法的优点是任何人都可以参与，能最大限度地鼓励受训者发表意见、进行创新性思考；脑力激荡的局限性在于参与人数不宜过多，且多数受训公务员可能因拘泥于陈旧观念，不能踊跃发言。

尺有所短，寸有所长，各种培训形式和方法互有优缺点。在实地培训中，不同方法可以结合运用，以取长补短，力求取得最佳的培训效果。

六、坚持培训与职业发展通道相结合

所谓培训与职业发展通道相结合。即个人能力提高与组织目标实现结合起来，实现培训与现实需要的相结合。引入人力资源管理中个人的职业生涯规划的重要内容，将组织目标的实现与个人的职业生涯规划设计结合起来，解决个人参加培训的动力源问题，提高公务员参与培训的积极性。

七、确立严格的公务员培训评估机制，检验培训效果

长期以来，我国地方公务员的培训规划基本上是以公务员管理机关与培训机关为中心的，由他们决定培训规划和培训内容，作为培训对象的公务员始终处在被动接受的地位，如此往往造成被动参与，积极性不高、动力不足,效果不佳等问题。要解决这一问题,可以由公务员根据组织发展的目标需要,设计出个人的职业生涯规划,列出岗位需要的能力发展要求,提出培训的内容期望和需求,然后公务员管理机关和培训机关根据需求制定培训的规划和内容,解决培训与现实脱节的问题,增强公务员培训的动力和积极性,变被动接受培训为自己的主动诉求,提高培训效果。具体来说:一是培训前,结合培训需求分析,对整个培训计划进行合理性和可行性的评估;二是培训中,通过问卷、座谈等方式对培训对象就培训内容、培训者和培训实施管理等情况进行评估,分析培训工作中存在的问题,考查培训的组织和制度建设是否合理,及时校正培训目标、改进培训内容和培训方法;三是培训后,对培训者进行跟踪绩效考评,考察培训对象培训结束以后的工作绩效改进情况,了解培训是否已达到了预定的目标要求,从而判断培训的成效。除此之外,还可以借鉴一些国外的有益做法。如,欧盟总部对公务员的培训效果进行严格监控,要求公务员在培训结业后写出报告,或半年之内进行一次检查,并且通过调查问卷的形式,向参训者的领导、同事了解培训结果的应用情况。[①] 法国和日本在培训结束时,组织几次严格的笔试和口试,并把培训结果记入培训档案,作为工作考核、晋升的依据,从而保证培训的实效性和严肃性。[②]

第三节　西方国家公务员培训经验

他山之石,可以攻玉,在公务员培训方面,西方国家积累了一些经验,这些经验可供我们借鉴。

---

① 仁培.欧盟国家公务员培训【J】.中国公务员,2003(4).

② 杨瑞林.法国和日本公务员培训制度【J】.中国公务员,1999(4).

一、美国政府的培训经验

1936年美国联邦政府通过了《乔治狄恩法》，该法规定各州政府须举办公职人员培训，联邦政府给予经费资助。1958年7月美国联邦政府颁布了《政府职员培训法》，该法规定扩大培训范围，并确定了培训的四种方式：(1)各机关培训；(2)部际培训；(3)大学进修；(4)在职培训。1968年，美国联邦政府成立“联邦行政长官学院”。该院专门培训政府各部门和地方政府的高级行政官员，每年举办五期培训，每期培训时间为八周。另外，政府各部门还举办中层行政官员培训班，这种培训班承担着绝大部分对公职人员的培训任务，每年接受培训的公职人员达数十万人。目前，美国有500所大学设有行政管理学课程，许多名牌大学还设有政治学、比较政治学、比较政府、政策学、人事行政学、人事管理学等课程，为政府培养了大批的行政管理人才。

美国的公务员培训主要分为职前培训和在职培训。职前培训在美国各教育机构内占有重要地位，各大学的课程中，均专门设有为行政机关培训行政管理人员的课程。在职培训则是美国公务员培训的主要部分。美国公务员培训特别重视技能培养，有一种培训就是专门对特殊技能或技巧的培养，培训的时间不超过两年，在这一段时间里，受训者需要学习和掌握过去不具备的一些技能。另外，“通才学派”与“专才学派”是美国公务员培训理论的两个学派，其中，“专才学派”始终占据着主导地位。①

二、加拿大阿尔伯塔省的培训经验

1. 在公务员培训中引入市场竞争机制，实现培训主体多元化

阿尔伯塔地方公务员的培训的主体是高校。阿尔伯塔大学的商

① 参见梁丽芝、刘任平. 公务员职业能力建设机制及对我国的启示【J】. 行政与法，2008(2).

学院与阿尔伯塔省政府有着长期合作伙伴关系，从1987年开始，阿尔伯塔大学商学院一直致力于地方政府的高级管理者、高级业务类公务员的培训，商学院根据行政环境的变化以及公务员自身的需求，设计出一系列的高质量的培训项目，为培训对象创造一个充满挑战和主动学习的环境。如专门为高级管理人员设计的管理创新项目、高级专家及专业类公务员设计的管理创新项目等。阿尔伯塔大学继续教育学院政府研究所推出了地方政府管理证书网上(ONLINE)培训项目，主要承担起公共管理相关理论知识的培训。此外，一些培训企业也设计了一些符合市场需求的项目，参与地方公务员培训市场的竞争；另外，其他部分社会主体也参与了公共管理培训项目，如人力资源管理方面顾问和专家、经济管理方面的专家和学者参与到相关的培训项目中。

2. 培训内容依层次划分，涉及面广泛

阿尔伯塔省地方公务员培训的内容是分层次的，既有理论性的系统知识培训，也有操作性强的技能项目培训，主要内容涉及面很广，凡是公共管理涉及的领域，培训的内容设计几乎都能覆盖。阿尔伯塔商学院设计的培训项目主要是针对提高公务员的有效管理和高效产出的能力而设计的。在管理培训项目中设计的主要思路如下：如何提高日常管理活动中的领导、协调和运用人际关系技巧的培训；如何通过个人的努力与组织目标有机结合起来改善组织的绩效；如何提高管理人员应对政治、经济和社会环境变化带来的挑战；提高公务员如何判断、设计、分析发展战略，处理他们可能遇到的困境。其项目分为两个具体层面：一个层面是阿尔伯塔公共服务中的管理创新项目(Management Development Program)根据以上的要求设计了以下的培训内容：A、制定学习策略；B、提高领导技巧；C、政府与外部环境；D、公共关系与沟通技巧；E、组织管理制度化；F、改善执行技巧；G、项目管理介绍；H、有效谈判；I、人力资源管理；J、信息技术管理；K、战略管理；L、非财经类领导的财务管理;M、政府实施中的责任介绍;N、工作中的个人结果优化;O、公共服务中的伦理;P、社会环境介绍;Q、建立和领导有效的团队;R、法治环境的介绍。另一个层面是指部门中的执行类领导培训,该内容突出五个方面的模块:一是结果导向、二是资源管理、三是塑造氛围、四是战略思维、五是领导技巧。其内容有:领导责任、公共服务、风险评估、绩效评估、战略管理、谈判技巧、战略思维、战略规划、战略实施、组织文化建设等内容。除了中高级领导项目以外,阿尔伯塔大学继续教育学院政府研究所还推出了网上学习的四大理论证书培训项目,如:地方政府证书项目、信息管理与隐私权保护证书项目、土地规划证书项目、地方政府管理中国家高级证书项目。公务员优化培训网络与政府研究所联合推出了城市大学的培训模式,内容主要涉及公共服务供给、公共咨询与沟通、地方政府治理、谈判理论、经济环境、团队发展和创新、地方领导优化、可持续发展战略、组织优化管理、知识管理等内容,这些内容是从公务员管理中遇到的实际问题中提炼出来的,针对性、指向性都比较强,因而深受参训公务员欢迎。

3. 培训方法灵活多样且行之有效

阿尔伯塔省的地方公务员培训根据知识——技能——能力发展的相关原理,设计了多种行之有效的培训方法。主要有面对面的理论知识和管理技能的传授课,广泛吸收公务员的积极参与,且做到了互动式教学。管理创新项目基本上是通过此方法落实的;有通过网上授课和学习的方式,旨在普及公共管理的基本理论知识。阿尔伯塔大学政府研究所的证书项目主要是通过网络授课与学习来实现的;有研讨会的方法,集中讨论热点问题的方法,组织公务员对当前与今后一段时间内焦点问题进行研讨,提高公务员的解决问题的思维水平;有管理技能和实践技巧的交流,实现成功案例的共享,提高公务员的操作的技能和技巧。同时还有引进企业中的一些拓展训练和情景模拟的培训方法。

4. 奉行严格的考核制度

阿尔伯塔地方公务员的培训由政府出资，公务员在很多时候是自愿参加的，但是政府一旦为公务员出资培训，公务员必须接受政府的严格考核，一方面是由政府人力资源管理部门来进行考核，另一方面由培训承办者来进行考核，培训单位根据公务员在培训中的表现提出不同的评定结果，作为公务员管理机关考核公务员的依据。阿尔伯塔省政府城市事务委员会的组织优化处负责人曾经说过，公务员必须在接受培训后，写出详细的培训过程、培训的收获及培训的心得，关键要求公务员在培训后能提出今后工作改进的方案报领导审阅，领导将根据公务员的报告对公务员进行长期的监督与考核，如此基本做到了长效管理与日常管理相结合。①

三、英国的培训经验

1. 培训方法和形式的多样化走势

英国公务员培训可分为高级公务员培训、中级公务员培训和初级公务员培训。培训类型不同，课程设置也有所不同，例如，在高级公务员培训中，专门为那些很少或没有受过管理和行政训练的助理次官开设3周的行政管理类课程和广泛的研讨课程；为那些刚刚提升的助理次官开设高级研修课程。在中级公务员培训中，对高级执行官开设的课程涉及面比较宽泛，有公共行政、人事管理、社会政策、经济统计等，时间为一个学期。在初级公务员培训中，为行政见习官开设统计经济、法律、公共行政、人事管理、政策研究、财务管理等主修课程，时间为两个学期。从培训形式上看，英国公务员职业培训灵活多样，既有

---

① 参见董幼鸿.加拿大阿尔伯塔省地方公务员培训模式及其启示【J】.上海行政学院学报，2006(5).

专家学者指导下的系统性培训，也有部门领导、资深同事辅导下的业务训练，还有指定教材独立阅读资料的自学；从培训方法上看，英国公务员学院既重视传统的课堂讲授、案例教学，也比较广泛地采用了研讨班、研讨会、实习、现场观摩、角色扮演与情景模拟等方式方法，实行参训者“角色模式转换”，使学员从知识技能动机效果等方面得到全面训练。

2. 培训机构与内容的市场化导向

随着公共部门私有化改革的深入，公务员培训也转向市场导向。英国政府加大对公务员培训和发展的投入，1999 年 6 月集研究、培训、咨询于一体的管理与政策研究中心成立，担负对最高级公务员市场化培训任务。从机构属性和运行机制看，英国的国家培训机构也具有明显的市场化特征，英国公务员学院（CSC）一直奉“顾客至上”为圭臬，打造 500 门短期课程作为“商品”，每年举办 2500 项培训、研讨活动，参训者 3 万人次。

英国公务员的培训内容是以市场化为基准的，这一点无论是从培训观念、培训重点还是培训目的上都能体现出来。英国公务员培训内容设计的原则要求是：培训要与工作或事业密切相关，以利于提高工作效率的提升；培训要与提高公务员的潜在能力密切相关，以最大限度发挥其潜能。重视业务与能力是英国公务员培训的主题，例如英国根据公务员业务与能力发展要求把培训分为职前培训、在职培训和管理培训。职前培训是针对在政府工作满一年的新任公务员所进行的，要求其进入文官学院接受关于政府机构的基本知识和工作方法的培训；有一定经历的公务员在调任新职前也要接受基础性训练；即将从事某种专业工作的公务员，即使已经取得学历也要接受入门培训。在职培训也叫专业培训，是对具有一定阅历和工作经验的公务员实施的深造性培训。管理培训也称之为后备高级培训，是对有培养前途的公务员所进行的培训，目的在于使他们具备担任高级文官的能力和水平。

3. 高级公务员培训的能力本位导向

能力本位教育与培训是一种把能力作为培训目标的新型培训模式，它以能力为本，注重提高素质能力和培训结果运用，目的在于通过采取各种有效的培训方法最大限度地挖掘公务员的潜在能力，增强公务员的任职能力和管理水平，促进行政效益的改善与提高。这种培训模式有利于建立一种能力型政府及其运作机制，使公务员的管理目标和政策措施都围绕发挥每个人的能力设计运作，从而做到各尽所能，各尽其用，促进个人与组织的共同发展。培训的能力本位取向，主要是针对高级公务员，旨在培养担任领导职务的高级公务员，经过培训后确实能把自己的知识、能力运用到实际工作中去。能力本位导向的公务员培训具有如下特点：一是突出受训者受训后实际具有的职业操作能力，培训结果与受训者的职位要求、工作任务、组织需求和个人愿望密切相关。二是结合了职位分类中工作评价因素和品位分类中的人员素质因素，是职位所需资格条件、技能与人员所具资格条件技能的结晶体，这与传统的以工作分析、职位分析为主要内容的培训方式具有本质的区别。三是这是一种建立在核心能力基准体系之上的培训方式，它强调系统管理，注重培训效果评估，重在培养公务员的核心能力或关键性能力。四是对培训者有新要求，它要求培训者不单纯是知识传播者，还应该是整个培训的计划者、组织者、实施者和评判员，在培训过程中要充分发挥培训者的主观能动性和创新精神。①

① 参见曾维和.浅析英国公务员培训的特点【J】.才智，2005(4).

第九章　依托激励机制规范职业行为

众所周知，人的行为建立在“效果定律”之上——行为受结果（人们做任何事情都考虑奖惩，如金钱、赞赏、表扬、提升和惩戒等）的影响，产生良好结果的行为会重复，产生不良结果的行为会极力避免。公务员激励机制作为调动公务员积极性并对其行为目标的选择起引导和制约作用的一系列制度性措施，对公务员职业化塑造具有重要的推动作用。从现实来看，没有科学合理的奖惩，公务员的职业化很难顺利实现。因此，在公务员职业化塑造中必须以优化激励机制为依托，通过有效奖惩规范公务员的行为，促进公务员职业化的实现。

第一节　当前公务员激励机制扫描

一、公务员激励机制

管理的核心是人，而对人的管理的核心是激励，公共管理也不例外，为了使激励有效，必须建立公务员激励机制。何谓公务员激励机制？有人认为：“国家公务员的激励机制是指政府引导国家公务员的行为方式和价值观，以实现共同的行政目标，按预定的标准和程序将行政资源分配给国家公务员或行政组织的过程。简言之，国家公务员的激励机制是政府引导国家公务员的行为方式和价值观念以实现行政目标的过程。”[①]还有人认为：公务员激励机制是政府为了实现共同的行政目标以及公务员个人目标，制定的用于调动组织成员积极性的所有制度的总和。[②] 从系统论的角度来说，公务员激励机制就是一个能够对公务员实现有效的、有目的性的调动其内在主观能动性的系统。

按照不同的标准，可以将公务员激励机制划分为以下几种：

1. 从功能上划分。由激励功能出发，可以将公务员激励机制分为正激励机制和负激励机制。根据强化理论，正强化可以通过对行为的肯定，激发人们的积极性，固化其正面和积极行为，负强化则通过对错误行为的教育和惩罚，以避免和纠正错误行为。公务员的正激励机制是指通过正面的奖赏和指引，激发公务员的工作积极性的激励机制。它包括晋升、工资、考核、奖励、培训等。负激励机制是指通过对公务员的违法、违纪行为进行处罚而激发公务员工作积极性的激励机制，包括惩罚、监督等。

2. 从方式上划分。由激励方式出发，可以将公务员激励机制分为物质激励机制和精神激励机制。物质需要是人们的基本需要，只有满足人们的基本物质生活需要，才有可能使更高的精神需求发挥作用，所以物质激励是激励的最基本方式。而当人们的物质需求得到一定程度的满足时，在精神方面的需要必然会进一步加强，此时若能运用精神激励，就能更长远有效地激发人们的热情。这一点对公务员也不例外。对公务员来说，物质方面的激励主要包括工资、物质奖励等。精神方面的激励主要包括荣誉、晋升、考核、培训等。

3. 从因素上划分。由激励因素出发，可以将公务员激励机制分

---

① 齐明山. 试论国家公务员的激励机制【J】. 新视野，2000(1).

② 王金华. 试论我国公务员激励机制的完善【J】. 云南行政学院学报，2005(4).

为内在型激励机制和外在型激励机制。内在型激励是指运用启发诱导的方法，培养人们的自觉意识，形成某种观念，在这种观念的影响下，激发人们的动机，产生组织期望的行为。它包括工作本身的趣味、让人有责任感、成就感等，自身产生一种发自内心的激励力量。内在型激励机制是形成公务员职业能力建设的内在动力机制，它作为调动公务员积极性并对其行为目标的选择起引导和制约作用的一系列制度性措施，能从公务员内心获得自愿认同，使他们明白该做什么，不该做什么，哪些行为是组织提倡的，哪些是组织限制的，并自发改进工作，开发自我能力，提高职业化水平。外在激励是指工作以外的奖赏。它包括报酬的增加、职务的提升、人际关系的改善等等。正如有学者指出的，"如果人们相信存在着一种合理的可能性，即他们的努力会获得预期的结果，而此项结果又会随之得到令人满意的内在和（或）外在的奖酬的话，他们就会受到激发以付出自己的努力。"①

二、公务员激励机制问题管窥

我国《公务员法》规定："公务员的管理，坚持监督约束与激励保障并重的原则。"从1993年实行国家公务员暂行条例起，全国各地已相继开展了竞争上岗、公开选拔等录用工作尝试，这意味着公务员竞争激励机制已逐步确立。但是从实践来看，激励机制仍然存在诸多不足。如，从激励方式看，重精神轻物质。长期以来我国在人事管理上一直回避"人是经济人"这一事实，单方面强调精神激励，期望通过表扬、嘉奖、记功、授予荣誉称号等手段鼓励公务员工作，实现自我价值，为社会多作贡献。但是无论经济发展到何种程度，物质需要始终是人类的第一需要，是人们从事一切社会活动的基本动因。这是不争的事

---

① [美]弗莱蒙特·E.卡斯特、詹姆斯·E.罗森茨韦克.组织与管理【M】.北京：中国社会科学出版社，2000：59.

实，对公务员当然也不例外。职业首先是谋生的手段，要求公务员只争荣誉，不讲待遇是不可能的，因此物质激励不容忽视。从考核制度看，首先，考核标准单一且针对性不强，缺少可操作性，用同一个标准来衡量不同层次、不同工作性质和专业类型的公务员，明显缺乏科学性和可操作性。其次，考核等次过于笼统，只分为优秀、称职、基本称职和不称职四等，大部分公务员的考核成绩集中在“称职”这一等次，不利于拉开档次，不便在考核成绩中体现不同类型的公务员在专业知识、业务能力和工作成绩上的差异。第三，考核方法单一，以定性考核为主，采用德、能、勤、绩、廉考核指标体系，缺乏相应的定量指标设计。绩效考核结果与工作业绩的相关度不高，考核结果的模糊化使得考核区别功能趋于虚化，造成公务员工作没有压力和动力，责任感减退，不追求工作能力和效率的再提高。四是考核流于形式。有的考核者情面观念重，怕得罪人，而被考核者素质不高，敷衍了事，表现为写个人总结和述职报告时三言两语。把公务员考核等同于过去的年终评先进，优秀等次实行轮流坐庄，搞平衡，搞照顾或者搞论资排辈。从监督机制看，从我国现有的公务员监督系统来看，不管是行政系统外的监督，还是行政系统内的监督，监督机构名目繁多，监督者数量庞大，似乎监督无处不在，可在实际监督活动中，由于隶属关系、平级关系、陌生关系、利益关系等因素，往往存在着无权监督、无法监督、无力监督、不想监督、不愿监督的情况。而监督的不到位，势必造成公务员违法违纪现象的增多。针对以上激励机制中存在的种种问题，有人做了如下概括：“其一，激励机制僵化，总在精神激励和物质激励两极之间摆动，缺乏针对公务员个性化需求的弹性激励机制；其二，激励方法不当，平均主义、形式主义、人情主义严重，缺乏竞争激励；其三，激励导向不明，对公务员的吸引力、引导力不强，难以形成公务员自觉激励的动力；其四，激励中的伦理因素缺乏，对公务员的评价不科学、不公正，扼制了部分公务员的积极性。”[①]

要克服以上种种弊端，必须进一步完善激励机制，并以此为依托，引导公务员的职业追求，激励其爱岗敬业，不断提高自己的职业能力和职业水准。

第二节　完善激励机制引导规范职业行为

奥斯本和盖布勒认为，政府中的大多数公务员“是负责的、有才能的、立志献身的人，只是受制于陈旧体制的梗塞，创造性得不到发挥，精力遭到浪费。我们相信这些制度可以改变，释放出政府公务员身上巨大的能量，提高他们为公众服务的能力”。[②] 激励机制作为一种综合的激励制度，对于调动公务员的积极性、创造性具有不可估量的力量。由于公务员职业相对其他职业来说，具有超稳定性。而一个没有压力、没有生存风险的职业必然导致惰性趋势。因此，必须建立和完善公务员激励机制，设立一些对公务员有足够吸引力的利益目标，加强对公务员业绩的定期考核，以工作效率和业绩作为晋升和报酬的依据，以此激励公务员爱岗敬业，注重自己能力的提高和发挥。大量事实证明，科学有效的激励机制有助于公务员职业化的塑造与养成，一方面，会让公务员珍惜自己的职业，激发高尚的职业追求，使公务员在干事业、成事业的过程中实现身心的全面满足，获得工作满足感和职业幸福感。同时有利于培养其积极进取精神，与时俱进的思想，勇于创新的胆识，并不断提高公务员的各种能力，使之忠于职守，切实履行

① 贺永祥.公务员职业化完善的制度分析【J】.湖南科技大学学报，2008(7).

② 参见 David Osborne and Ted Gaebler. Reinventing Govemment: How the Entrepreneurial Spirit is Transforming the Publie Sector (MA: Addison Wesley Company).

好政府的公共管理职能，管理好社会事务，服务好广大民众。另一方面，国家根据公务员的工作和业绩表现，给予其工资、奖金、表扬、晋升等回报，对于公务员的行为无疑是一种有效引导，促使其朝着职业化方向迈进。

完善公务员激励机制，可以从如下几个方面入手：

一、物质与精神激励并举，引导公务员的职业行为

在我国历史上，“禄以养廉”曾经被多个朝代作为防治官吏贪污腐败的一个重要组成部分来运用。在目前一些经济发达的国家，如美国、新加坡、瑞典等，高薪养廉也是其保证政府官员清廉的重要措施。高薪养廉制度之所以能取得较好的效果，一是在于它符合了公务员“经济人”的特性。公务员是经济人，这是不争的事实。加里·S.贝克尔说过：“政客也罢，商人也罢，利己主义也好，利他主义也好，各种人的各种活动的目的只有一个，那就是追求效用最大，而不管这些人的职业和这些人的活动是否具有商业性质。”[①]二是使公务员不致于冒丧失职位和优厚报酬的风险而轻易违规违法。从目前来看，对公务员进行物质激励可以通过以下三个途径进行：一是增加工资。二是奖励政绩突出的公务员。设立优秀奖金，对在工作中做出突出贡献和在基层埋头苦干的公务员给予物质奖励。三是设立廉政基金。通过设立廉政基金制度，增加公务员腐败的预期成本和未来风险，达到对其行为的约束和警戒。物质激励除满足公务员的基本需求，解除后顾之忧外，也引导着公务员的工作行为，促使其按照职业化标准行事。

精神荣誉激励。马斯洛的需要层次理论告诉我们，人的需要是多层次的。既有低层次的物质需要，也有高层次的情感、荣誉以及自我

---

① [美]加里·S.贝克尔.人类行为的经济分析【M】.上海：上海三联书店，1995：47—53.

实现的追求。公务员作为一个自然的人和社会个体的人，当然也不例外。因此，在保障公务员基本层次的需求得到满足后，还应着眼于保证公务员更高层次需求的实现，用职业和工作成就感充实政治和道德满足感，通过先进评比表彰、授予荣誉称号、榜样示范、舆论宣传等形式，肯定崇高人格等等，激发公务员的职业热情和自豪感，使之忠于本职工作，做出最好的勤政廉政业绩。

二、建立绩效考核制度，提高公务员行为绩效

在激励机制中，考核制度不仅是评价和激励公务员的重要途径，也是提高公务员职业素质，促进公务员职业化的有效手段。通过考核，不仅能确定公务员的升降、奖惩，进而激励先进，鞭策后进，促进其提升政治素质和业务素质，改进行为绩效，而且能够对公务员职业意识的培养、职业能力的提升、职业行为模塑起到刺激和激励作用。

目前我国非常重视对公务员的绩效评估，也建立了绩效评估制度，并且正在力图不断对其进行创新与完善。但是，由于历史和现实的原因，以及公共组织本身的特殊性，仍然存在着一些问题。一是考评没有得到应有重视，考评多半表现为走过场。二是评估指标定量不足。目前我国进行公务员绩效评估的依据主要是《公务员法》和《公务员考核规定（试行）》，其中规定的考核标准为“德、能、勤、绩、廉”五项，内容过于笼统，缺乏可操作性。虽然有的地方和部门制定了更为具体的标准，但由于不同的部门之间工作性质差异大，没有可比性，导致评估者难以适从。当然，评估指标的定量不足和公共组织本身的特点也有一定关系。和企业相比，公共组织的绩效很多时候是难以度量的，表现在：(1)公共组织的产出通常表现为一些中间产出，其对最终产出的贡献程度很多时候难以度量；(2)公共组织的产出和产出的最终社会效果之间有时间上的滞后性，这种滞后性也造成了对其产出进行测度评价的困难;(3)公共组织的产出一般都是集体性的产品,个人在其中的贡献份额难以取定。三是考评重人情而非工作绩效,考评结果更多的是人际关系好坏的反映。四是评估结果中庸,评估结果为“优秀”的比例有明确限定,绝大多数人职能被评估为“称职”,并且“优秀”经常会出现“轮流坐庄”的现象。如此干好干坏一个样,干与不干一个样,自然就失去了绩效评估的激励作用。五是缺乏有效的反馈机制。目前的绩效评估都是由评估小组对公务员进行单向的评估,被评估者只是被动地接受评估,最终也只能得知评估结果,对各项具体评估指标都不得而知,缺乏评估者与被评估者之间的沟通与交流,并且被评估者也得不到有效的反馈。

基于以上问题,有必要对公务员的绩效评估制度加以完善。

1. 确立可衡量的绩效考核目标

在绩效考核中,首要任务是确立可衡量的绩效目标。无论做什么事情,确立目标是第一步。目标会给人们指明方向,给人们一个看得见的彼岸;目标既是人们努力的依据,也能激励人们前行。著名管理学家哈罗德·孔茨说过:如果管理工作中找不到一个明确的目标,那么任何人和任何集体都不可能期望有效果地或有效率地完成任务。伟大的目标会激发不懈的动力。设计恰当的目标对公务员具有强大的激励作用。只有确立了明确的职业化目标,被考察者才能有意识地为达到职业化目标做好积累和创造条件,排除干扰,全心致力于目标的实现,并使被考察者的行为符合制定的目标。

1970 年,美国耶鲁大学曾对当时在校的学生进行过一项关于人生目标的调查。充分说明了确立目标的重要性。调查一开始,研究人员向参与调查的学生问了这样一个问题:“你没有目标吗?”对于这个问题,回答结果如下:没有目标的人有 27%,目标模糊的人 60%,短期目标清晰的人有 10%,长期目标清晰的人只有 3%。然后,研究人员又问了学生第二个问题："如果你们有目标，那么，你们是否把自己的目标写下来了呢?"这次，只有4%的人回答是肯定的。20年后，耶鲁大学的研究人员在世界各地追访当年参与调查的学生们的时候，他们发现：第一类人基本上都生活在社会的底层，过得很不如意，长期在失败的阴影中挣扎，并且常常感觉怀才不遇，抱怨这个社会，抱怨他人不给自己机会；第二类人基本上都生活在社会的中下层，他们没有多大的理想与抱负，只是安稳地生活和工作，但都没有什么突出的成绩；第三类人基本上都生活在社会的中上层，他们大多进入了白领阶层，成为各个行业、各个领域中的专业人士。只有第四类人，他们为了实现既定的目标，几十年如一日，积极进取，百折不挠，最终都成为了行业领袖或精英人物。

长期以来，我国的政府管理一直缺少科学的绩效管理，表现在：要么没有明确而可衡量的目标，考核采取的多是"秋后算账"式的，到了考核时间对部门或个人的工作进行一个定性总结而不是准确的绩效考核。如，《公务法》规定公务员考评从德、勤、绩、能、廉五方面进行。但是，就实际操作来看，德和廉两项指标是难以量化的，而对勤、绩、能这三个指标的考评，由于各级政府部门对于公务员的各种职位基本都没有职位说明书，结果无法客观、准确地考量工作效果，只能依靠领导对于任务的分配为准进行考评，这就不可避免地造成一些公务员为了提升自己的绩效水平，唯上意识严重，缺少对于自身工作职业化的考虑。如此一来，就使得公务员的日常工作失去了动力与约束，组织绩效自然不高。要么过于注重对"量"的考核而疏于对"质"的评价，导致公务员工作的畸形发展。如，一些官员为了追求政绩，片面追求GDP的增长，无视经济增长带来的环境污染、资源浪费等。

由此可见，只有确立具体的恰当的考核目标，才能真正起到激励作用，并将考核落到实处。一般来说，有效的目标应该符合"SMART

原则”：[①]

(1) 可确定的(Specify)。目标必须是明确的、具体的。

(2) 可衡量的(Measurable)。目标必须可以用数字来描述，或者可以将其表现形态用数字化指标来补充描述。

(3) 可接受的(Acceptable)。目标必须是可以被目标执行人所接受的。

(4) 现实可行的(Realistic)。目标必须在现实条件下可行。

(5) 有时间限制的(Time Indication)。目标必须有事先约定的时间限制。

在具体操作上，还要把握好以下几点：“目标方向要正确；个人目标与组织目标协调一致；目标要明确具体；目标的价值要让被激励者认识到；目标难度要适中，成功概率要大；要遵循小步子原则，把一个单表分解成几个阶段、几个小目标，以逐步实现。”[②]

为了赢得被考核者对目标的认同和接纳，在确立目标时最好让被考核者参与其中，充分听取其意见。从管理角度而言，采用这种参与方式有重要意义：“一是唤起人们对组织目标的关心和兴趣，在实现那些目标之后感到欣慰和满足；二是让人们了解、认识那些目标的内容、意义和相互关系，以利于协作；三是通过亲自参与制定目标，从中得到经验、启示与能力的锻炼，使个人得到提高。”[③]简言之，通过让公务员亲自参与制定目标不仅可以增强他们对目标的认同和接受，激励其日后对目标的不懈追求，更重要的是因为他们处于特定的工作岗位上，

---

① 范爱民.从平凡到卓越——优秀员工的7堂课【M】.北京：工人出版社，2006：43—44.

② 申喜连、贺永祥.论新时期我国公务员激励机制的重构【J】.湘潭大学学报，2006(11).

③ 何天静、许宏.把人当“人”看——另一种思路：重视人的资源性管理【M】.广州：广东人民出版社，1998：7.

是岗位上的专家，最清楚实际工作情况，由他们参与制定出的考核指标才是科学合理的，才具有针对性和可操作性。

2. 建立健全绩效考核方法体系

确立目标后，下一步的工作就是建立健全绩效考核方法体系，因为严格考核程序也是确保绩效管理行之有效的重要方面。考核方法体系包括：

(1) 建立公务员考核责任制

建立公务员考核责任制的目的在于从制度上明确一个责任机制，以此对公务员考核的各主体在考核过程中的表现进行考察。同时，为了保证考核的公平公正，需要确立监督考核人员的制度规范，尤其是要加强对负有考核责任的领导干部的监督。

(2) 坚持全面考核，突出实绩

为了突出对实绩的考核，应进一步细化考核内容，但是考核内容的细化不是空中楼阁，它必须建立在以下工作的基础之上。如，明确组织的使命和愿景；制定发展战略、明确战略目标和重点；进行职位分析；建立职位能力模型等，然后以这些方面为标尺，细化出考核的具体内容，并据此评价实际工作的绩效。为了保证考核的全面性，需进一步丰富考核方式方法。针对目前考核方式单一，定量不足的缺点，实行平时考核与定期考核相结合，领导考核与群众考核相结合的方法。同时，还可以借鉴西方国家公务员考核的经验，引入关键事件评估法、图标式评估法、强制性选择评估法、目标评估法、行为导向评估法等，增强考核的科学性和有效性。当然，考核只是手段，通过这种手段，旨在评出哪些知识需要学习，哪些技能需要补充，哪些综合能力需要提高，进而有针对性地对公务员进行职业化培养与训练。

(3) 完善绩效考核程序

就绩效考核程序而言，要特别注意保证考核程序的公正性。科学和严格的程序能够保障绩效评估制度有条不紊地实施，并且达到预期的目的。为此，应当根据具体情况，制定适合本单位的科学合理的绩效评估方法和程序。一方面，要促进自我评定与他人评定相结合，考核的结果不能只有上级评价，应由多方评价组成。为此，须保证考核的多主体参与，即考核主体不仅包括公务员的自我评估、上级领导的评估、同事的评估，更重要的是引进政府管理和服务对象——社会公众的评估，具体操作上可以通过开展民意调查、建立公众投诉制度、设立投诉信箱、定期回访等形式，以逐步实现官方评估与民间评估并重的考核制度。除此之外，还可以通过社会调查、民意测验等方法，定期了解社会公众对公务员工作的满意程度，并以此作为对公务员绩效评价的参考依据；另一方面，要加强对考核工作的监督。为了保证考核的公平、合理、公正、准确，需进一步完善考核法规，建立健全公务员考核的监督机制。第一，实行考核责任制，建立用人失察追究制度，明确规定在各种公务员考核的各个环节考核主体应负的责任，若考核结果失真，考核主体将受到追究，以杜绝不合格者蒙混过关，进而保证考核过程和考核结果的客观、公平、公正。第二，建立考核举报、考核申诉和考核结果反馈制度。对考核过程中发生的违规情况可实行举报。考核结果必须反馈给被考核者，被考核者对考核结果不服可以申诉。第三，实行考核结果公示制。被考核人可通过多种形式参与考核过程，考核结果须综合反映各方面的意见。直接面向群众的部门和窗口单位，要面向社会开门评议，在一定范围内接受直接服务对象的评议，通过多种方法和渠道听取意见，把单位内外的意见结合起来，综合考虑确定考核结果。年度考核确定的等次公开，实行考核结果"公示制"，增加透明度，公示时间一般不少于一周。不进行"公示的"不予备案。第四，加强群众监督，保障考核的公平性和有效性。

在考核程序方面，英国公务员考核的做法值得我们学习与借鉴。

英国公务员的绩效评估工作特别重视程序的科学性，综合英国的总体情况，公务员绩效评估基本上有6个程序：部门制定年度目标；个人制定年度目标；年中对照检查本人年度目标落实情况；自我写出评价材料；由管理者来写对被评估者的评价报告；被评估人向上级提请评估复议。①

（4）合理使用绩效考核结果

考核的激励作用是通过考核结果的合理使用来实现的。只有把考核结果与奖惩、工资的调整和晋升紧密结合起来，才能真正激励公务员，使之不用扬鞭自奋蹄，不断提升自身的职业素质与职业能力，实现工作效率的提高。为此，一是要加大考核的兑现力度。具体来说就是将考核与目标管理、人员聘用、单位福利等内容相联系，即考核等次同公务员的升、降、奖、惩等相关利益直接挂钩，如，与工资升降挂钩，与职务升降挂钩，与人员调整挂钩，与参加培训挂钩，与辞职辞退挂钩。对被评为优秀等次的公务员，除规定具有优先晋升职务和晋升工资的资格外，还应与目标管理奖金挂钩。加大考核的兑现力度，奖勤罚懒，能有效发挥激励竞争的功用，保证公务员队伍的旺盛活力，对塑造一支职业化的公务员队伍大有裨益。二是及时反馈考核结果。绩效管理要求结果反馈体现互动性，主管领导与被考核者之间有一个交流的反馈的过程，为此，考核部门应对考核结果做出及时的反馈。对存在问题的人员，应如实指出被考核人存在的缺点和问题，帮助他们总结经验教训，找出产生问题的原因，探讨改进的方法。

三、完善薪酬制度，激励公务员职业化工作

薪酬是激励的经济基础，薪酬的多寡体现了公务员这一职业所要求的人力资源要素的价值，它与社会地位的高低密切相关。薪酬不仅

① 佟宝贵. 对英国现行公务员绩效评估制度的考察【J】. 法学杂志，2001(1).

是激励公务员积极向上，职业化工作的重要手段，也是培养公务员职业意识、形成职业精神有效途径。

从西方发达国家公务员管理的经验来看，足够高的薪酬是政府公务员保持廉洁奉公的物质保障。在我国，确保公务员薪酬的合理化，也是公务员廉洁自律的必要条件。公务员法第 75 条规定，公务员的工资水平应当与国民经济发展相协调、与社会进步相适应。并实行定期工资调查制度。这为国家根据国民经济的发展和财政能力的提高，不断提高公务员的工资水平，为公务员分享经济社会发展成果提供了保障。但是，从实际运作来看，这一规定似乎更多地停留在理论层面。如，自 1997 年以来，国家先后几次为公务员加薪，但加薪的效果往往被迅速上涨的物价所冲淡甚至湮没，而一些边远和经济不发达、财力紧张的地区多年来始终未能兑现加薪。其中的原因就在于国家始终未能使公务员工资增长机制正常化，定期调整公务员工资标准仍缺乏制度保障。

1. 完善公务员薪酬相关法律法规

目前我国还没有形成相对比较完整的公务员薪酬法规体系，公务员的薪酬管理主要是通过政府文件来进行，而在政策执行中以人代法、以言代法、以权代法的现象时有发生。如此便不可避免地造成了薪酬分配在各地区、各部门的随意性和不公平性。对于公务员的薪酬制度，世界上很多国家都是通过立法形式予以保障的，如日本的《一般职员报酬法》、美国的《联邦工资比拟法》、德国的《联邦工资法》等。[①]这些法律对薪酬标准、提薪原则、平衡办法以及工作环境、工作时间等方面都做了比较详尽的规定，如此一来，公务员在薪酬分配方面的权

① 孙学玉. 我国公务员制度实施中的缺陷与制约因素分析【J】. 社会科学研究，1998(1).

利便得到了保障。当然，我国的实际情况与国外不同，公务员薪酬制度是干部人事制度的重要组成部分，在推进新一轮公务员薪酬制度改革时，应在调查研究的基础上，借鉴发达国家薪酬管理的先进经验，加快工资制度的法制化进程，将公务员薪酬制度改革的成果用法律法规来固定下来，把公务员工资保障列入国家财政预算予以保障，规范各种明白的补贴、津贴和福利，定期增长公务员工资，使公务员们安心积极工作，同时也吸引大量优秀人才加入到公务员队伍中来。

2. 对薪酬进行分类管理

管理学有句名言，没有分类就没有管理。职位分类是我国公务员管理较为薄弱的一个环节。如何进行分类管理，一是真正将政府机关与事业单位薪酬制度分离，实行分类管理。首先真正将公务员薪酬制度与事业单位薪酬制度相分离。政府机关一般带有明显的层级性，公务员也主要以职务为衡量标准，因此公务员薪酬制度可以采取以职务为标准进行设计。事业单位的性质多种多样，行业特性也较机关明显，因此不必硬性规定全国统一的事业单位薪酬结构与标准，应使其更具有灵活性，给单位以更多的自主权。其次要针对机关事业单位不同的工作性质设计不同的增资模式。机关的增资模式不妨遵循制度化和法制化的改革思路，国家根据经济增长水平和物价水平，制定年度增长计划，并列入财政预算，报全国人大审议通过，之后由人大监督执行。事业单位的增资应按照财政定向补助的方向前进，积极探索按项目分配的政策，把人员成本纳入项目成本，把国家对单位的支持变成对项目的支持。[①] 二是中央与地方、地方与地方分类管理。我国的中央机关公务员与地方公务员无论从工作性质还是工作的方式方法，

---

① 张清祥. 政府机构现状分析与改革思路【J】. 南都学坛（哲学社会科学版），1999(2).

区别都很大，然而由于实行从上到下一体化的薪酬制度，使薪酬很难发挥激励作用，甚至会影响到中央、地方公务员的积极性，同时也不符合中央、地方分灶吃饭的财政制度，因此可将中央与地方的薪酬制度分类管理，以符合各自的特点，起到真正的激励作用。另外，我国东西部地区差异很大，全国实行统一的薪酬管理，不符合市场分配机制。因此，必须建立符合地区经济状况的薪酬机制。针对上述情况可采取灵活制度、分级决策、弹性调控的管理方式，国家建立一套具有弹性的灵活薪酬制度，其中包括全国统一的部分，也有可以根据实际状况灵活变动的部分。

适当扩大公务员内部收入差距。公务员收入拉开差距不是一个简单地扩大工资级差的问题，其关键在于如何使差距体现在不同职位人员的责任、能力和绩效的不同上，以此发挥薪酬的激励作用，在处理公务员薪酬差距时，必须注意以下问题：第一，职位分类的细化。职位分类是确定公务员工资差别的基础，由于我国目前缺乏严格系统的职位分类制度，导致薪酬差距有时并不能完全反映职位的差别，若这种情况不解决，即使再扩大薪酬级差也无法发挥薪酬激励作用，甚至会适得其反。第二，一般人才和特殊人才的差别。我国全部公务员都在同一种工资表内，这显然很难使一些特殊和高级公务员的价值在薪酬上得以体现。国外对不同类型的公务员实行不同的薪酬标准，我们也可以参照国外的做法对公务员薪酬进行分类，如将公务员分为首脑级公务员薪酬、高级公务员薪酬、一般行政人员薪酬。① 第三，改革奖金制度，改变现行的奖金或平均发放或按职务发放的做法，要让奖金真正与功绩挂钩，在严格考核的基础上，对称职和优秀的人员年终一次

---

① 刘熙瑞．服务型政府——经济全球化背景下中国政府改革的目标选择【J】．中国行政管理，2002(7)．

发放奖金。

3. 形成完善的薪酬递增制度

我国在 1993 年工资改革时，提出了公务员正常晋级加薪的规定，其内容包括：第一，晋升职务工资档次，考核优秀的和称职的公务员，每两年可在本职务工资标准上晋升一个工资档次；第二，晋升级别工资，公务员连续五年考核称职或连续三年考核优秀的，可在本职务对应的级别内晋升一个级别，并相应增加级别工资；第三，随职务晋升和工作年限增加而调高工资；第四，国家定期调整公务员工资标准和津贴水平。[①] 这些措施的建立基本上解决了我国公务员的增资问题，但其在细节方面还需完善，如在晋升职务工资档次方面，可考虑“优秀”者晋升两个职务档次，以显现“优秀”和“称职”的区别，并且薪酬晋升的时间期限应以一年为宜，与此同时，要相应增加薪级档次，使公务员晋级加薪呈现一种“小步快跑”的局面，以更好发挥薪酬的激励作用。

美国公务员薪酬制度在激励不同层级公务员方面的做法值得我们借鉴。美国公务员工资共分为 8 个系列：即一般行政工资系列、驻外人员工资系列、退伍军人局医务工作者人员工资系列、行政长官工资系列、高级行政职务系列、蓝领工人系列、自定工资系列和奖励工资。以一般行政工资系列为例，这一系列划分为 18 等，1—15 等每等又划分为 10 级，第 1—4 等，适用于勤杂人员、打字员、秘书等；第 5—11 等，适用于中级行政人员和科技人员；第 12—15 等，适用于科长、处长级行政人员和高级科技人员；第 16—18 等，适用于司局级行政官员和科技领导人员。[②] 这样同一层级的公务员有可能分布于不同的薪酬等级当中，在公务员薪酬方面产生激励效果。

---

① 刘熙瑞. 服务型政府——经济全球化背景下中国政府改革的目标选择【J】. 中国行政管理，2002(7).

② 姜海如. 中外公务员制度比较【M】. 北京：商务印书馆，2003：132－133.

四、完善晋升制度,促升职业素质与能力

公务员晋升制度是有关公务员职务升迁、级别晋升的条件、标准、方法、程序等方面规定的总称,公务员晋升制度是公务员激励机制的重要组成部分,科学合理的晋升,不仅可以激发公务员的职业自豪感,荣誉感,而且可以促进公务员自觉提升职业素质和职业能力。随着公务员制度的完善和发展,职务晋升越来越受到政府及政策制定者的关注和重视,亦成为公务员最青睐的晋升方式。这是因为,公务员职务晋升产生了两种作用:其一,职务晋升会根据人才的特点,将不同的人才安置在其适应的不同的职位上,做到适才适配,这有利于公务员系统自身的更新换代和整体职业化素质的提高;其二,职务晋升能够满足公务员权力、物质、精神等诸方面的需求,激发公务员的进取精神,为公务员提供了积极向上的动力,引导公务员更加职业化地工作,进而提高政府行政工作的效率。同时还能产生引导和示范作用,一个人职务的晋升不仅对获得晋升的人产生激励作用,而且会对整个公务员群体产生影响,激励全体公务员的进取心,提高大家学习、工作的积极性。此外,这一激励功能将促使公务员努力工作,不断创新,积极进取,争取在组织中处于出类拔萃的地位,这种积极的竞争将有利于整个组织的素质提高。但是,从实践来看,职务晋升会受组织资源和个人能力的有限性、制度实施中的人为因素等诸多方面的影响,也就是说,不是每个公务员都能晋升到自己期望的工作岗位上。因此,单一的职务晋升方式很难满足公务员的实际需要,从而使其对公务员工作热情和积极性的激发作用大打折扣。为了使公务员的晋升制度更加科学合理,根据我国目前的具体情况,可考虑从下面几个方面加以改进。

1. 增添考试晋升方式

目前,我国的公务员晋升采取的总体考核方法,此方法虽然体现

了对职业化工作的激励,但很容易受人为因素的影响,使激励流于形式。在此基础上,增添考试晋升方式,则可以加大竞争的力度和选拔的透明度,更容易使优秀人才脱颖而出。在实际操作中,可结合实际情况,借鉴企业采取的一些先进方法,如情景模拟、角色扮演等,根据应试者的分数的高低,择优录取。采用考试晋升的目的在于通过这种方式激励公务员更加努力地按照职业化标准进行自我模塑,更加专注地按照职业化标准要求工作,通过平时的学习和工作锻炼自身的职业素质和职业能力,为日后的考核晋升做准备。

2. 疏通降职渠道

降职渠道得不到有效的疏通,不利于低层公务员晋升和内部公务员的流动。长期以来,政府各部门论资排辈、熬年头现象严重,一些人位居高位却无所作为甚至难以胜任工作,对此,必须通过考核迫使其让位。具体操作上,对连续两年考核不称职者就地免职;对接近离退休年龄,本人身体状况差,平级改任非领导职务;达到该级别任职年龄而不能再晋升的,予以平级调任或其他处理等等。

3. 建立任免制,推广聘任制

加强公务员的流动,有利于提高公务员工作的积极性,提高公务员职业化素养。建立任免制,就是要改变以往领导职务委任的传统,让能者上、平者让、庸者下,激发公务员的潜能,促使其更加职业化地工作。推广聘任制度,即对一些专业人才采用合同制,被聘人不占用公务员名额。采用聘任制可谓一举多得,既可以提高工作效率,同时又减轻了政府的财政支出。

五、完善监督机制,规范公务员职业行为

激励与监督是车之两轮、鸟之两翼,二者缺一不可。公务员代表国家行使权力,如何保证他们不滥用权力、杜绝以权谋私?如何让公务员树立自我约束意识,促进职业的高度自律,养成较高的职业素养,

这些都要通过健全的监督制约机制来实现，“监督机制是通过设定否定性评价的预期风险，强化公务员的刚性责任，使公务员的消极行为和违法行为得到控制。监督机制要设定否定性评价后果(责任)，以昂贵的成本抑制各种行政违法动机，这种机会成本会有效诱导公务员行为进入激励相容的合理方向，提升激励的效果。激励与监督并举，才能催生公务员的责任感，达到提高行政效率的目标。”①

我国《公务员法》第六条规定，对公务员的管理，坚持监督约束与激励保障并重的原则。监督约束机制是考核机制、竞争机制、奖励机制等真正发挥作用的保障。考核能否做到科学准确、竞争能否做到公开公正、奖励能否做到分明适度，归根结底都是对行政权力的监督和管理，监督的目的，不仅是要保证公务员正确行使手中的权力，而且要激励公务员职业化地工作，忠于职守，勤勉尽责，努力为人民服务。

近年来，公务员系统的问题被频频曝光，其中最突出的当属失职渎职、以权谋私、贪污受贿、任人唯亲等，这些问题的存在严重地损害了公务员队伍一级政府的整体形象，损害了党和政府与人民群众的关系，破坏了社会主义和谐社会的构建。毋庸置疑，造成以上问题的原因是多方面的，但究其原因，一是在“官商二元”的社会，一些公务员经不住巨大非法利益的诱惑，而放松自我约束，进行权力寻租；二是监督制约机制的弱化以及惩戒的不到位。孟德斯鸠在《论法的精神》中说过：“一切有权力的人都容易滥用权力，这是万古不易的一条经验。有权力的人们使用权力一直到遇有界限的地方才休止。”②历史学家阿克顿勋爵更进一步说：“权力导致腐败，绝对权力导致绝对腐败。”③我国的反腐实践也充分证明了这一点，官员缺乏监督管理是构成腐败现象

① 梁丽芝.论提高公务员素质新机制的构建【J】.行政论坛，2002(6).

② 孟德斯鸠.论法的精神(上册)【M】.北京：商务印书馆，1961：154.

③ 不受约束的权力，必然导致权力滥用，造成政治腐败和专横.

屡禁不止的制度根源。

权力需要监督,不受监督的权力必然导致腐败。十七大报告指出,要“确保权力正确行使,必须让权力在阳光下运行”。因此,必须把“把权力关进笼子”,让权力在阳光下运行,并且权力越大,越要站在阳光里,官越大,越要接受多方面的监督。当然,为了确保监督的切实有效,必须有科学的制度设计,即必须建立健全监督管理机制。目前,我国公务员制度中存在的较为突出的问题之一,就是监督管理机制不健全。虽然党内监督、民主监督、舆论监督和群众监督组成了我国的一套监督体系,但从实际运作来看还存在着不少真空地带,亦缺乏强有力的制衡性,尤其是对单位、部门、区域的集体违规等等表现得往往软弱无力;舆论监督虽然有了一定成效,但缺乏制度保障,致使新闻媒体实施监督的声势与力度都还相当有限;公众监督则更为薄弱,由于缺乏对举报人实施有效保护的相应法律,致使公众举报难以有效进行。由于对权力的监督制约机制没有彻底建立起来,即使制定了一些监督制度,在执行和具体操作的过程中,往往也形同虚设。监督机制缺失,等于靠政府自查自处、自我监督,这就不免走上“越反越腐”的怪圈。要从源头上遏制官员腐败等问题,必须建立有效的权力监督制度,以此规范公务员的行为,使之行进在职业化的道路上。

1. 建立高度权威的、高度独立化的公务员监督机构

长期以来,我国的各级行政监察机关仅是政府内部的一个常设机构,其法律地位与其他职能部门平行,这就使得监察机关对各级政府职能部门主要负责人难以行使监督权。基于此,应提高行政监察机关的法律地位,树立其应有的权威,要结合我国的实际情况,可以将行政监察机关从目前的行政体系中划分出来单独设置,直接对各级人民代表大会负责。为使监督机构高度独立化,一要赋予监督机构依法监督其他行政部门的权力;二要在机构的人员聘用、经费预算方面独立;三

要独立调查、独立执行。为此，该机构的监督人员必须经过专门的选拔和训练，同时还必须建立流畅的监督信息系统，建立多种监督途径。

当然，作为监督机构本身也必须做好自身的防腐，因为权力容易导致腐败，与其他权力一样，监督权力也会诱发腐败的发生，为了防止监督主体不履行监督职责，防止监督主体与行政执法中的腐败因素结合而滥用权力导致监督权力本身的腐败，必须对监督主体的权力进行制约，这也是保证监督主体高效运作的重要条件。为此，一要明确监督主体的职能边界，规范监督工作程序。二要落实监督主体不履行法定职责造成严重后果或因工作失误，侵犯公民、法人和其他组织合法权益应承担的法律责任。三要对监督主体进行反向监督，这就要求监督客体在接受主体监督的同时，也要对主体进行一定程度上的监督和制约，从而形成互相牵制的平衡。四要重视监督主体相互之间的交叉监督，要努力使这种监督制度化、规范化，避免人为干预。

2. 健全公务员监督保障制度，激励监督者的监督积极性

要明确各监督主客体的权利义务，具体而言就是明确规定由哪些机构、按照怎样的程序保证监督主客体的权利。在行使监督权时既有明确的依据，又有可靠的保障，如此才能有效地维护监督者的监督权力和个人利益，调动、激励监督者忠于职守。

3. 落实内部责任追究制度

责任追究是对公务员行为进行监督的一个重要环节，落实内部责任追究制度，进行责任追究，不仅可以督促公务员进行自我纠错，而且能够在公务员实施不法行为之前对其产生威慑力，达到事前预防的目的。要确保内部责任追究制度落到实处，需要做好以下几个方面的工作：一是明确责任主体。在追究责任的过程中应当坚持“谁实施，谁负责”的原则。此外，还应当明确哪些情形应实行首长负责制，落实首长和行为实施者的具体责任。二是细化责任。目前，追究公务员责任的

依据主要包括我国的《公务员法》、《行政监察法》和《行政机关公务员处分条例》等，还有各级行政机关及部门根据具体情况所制定的规章以及规范性法律文件。上述法律文件对公务员在何种情形下应当承担何种责任作了相应规定，但有些规定过于笼统，各行政机关及部门应当进一步细化。三是严格责任追究的程序。在对公务员进行责任追究的过程中，必须严格遵守程序规定，避免权力被再一次地滥用。四是规范责任种类。《行政机关公务员处分条例》中规定对公务员的处分包括警告、记过、记大过、降级、撤职、开除六个种类。

责任追究制强调的是权力与责任的统一，要求的是“有权必有责，用权受监督，违法受追究，侵权须赔偿”。在现实中，有些地方、有些部门的官员对工作中存在的隐患视若无睹，漠然处之；对亟待解决的问题推诿扯皮，该做决定的时候不吭声，不表态……对待如此庸官、懒官，当然要严厉问责，进行责任追究。

4. 实行公务员财产申报制度

公务员财产申报制度是国家公务员廉政约束机制的重要一环，是解决公务员权力制约的一个主要突破口，是对公务员行为实施监督的重要手段。当代世界各国，无论是发达国家还是发展中国家，都要求公务员依法申报、说明个人财产、收入状况。近年来，我国公务员中因“巨额财产来源不明”而被治罪者也不在少数。2012 年 10 月，广州番禺区城管局政委蔡彬被网友举报拥有 22 套房，并冠以“房叔”的称号。番禺区纪委随后对蔡彬进行立案查处，并对其实施“两规”措施，继而进入了司法程序。然而，紧接着，广州市房地产档案馆透露，该馆一名泄露“房叔”房产信息的工作人员，已经被撤离岗位并给予行政记过处分。因泄露贪官房产信息而被撤职，这件事的背后是制度之痛，它反映了我国官员财产公开制度的缺失。因此，以财产申报为突破口，监督权力滥用，惩治腐败已为大势所趋，它对防范和消除公务员尤其是中高级公务员的以权谋私、贪污受贿起到了其他廉政机制或手段难以替代的特殊作用。从现实来看，虽然我国早有此方面的规定，如《关于惩治贪污贿赂罪的补充规定》第十一条曾明确规定“国家工作人员的财产或支出明显超过其合法收入，差距很大的，可以责令说明来源，本人不能说明来源是合法的，差额部分可以非法所得论处”，但是没有出台相应的法规和制度，因而在实践中无法及时了解公务员的财产收支情况并进而实现有效监督，基于此，必须尽快制定相应的法律条文，并落实到位。

5. 建立监督网络，切实强化合力监督功能

一是加强党内监督。目前党内监督正在逐步走向制度化、法律化和系统化，已经形成了《中国共产党领导干部廉洁从政若干准则》(14条)、《关于领导干部报告个人重大事项的规定》(12条)、《中国共产党纪律处分条例》(172条)、《中国共产党党内监督条例》(47条)，除党组织监督公务员执行基本方针政策外，还专门设有纪律检查委员会，对各级公务员的违纪违法行为进行监督。从实际情况来看，当前要特别注意对各种腐败的监督。腐败是利用权力谋取非法利益，市场越扩展，权力寻租的价值越大，反腐的前提就是约束和监督权力。二是进行行政机关的内部监督。行政机关内部的监督主要是一般监督和审计监督。三是加强公众监督。要实现对公务员的有效监督，一个重要的前提条件就是监督主体要掌握足够的、真实的、准确的信息，这就要求我们全面推行政务公开，增加国家政治生活的透明度，把政府工作中群众需要知道和应该知道的事项及时通过各种形式进行公开，让公众参政议政，行使民主监督权利。同时，还要建立和推广快速的反应机制，投诉机制和社会协商对话机制，使其能迅速、准确地表达公民意见和建议，保证人民群众的批评意见和建议能得到及时地参考和处理。如此，既可以规范公务员的行政行为，防止公务员乱用权力，又可

以加强公众对公务工作的有效监督。四是加强新闻舆论监督，即通过报纸、杂志、电台、电视台等舆论工具实行具体的监督。为了保障舆论监督作用的充分发挥，可以通过立法为其授权，明确规定新闻媒体的权力、责任和义务使其依法履行监督职能。

六、要加大“负”激励力度

当前我国的对公务员的管理，“负”激励措施过于宽松。如，职务只能上不能下，工资只能增不能减，年度考核只有优秀、称职，没有或极少有不称职。其结果是，干部不出大问题就可以“终身”任职，奖金成了变相补贴，考核流于形式。最终导致整个公务员群体缺乏积极性和创造性，失去了应有的激情与活力。要打破这种局面，就有必要强化“负”激励。包括“无功就是过”、“调整不称职、不胜任者”、“引咎辞职”、“弹劾制”等等，通过有力的“负”激励，充分调动公务员的积极性和创造性，激发其激情与活力，促使其职业化工作。

第三节　国外公务员激励制度简介

一、美国公务员激励机制

1. 实绩考核制

美国的公务员考核制度被称为文官实绩考核制，该制度主要有两项内容：一是平时考核，二是每一年度的年终考核。而整个考核制度都是围绕着能力而设计的，“能力本位”是考核制度的核心。

在美国，主管要为其下属的公务员建立考核手册，记录下属平时表现，是否有缺勤、迟到，是否遵守日常办公规则等，而且每三个月作一次考核检查，并评出等次。[①] 年终定期考绩制度开始于 1883 年，政

① 高正宇.政府绩效评估中的公务员考核策略研究【J】.行政与法，2006(11).

府颁布了《文官制度法案》,规定了功绩考核制度的一般原则。自20世纪开始推行比较统一的年终考绩制度,1920年威尔逊总统下令第一次实行全国统一的考绩制度。1950年12月,美国国会通过了《工作考绩法》并付诸实施,该考绩制度具体事实如下,先根据每一职位的职责及要求,制定具体的"工作标准",然后以此标准对文官人员的工作实绩加以评判,由此得出某个结论与等级。

2. 职务晋升机制

美国是典型的以功绩晋升制为公务员主要晋升制度的国家。美国在1905年推行功绩考核制度,1920年全国实施统一的考核制度,20世纪50年代又推行《工作考绩法》,并实施功绩晋升制。1978年卡特执政期间,颁布了《文官改革法》,确定了"功绩制"九项原则,这一原则使功绩考核与晋升制度更加完善。功绩晋升制以工作成绩与贡献大小为依据,对工作实绩优秀者晋级加薪,给以重奖;较好者,给以一般鼓励,普通者保留其职务,低劣者处以降职或免职。

从实施结果看,这一晋升制度不仅有助于激发公务员的工作积极性,鞭策他们务实求上、讲求效率、多做贡献,而且有利于公务员自身素质提高,同时也使得很多具有真才实学的公务员被选拔上来,进而大大提高了行政管理效率。

二、英国的公务员激励机制

英国公务员制度实施得比较早,对公务员的绩效评估形成了比较成熟的理论,同时也积累了一些实践经验。

1. 建立多维评估指标体系

英国对公务员的绩效评估在内容上相当广泛,包括十个方面的素质要求:观察和分析问题的能力,沟通与交流的能力,崇尚客户的意识能力,宏观决策的能力,处理人际关系的能力等等。由于这些指标相对来说比较抽象,操作起来比较困难,因此他们正在进行多方面探索,力求使绩效评估标准更科学、合理和规范，做到既便于掌握，又便于执行。

公务员因所在部门的差异性，工作性质也有很大的不同，因而对每个公务员绩效评估的内容都不尽相同，对担任领导职位、管理类、执法类、技术类的公务员，在确定评估内容时有不同的侧重，凡是能够量化的都要评估出数量和质量。

2. 明确评估程序

英国公务员绩效评估工作中，特别重视程序的科学性，综合英国的总体情况，公务员绩效评估基本上有6个程序：部门制定年度目标；个人制定年度目标；年中对照检查本人年度目标落实情况；自我写出评价材料；由管理者来写对被评估者的评价报告；被评估人向上级提请评估复议。[①] 科学和严格的程序不仅保障了绩效评估制度有条不紊地实施，而且达到预期的目的。

3. 公开评估过程，加强信息沟通

英国在绩效评估中，管理者作出的评估结论，都要先同被评估者本人见面，然后才能上报给上级部门。这也就是说，评估是全公开的、透明的，同时也是一个相互沟通的过程。不仅要将评估结果告知被评估者，还要将每个指标的具体情况反馈给被评估者。

4. 建立完善的具体激励制度，落实评估结果的激励效用

在英国，公务员的绩效评估会与晋职加薪直接挂钩。英国公务员绩效评估制度之所以能够长久地坚持下来，就在于它不仅仅是一种精神激励，而且与被评估者个人的发展前途和物质利益挂钩。如此激励机制使管理者与被评估者双方都增强了贯彻执行绩效评估制度的自觉性和主动性。

---

① 佟宝贵.对英国现行公务员绩效评估制度的考察【J】.法学杂志，2001(1).

三、新加坡和中国香港公务员监督机制

1. 新加坡的公务员廉政监督建设

新加坡经过近40年的治理，成为世人称道吏治干净的“廉洁之邦”，这要归功于新加坡领导人对公务员廉政建设的深刻认识以及一套严格的公务员监督机制。概括地说，新加坡的公务员监督主要是从制度、法规、机构、高薪、心治等几个方面入手的。

第一，建立和健全一整套防止公务员贪污腐败的制度。腐败的主体是官员，只有官员才能与权力相结合，防止腐败首先要从主体着手。李光耀指出：“新加坡的生存靠政治稳定，靠高级官员们的廉洁奉公和效率。”[①]新加坡在预防公务员腐败上已经形成了制度化的做法。具体包括以下几方面的制度：(1)公务员的选拔和任用制度。新加坡较早地建立起现代公务员制度，对于希望到政府部门工作的应考人员，建立了三道关口，即考试关、试用关和审查关，最后一关最为重要。(2)严格的财产申报制度。新加坡的财产申报制度是“终身财产申报”，从成为公务员开始到离职，公务员几乎时时刻刻都被监控着。一位在新加坡从事法律工作的人士笑言，在新加坡公务员虽然工资高，却不是个讨喜的差事。所有的公务员都必须进行财产申报。每名公务员在初次上任及以后的每一年，都必须申报财产情况。“几乎所有东西都要申报”。上述在新加坡工作多年的人士感叹，“不仅仅是房产、股权这样大件的投资品，可能家里一件家具也需要申报。”新加坡公务员需要申报的财产除了个人的不动产、银行存款、法律允许的股票、债券投资等，一定价值以上的珠宝首饰、家用设备、古玩等也要申报，此外，还需申报配偶等家庭成员的财产状况。新加坡政府指导手册中的《行为与纪律准则》第135条至第139条规定，公务员初任公职时及之后每

① 陈岳、陈翠华. 李光耀：新加坡的奠基人【M】. 北京：北京时事出版社，1990：104.

年均须申报其本人在公开及未公开公司的股份、房地产(自住房屋除外)等方面的利益和投资情况,其配偶、依靠其抚养的家庭成员以及那些可能引发利益冲突的利益和投资情况,尤其是在未公开公司的投资情况也需要申报。在新加坡,不仅有钱要报告,没钱也要及时向上级汇报!每名公务员在初任公职时,都需要签署一份声明书,声明他没有财务方面的困境。如果一名公务员未担保的债务超过其3个月的薪资,或者面临破产程序时,要立即告知所在部门的常务秘书长,而公务员如果真的陷入财务困境,就可能会面临革职的纪律处分。"如果有财务困难,大家可能就会觉得他经受诱惑的能力比较弱。"前述人士表示,即使眼下没有贪污受贿的行为,但未来可能会为了摆脱困境而收取好处,这么做是未雨绸缪。新加坡政府规定,公务员在上任前,必须申报个人财产。已婚的,还必须将其配偶的财产予以申报。新加坡的财产申报制度非常严格,这样公务员所申报的财产与实际拥有的财产之间无法存在差额,腐败也就无法掩藏。(3)品德考核制度。新加坡政府不仅对被录用者在录用前进行了品行的审查,而且对任职的工作人员进行品德跟踪考核。品德考核的方式有两种:一是个人品德记录。二是行为跟踪。贪污调查局有权依法对所有公务员,尤其是新任职的公务员进行跟踪,暗中调查他们的日常活动。

第二,制定和完善一整套反贪防腐的法律条规和行为规范。在新加坡,法制严明、严刑峻法是反腐倡廉最突出的特点。新加坡相对于其他国家贪腐要少很多,原因就在于法制严明,严刑峻法。新加坡的公务员必须严格遵守《反贪污法》和《公务员指导手册》。《公务员指导手册》则规定了公务员的日常行为规范,对于加强公务员道德自律、提供公务员行为标准、搞好廉政勤政起到了相当重要的作用。《反贪污法》是新加坡反腐败的法律依据,这部法律共35条,对贪污行为的认定详尽而具体,在是与非、罪与非罪问题上界限分明,可操作性很强。

它有以下几个特点:(1)条文规定细而严密,基本做到了无空可钻;(2)定罪非常严格;(3)惩罚十分严厉,且权力越高,处罚越重。新加坡对于贪污的惩罚相当严格,被指控贪污的公务员如果不能对自己的财产做出合理解释,与其收入不相称的财产将会被视为贪污所得,可以根据《防止贪污法》第 24 条规定推定其受贿。而一旦贪污罪名成立,法院可以下令没收其所有来历不明的财产,对贪污官员最高 10 万新元罚款、最高 7 年以下徒刑或二者并处。在新加坡,无论是谁贪污,都不会被宽容。1986 年,李光耀政府的国家发展部长郑章远涉嫌贪污,他求见李光耀,但反贪调查局的调查并未因此而停止,最后他选择了自杀,希望能保持名誉,然而政府仍然继续调查。1990 年,新加坡前商业事务局局长格林奈因两项"说谎罪"被判入狱 3 个月,开除公职,永不录用。这位曾经的"商业犯罪的克星"不仅失去了每月 2 万新元的职位津贴,同时被取消了 50 万新元的公积金和 30 万新元的退休金。

第三,建立精干、高效的反贪污腐败的执法机构。反贪调查局是新加坡专职的反贪执法机构。反贪调查局成立于 1952 年,是新加坡唯一的调查贪污罪的权威机构,它既是行政机构,又是执法机构。反贪调查局是总理公署的一个下属单位,局长由总统任命,由总理直接领导,根据《反贪污法》第十五条至第二十条规定,反贪污调查局被赋予了许多特殊的权力。新加坡贪污调查局可以在没有检察官允许的情况下,行使《刑事诉讼法》赋予警方调查的任何权力;有权进行跟踪和秘密调查,可以采取卧底、窃听、录音等方式收集证据;在执行重大任务时,还可动用武力搜查任何地方、任何账目,并有充分权力要求任何人揭发或交出所需要的全部材料、文件或物品;此外,贪污调查局无须逮捕证就可以逮捕涉嫌贪污罪行的任何人。如果有关人员拒绝配合、阻碍或骚扰贪污调查局的行动,一旦定罪,相关人员将面临不超过 1 万新元罚款、一年以下判刑或二者并处。当然,这些法律保障并不意味着贪污调查局的权力最大，没有任何限制。贪污调查局并没有对涉嫌贪污行为的检控权和定罪权，这相当于是多加了两道保险，避免冤案。

基于此，反贪污调查局对调查员的录用标准很高，廉洁公正是首要要求。但正因为如此，反贪污调查局严明执法，工作卓有成效，他们曾调查处理过许多重量级人物，从不只打苍蝇，不打老虎。

第四，以俸养廉。新加坡主要从以下三个方面解决以俸养廉的问题：一是较大幅度地提高公务员的工资待遇，使绝大多数人过上"中产阶级"的生活。二是切实解决公务员的福利问题。新加坡的公务员福利大致有四种：医疗福利、贷款优惠、住房优惠和集体保险。这些优厚的福利很好地解决了公务员的后顾之忧。三是全面实行中央公积金制度。公务员退休之后，可拥有一笔合法而巨大的财富以保障老年生活。但是如果公务员贪污腐败，被诉诸法律并作出判决后，其公积金立即被全部取消，上交国库。因此，中央公积金既是一种福利，一种保障，也是一种制约，一种惩治手段。

第五，减少基层执法人员的自由裁量权。为了创造公平的环境，新加坡政府尽量减少基层执法人员的自由裁量权。在新加坡，法律规定得非常细致和明确，比如申请牌照，按照规定的标准来和自己的条件一一对应，如果能对上，系统自动就能匹配，不让执法人员来决定你是否符合规定。"你满足所有的条件，系统就不会拒绝你。"正是因为减少了基层执法人员的自由裁量权，避免了很低层次的腐败发生。

第六，加强对公务员的在职培训和职业道德教育。新加坡设有公务员学院专门对在职的公务员进行培训。这些培训，除传授知识外，还特别注意培养他们的爱国主义情感，教育他们忠于国家的目标。同时对他们进行职业道德教育，引导他们以忠于职守、廉洁奉公为荣，以玩忽职守、腐化堕落为耻，进而从思想上筑起防范腐败的防火墙。

2. 中国香港的公务员廉政监督建设

20世纪70年代初香港开始实施反腐败策略，进入20世纪90年代以来，香港一直都被一些反贪调查评为亚洲最廉洁的地区之一。在1998年“国际透明度机构”发表的当年贪污印象指数排名调查报告中，香港位列最不贪污国家和地区的第16位，这充分显示了香港的公务员监督所取得的巨大成效。香港的廉政监督举措主要表现为以下方面：

第一，制定和颁布法令法规，加强法制监督。20世纪60年代以后，香港政府颁布了一系列旨在肃贪的新的法令法规，如《防止贿赂条例》、《总督特派廉政专员公署条例》、《1981年接受利益（总督许可）公告》。以上法令法规成为香港政府肃贪防贪的重要法律依据和法律武器。60年代以后，香港政府颁布的新的法令法规更为严厉、具体和明确，使用范围也更加广泛，而且这些法令法规在实践中经过多次修订，更为严格周密。不仅如此，香港政府还通过政府公报或新闻渠道等多种途径向公众宣传法令法规及其反贪的意义，从而形成一个广泛而持久的对公务员贪污受贿的预警系统。

第二，从完善公务员制度入手加强对公务员的监督。香港公务员廉政建设之所有能够卓有成效，其中一个重要原因是对公务员队伍实施管理的公务员制度具有明显的养廉性能。香港公务员制度贯彻三项基本原则：量才录用、公开公平、工酬相称。对公务员的招考、任用、考绩、晋级、奖惩、工资、福利等等，有一套系统完整的规定。香港公务员制度在招聘、晋升、考核等环节重视提高透明度。表现在，为所有应聘者提供平等的应聘机会，为所有已聘公务员提供公平的晋级、升职、增薪机会。香港政府十分重视公务员的培养和训练，期望以此提高他们的工作效率，使他们能够接受新的挑战和承担更大的任务。此外，香港政府还十分重视公务员薪酬福利，政府除给予公务员优厚的住房津贴外，为了保证公务员的实际收入不致因社会经济的变动而有所下降，港英政府每年搞薪酬趋势调查，每 3 年搞一次薪酬水平调查，并以其结果为根据给公务员加薪。

第三，香港廉政公署在公务员监督中的作用。香港廉政公署的专职机构是总督特派廉政专员公署，简称廉政公署。在反腐败建设方面，香港的廉政公署和新加坡的反贪调查局一样为人们所熟悉和称道。香港廉政公署的特点主要体现在几方面：(1)廉政公署拥有强大的权力。廉政公署不受政府部门管辖，直接向特首负责。独立的、强大的权力使香港廉政公署能够对贪污腐败案件作出高效的反应，具有强大的威慑力。(2)采用查、防、教“三管齐下”的反贪方式。廉署下设 3 个部门，分别是执行处、防止贪污处及社区关系处，在加强对公务员贪污罪行的调查、检控与惩戒的同时，研究如何使用一种高度专业化的防微杜渐方法来切实防贪堵漏，同时通过社区关系开展廉政教育，致力于培养市民的公民责任感和良好道德。(3)秉持廉政公署自身廉洁的和独立。廉政公署作为独立于警队和政府架构之外的一支纪律部队，其最高行政长官廉政专员直接向特首负责。由于廉政公署位高权重，为防止其成为“第二警察部队”，保证其秉公执法，香港政府设计了一些独特的监督方式。除法律规定外，还设立四大委员会和投诉机构，并通过各大传媒对其进行监督。(4)坚持公职部门的反腐与其他机构的治理相结合，推行全方位的反腐倡廉措施。

自我养成篇

公务员职业化塑造，除了借助外在的制度规范和组织管理外，还需要依靠公务员内在的自我规约和自我养成。所谓自我规约，就是将外在的制度、规则、规范以及环境的要求等通过一定的途径和方法转化为内在的愿望与要求，并自觉加以遵循。自我规约强调的是公务员自我约束与控制。对公务员职业化塑造而言，自我规约就是要求公务员将其职业所承担的使命和责任内化为自觉遵守的准则。所谓自我养成，就是自我培养良好的行为习惯。

在公务员职业化塑造过程中，为什么要求公务员自我规约和自我养成，这是因为：一方面，公务员的职业化是公务员通过自身的实践活动实现的。按照实践论的观点，群众是实践的主体，而群众又是由个体集合而成的，因此，我们必须重视个体——公务员自身在职业化塑造中的作用。公务员的自我规约、自我养成所产生的力量，对公务员队伍的职业化建设将起到巨大的现实推动作用。组织固然可以通过科学的制度安排，帮助公务员在良好的氛围下逐渐实现职业化，然而制度毕竟是死的，制度设计再完美，如果制度的执行者——公务员自身不具有良好的修养和素质，制度也不可能达到预期的目的。易言之，制度安排是基础，是实现公务员职业化的前提，自我养成是必不可少的补充，有了科学的制度安排，还必须辅之以公务员自身的自我规约和自我养成，二者相辅相成，才能极大地促进公务员职业化的实现。另一方面，进入公务员队伍的每一个人都有自己的利益诉求和目标，这种利益诉求和目标并不一定都是与社会、组织的利益、目标一致，而这种不一致如果任其发展的话，不仅会对组织造成不良影响，也会阻碍个人的职业发展。要消弭这种不一致，运用刚性的制度、规范、环境压力等固然有一定效果，但制度、规范、环境压力等毕竟都是外在的，它需要作为主体的公务员将其转化为主动的自我克制和内在约束才能更好地发挥作用。易言之，只有在公务员具有了职业化塑造的意识、职业化塑造的自觉要求的条件下，制度、标准、规范、环境等才能最大限度发挥作用，在公务员职业化塑造过程中采用自我规约和自我养成，其目的就在于用符合社会要求和公共组织利益和目标的思想、行为对自己的思想和行为加以塑造，从而达成职业化之目标。

在公务员职业化塑造过程中，公共组织是当然的主体，它承担着进行制度安排，确立标准、制定规范、营造环境、指引方向等重任，但另一主体的作用也不可小觑。在公务员职业化塑造过程中，能否取得良好效果，公务员自身起着相当大的作用。因为职业化塑造能否顺利进行，职业化目标能否实现，实现的程度如何等等，在相当程度上取决于另一主体——公务员的配合。职业化的制度、标准、规范、环境等作为一种外在只有实现与公务员这一内在相结合，通过外在推动和内在努力，才能由理想变为现实，公务员职业化的目标才能够实现。

自我规约和自我养成具有主动性。自我规约和自我养成的对象是个人自身的思维和行为，要想达到规约和养成的目的，归根结底还有赖于个人自身主动的行为，因此，主动性是自我规约的本质属性。但这里的主动性并不等同于自觉性，也就是说如果单靠自觉行为的话，是无法进行个人自我规约和自我养成的。只有通过一系列的外部约束来促使个人明白自我规约的意义，掌握自我规约的方法，主动去进行尝试并最终形成自我规约和自我养成的习惯，这样才能真正实现自我规约和自我养成的目的，也才能将组织目标与个人目标有机的结合起来。

自我规约和自我养成具有塑造性。这种塑造性表现为两个方面，一是内在塑造性，二是外在塑造性。内在塑造性是指依据自我设计的蓝图，不断提高自己的素质和水平，使自己不断向理想的状态接近；外在的塑造，即依据社会规范、组织制度规章等将自我塑造成符合社会和组织要求的个体。这是因为一个人对社会的认同，对组织的归属不是天然的，在很多方面会存在这样或那样的冲突。如果任这种冲突发展的话，最终会阻碍个人的发展。因而社会和组织有必要依据社会规范、组织制度规章等将个人塑造成符合社会和组织要求的人。对公务员职业化塑造而言，当然也不例外。

第十章　生成职业意识

思想支配行为。模塑公务员的职业化行为，首要任务是培养职业意识。“职业意识指公务员对于其身份以及特定职位所从事的工作的承诺度。公务员的职业意识要求公务员在具体行使国家权力的过程中，严格遵循公务员职业的要求，履行自己的职业使命。从基本含义来说是遵守职业行为规范标准；从深层次来说是在内心形成心理契约，将公务员宏观和微观的运作规划内化为个人的习惯。”[①]职业意识的确立，能支配公务员的思想意识，调整公务员的服务态度，规范公务员的行为，引导决策的价值取向等。

第一节　公务员职业意识问题扫描

公务员职业意识可以划分为两个层面：第一个层面是公务员对于自己职业身份的认同，第二个层面是公务员对于自己职位所从事的工作的认同。第一个层面决定了公务员站在什么样的角度来表达观点，第二个层面则决定了公务员是否可以将自己表达的观点认真地执行，

① 薛丰.我国公务员微观职业意识培养中的问题研究【D】.山东大学硕士学位论文，2011：7.

并且有很好的执行效果。由于我国公务员的职业化进程起步比较晚，加之传统文化的影响，因而无论在哪一个层面，也无论是公众还是公务员自身，对公务员这一职业的理解和认识都存在着一定偏差。

一、职业认知偏差

正确的职业认知来自职业认同。“职业认同是个体对该职业目标、社会价值及其他因素的看法，与社会对该职业的评价及期望的一致性，即对职业方面的看法、认识完全赞同或认可。它意味着人们对该职业活动的性质、内容，职业社会价值和个人意义的理解与认可。公务员不是普通的职业，它并非简单的一个群体或一部分人谋生存、求发展的手段，而是具有特殊地位和特殊使命的职业。公务员是行使国家行政权力、执行国家公务的人员，担负着远比普通职业更为重大的使命和责任。这些都决定了公务员的职业认同内涵的特殊性，也要求公务员必须具有高于普通职业的一系列精神与素质。”[①]纵观我国这几年公务员报考，其火爆情形充分反映了人们对公务员职业的盲目追捧。有调查表明，大多数报考公务员的人对自己所报考的职位的认识并不清楚，甚至出现盲目报考撒大网的现象，他们报考公务员的动机是：公务员是个“铁饭碗”；公务员相对于其他职业较为稳定、工资水平高；公务员是个体面的工作等等。更有甚者，一些报考者看中的是公务员岗位的“灰色”优越性——有官做，有权力，有关系网，社会地位高等，根本没有认识到公务员作为公共行政的执行者，在拥有一定的权力、稳定的工作和较优裕的待遇的同时，也应该承担相应的责任，需要奉献、服务的精神。即便是在公务员队伍中，也存在有一些公务员不能正确对待手中的权力和地位，不认为职业的权力和地位是人民赋予的，行使权力必须受到监督，必须承担相应的责任，甚至认为权力和地

① 谭功荣.公务员职业化：起源、内涵及模式比较【J】.中国行政管理，2009(2).

位是自己努力的结果。正是因为认知上存在着这些偏差,所以才屡屡出现贪污、腐败、渎职等问题。

二、职业意识淡薄

公务员的职业意识指公务员对于其身份以及特定职位所从事的工作的承诺度。公务员是政府行政的代表,虽然公务员代表政府行使行政权力,但是公务员首先是一种职业,是从事公共管理的专业人员,而不是一种权力象征。其职业意识要求他们在具体行使国家权力的过程中,严格遵循公务员职业的要求,履行自己的职业使命。从实践层面来看,由于权力本身的强制性和与公众之间的信息不对称性,公务员总是会被臆想为权力的代表,而公务员自身也不自觉地表现出一种优越意识,自己是官员,而这种优越意识和公务员所要求的“职业意识”是对立的,导致公务员难以形成正确的职业观看待自己和自己所应承担的责任和义务。在职业生涯中,有些人以官为本,一切为了做官,把做官看作人生最高价值追求,同时又用做官来评判人生价值的大小,评判一个人的地位和作用,进而导致跑官要官、买官卖官行为和各种官僚主义现象。而在提供公共服务时,总是不自觉地表现一种优越感,缺乏基本的服务意识和责任意识,漠视公民的权利。张康之说过:“只要公共管理者存有哪怕一点点优越意识,都会使公共管理活动的性质异化,从而使公共管理者自己的社会生命发生异化。”①而“脸难看、门难进、事难办”,“好的服务”对上不对下,对官不对民,正是公务员社会生命发生异化的真实写照。

三、严重的官本位思想

在一些公务员的头脑里,官本位思想依然根深蒂固,所谓“官本位”是以“官”的意志为转移的利益特权、“唯上是从”的制度安排、以

① 张康之.公共管理伦理学【M】.北京:中国人民大学出版社,2003:130.

“官”为本的价值取向、以是否为官和官职大小评价社会地位的衡量标准。简单地来说就是唯上级领导的命令是从,“官大一级压死人”。这种思想的存在,严重影响了公务员职业意识的健康生成。其病态表现为:

首先,遗忘“公仆”身份。“官本位”意识使公务员只强调自己的“官员”身份而忘记“公仆”身份,视权力为治民的私器,而不是为民谋利的公器。诸如埋怨群众多事、“有事别找我,要跳楼请上五楼”等就是例证;在提供公共服务之时,漠视公民的权利,在服务内容和方式上也是自上而下地“恩赐”配给。

其次,注重对上服从,而非对下服务。由于“官本位”支配下的强烈做官升官欲望,致使部分公务员在制定政策和解决矛盾时,不是从广大人民群众的利益出发,而是从“官”念出发,强调的更多是“服从”而非“服务”,或是只对上“服务”。为了迎合取悦上级和领导,不顾客观实际,急功近利,大搞“官观工程”、“形象工程”,甚至为了政绩,欺上瞒下,弄虚作假。

再次,崇尚形式主义。“官本位”在实际工作中表现为“重形式轻内容、重数量轻质量、重场面轻效果”,以及“三多三少”,即形式主义多,实实在在少;虎头蛇尾多,善始善终少;空头支票多,真正兑现少。

四、责任意识欠缺

公务员的责任包括政治责任、法律责任、行政责任和道德责任。政治责任是指行政行为与政府决策失误或行为有损国家和人民利益,虽不受法律追究,但要承担政治责任;法律责任是指公务员必须在法律范围内行使职权,如果违反法律规定的义务,违法行使职权,必须承担相应的法律后果;行政责任是各级国家公务员自身特定的一种责任,主要指公务员在行政过程中因行政违法或行政不当所应当依法承担的行政法律责任;道德责任是指公务员的生活和行为若不能适合人民及社会所需求的道德标准和规范所应承担的否定性后果。公务员的责任意识欠缺主要表现在如下几个方面:一是表现在政治责任意识淡薄。应该说,公务员最不可缺少的就是政治责任。执政为民是公务员不可推卸的政治责任,政治责任的最终目的是要实现公共利益。然而,在现实中有些公务员却淡忘了自身的政治责任,忽视百姓利益,有的甚至和老百姓抢利益。2003 年,在 SARS 疫情初期,一些地方政府官员之所以敢于对如此严重的疫情隐瞒不报,欺上瞒下,根本原因就在于责任意识缺乏,怕把事情说出来会影响政绩,危及乌纱帽。因为凭以往的经验,瞒报情况总能蒙混过关。二是法律责任意识欠缺。有些公务员无视自身的法律责任,在工作上滥用职权,甚至明目张胆地违法乱纪。三是行政责任意识欠缺。公务员是政府行政行为的主体,是管理国家和社会的实践者。能否真正履行行政责任,直接关系到政府的形象、地位。然而现实中确有一些公务员只看中手中的权力,对其应当承担的责任视而不见。如,2011 年 11 月 13 日,一则"昆明一产妇临盆在即,丈夫找巡逻警车求助遭拒"的新闻报道称,一名临产孕妇羊水破裂,需及时到医院救治,其丈夫在打车无果的情况下向一辆停在医院 300 米左右的警车求助时,车上的警员以"执行公务,不能随便离开"为由拒绝援救,"然后继续摆弄手机,玩游戏"。作为警察开着警车执行公务不假,但执行公务的范围里就没有救助人民群众一项吗?执行公务的目的又是什么?难道不是为人民服务,让群众满意吗?老百姓有了困难和难处难道做警察的不该帮助解决吗?作为一个公务员,其责任感何在?另据《北京晨报》报道,最近有广西梧州市民投诉说,当地的交通干线桥梁"桂江一桥"经过近一年整修后通车,但刚通车就产生了裂缝,只得重铺沥青。对此,梧州市政管理局局长表示:"我们政府是有责任心的政府,宁愿先通车,通车虽然路难走点,质量差点，但是起码通车了。”是的，与那些被曝光的耗资巨大但刚通车不久，路面即出现坑槽、裂缝、沉降、无法正常使用的交通设施相比，梧州的官员似乎可以对桂江一桥通车能用而自豪，但是他们真的尽职尽责了吗？四是道德责任欠缺。公务员必须谨守行政道德责任的原则，执行公务不仅要符合公共利益和国家利益，服务于民，而且须恪尽职守，廉洁奉公。而现实中这些要求在有些公务员身上却没有得到体现。

第二节　厘清公务员职业属性

一、公务员的职业属性

公务员作为一种社会职业，与社会其他职业类别是平等存在的，没有高低贵贱之分，但是，公务员这一职业又确实有其特殊的职业属性，那就是，公务员作为履行国家公职的人，具有其他普通职业所没有的特殊权力，同时其承担的使命和责任要远远大于其他普通的职业。登哈特认为公务员应具有公民和良民的身份。他认为高尚的官员应重视道德、关爱公民、责权并重。在“黑堡宣言”中威姆斯利等人对民主社会中的公务员角色阐述，具有一定的典范性。在他们看来，公共管理者应该扮演如下角色：[①](1)执行与捍卫宪法的角色。执行宪法的预期目标是营造一个稳定且有效运作的政治体系，而终极目标则是增加机会，促进平等以及持续地改进和提升全民生活品质。(2)人民受托者的角色。公务员作为人民受托者，在管理活动中，不能屈服于强烈的短视的压力，应考虑长远的全民的利益。要不畏强权，更不能妄自菲薄，只把自己当作理性工具，应以追求公共利益为目标。(3)贤明少数的角色。公共管理者要能做到众人皆醉我独醒，不可随波逐

① 张成福、党秀云．公共管理学【M】．北京：中国人民大学出版社，2004：190－195．

流、人云亦云。他们有责任吸引民众参与公共事务，使贤明少数变成多数。(4)平衡轮角色。公共管理者必须对外在环境有回应或有反应，但决不能只是简单地听从命令，或者利用技巧在各个利益集团之间躲闪、求存。公务员应以其合法权力及其专业判断在治理过程中扮演平衡轮的角色。(5)分析者和教育者的角色。公务员应该能够有意识地了解自己决策的价值体系与假定，为自己的所作所为提出合理说明并尽量将人民纳入治理过程。公共管理者应该扮演分析者与教育者的角色，以增加选民领导、民意代表、所有在治理过程中的参与者，乃至一般民众对公共事务的了解，并向他们灌输公共利益的观念。

结合我国现实，我们认为，公务员的职业属性可概括为如下几点：

1. 公共属性

著名行政管理学家张康之曾经说过："公共管理是一项最为特殊的职业，是一项没有自己的特殊利益的职业。管理型的社会治理也是服务于公共利益的，它把一切治理制度的设置和治理行为的选择，都放置在公共利益至上的理念统摄之下。公共管理这一职业，在本质上是'公共的'，特别是它的理想形态，从目的到行为到工具到组织构成到奉行的原则等等，都凸显出公共性质。"①这也就是说，公务员职业存在的前提和基础就是公共利益，他的职业活动既不从属于个人的自利目的，也不以所在组织、集团的利益为出发点。除了公共利益，公务员不应该有任何的利益追求，否则就是滥用职权、以权谋私。因此，公务员在执行公务时必须以"公务"为轴心，以提供优良的公共服务和公共产品为行动指南，以公众需要的满足为己任，以公共管理和公共服务

① 张康之. 论作为职业活动的公共管理——公共管理伦理学视角中的公共管理活动【J】. 北京行政学院学报，2003(4).

作为职业活动的基本手段，以公共利益的实现为目标。

2. 政治属性

公务员职业的政治属性，亦即公务员职业与政治的关系。我国是共产党领导的社会主义国家，国家的本质决定公务员不能“政治中立”，相反，党和国家还要求公务员积极参加政治活动，介入国家的政治生活，在一切公务活动中，必须认真贯彻中国共产党的路线、方针和政策，在政治上、行动上与党中央保持一致。除此之外，公务员职业的政治属性还体现在公务员的政治责任上。

3. 法律属性

公务员职业的法律属性，亦即公务员与法律的关系。公务员与法律的关系有两种：一是公务员对法律的执行，二是法律对公务员的规范。行政机关是法的执行机关，公务员是法的执行者，公务员对法的执行就隐含着法对公务员的规范，同样，法对公务员的规范所包含的前提就是公务员对法的执行。众所周知，法律关系的内容离不开权利和义务，因此，探讨公务员与法的关系，可以从公务员的权利和义务着手。又因为公务员具有双重身份（也即双重权利和义务），一是公民，公民是公务员的普通身份；另一是公务人，公务人是公务员的特殊的职业身份。因而，所谓公务员职业的法律属性，就是公务人的法律属性，包括公务人的职权和职责以及法律责任。

首先是公务人的职权。公务人有两种职务权利，一是执行公务权，二是身份保障权。前者是指公务人在执行公务依法享有的执行公务所必需的权利。这种权利同公民的权利虽然都是指法律关系主体依法享有的某种权能，但两者又有所区别，前者往往体现国家或政府单方面的意志，并伴有国家强制力，因而通常称作“权力”，不得随意放弃，而后者可依公民的意志自由放弃。公务人的身份保障权，是指公务人所享有的非因法定事由、非经法定程序不得被免职、降职、处分、辞退等权利。

其次是公务人的职责。公务人的职责，是指公务人职务上的义务。这种职务上的义务，一是作为的义务（又称积极的义务），另一是不作为的义务（又称消极的义务）。这两种义务相互联系不可分割，如对行政相对人的违法行为，公务员应当依法制止或惩戒，这是作为的义务；但是，公务员不得越权，更不能滥用职权，不得随意侵犯相对人的权利和自由，这就是不作为的义务。明晓“孰可为孰不可为”，这是公务人履行职责的前提条件。

最后是公务人的法律责任。法律责任是法律权利和法律义务的保障，没有法律责任保障的法律权利和法律义务是不存在的。公务人不履行职责或违法行使职权都应当承担法律责任。根据承担责任的主体或者依据不同，可将公务员的法律责任分为违宪责任、行政责任和刑事责任。违宪责任是专门针对政务类公务员适用的，行政责任和刑事责任可适用于所有的公务员。[①]

二、公务员的职业特征

日益细化的职业分工，虽然使公务员从高高在上的权力执掌者转为普通的社会职业者，但正如美国著名学者库珀所言，作为整个社会的职业受托公民，公务员的职业特性、工作特点、社会责任不同于一般社会职业的从业人员。

1. 公务员职业的公共性。公务员作为公共管理者，从事的是行政管理工作，在工作中被法律赋予了公共权力的行使权。这种公共权力源于社会，又凌驾于社会之上，公务员行使公共权力必须表达公共意志，维护和服务于公共利益。这就要求公务员在制定行政决策、执

---

① 参见郑钟炎、程竹松.论公务员的角色定位与职业属性【J】.上海大学学报，2004(3).

行行政任务和实现行政目标的过程中都必须以社会最大多数人利益为其职业活动的风向标。

2. 公务员职业为人民服务的无偿性。公务员行使的公共权力是人民赋予的，其报酬来自于国家财政拨款。这就要求公务员必须做人民的公仆，其行政行为具有非营利性质，且必须对人民负责，为人民谋利益。

3. 公务员职业行为的严格约束性。《公务员法》在赋予公务员权利的同时也明确了相应的岗位职责和义务。公务员职业不仅有明确的职责要求，还有强烈的公众期望，相对于普通公民，他需要承担更多责任和义务，受到更多的规范和约束。他们的个体行为（既包括公共行政行为也包括个人的私下生活行为）的自由选择度也必然受到相应法律法规和行政道德的约束和控制，即对公权力而言"法无授权即禁止"。公务员不仅要谨慎运用权力，更要保护公民权利的实现。

4. 公务员职业的保障性。我国《公务员法》明确规定了公务员享有的一系列权利和社会保障措施，同时公务员的各项福利待遇以及工资收入也比较优越。在我国，公务员职业受到广泛的社会尊重，职业地位较高。

第三节　确立职业意识

众所周知，"公务"一词有两个基本含义：一是指公共事务；二是指公共服务。而公务员作为公务的承担者就是"公务人"。公务人具有以下特征：第一，公务人从事的是公共事务；第二，公务人从事公共事务的手段是管理和服务；第三，公务人从事公务的目的是为了公共利益。那么，公务员应该扮演何种角色呢？库珀指出，公务员是"特别负责任的公民”，应“一切以公众的福利为重”，只要选择了这一职业，就“必须准备为公众而献身”。[①] 事实上，公务员作为社会公共利益、公共秩序的维护者，他首先要拥有一种为公共利益做出自我牺牲的精神，在具体的行为中贯彻克己利人的原则，这一点是东西方文化共同倡导的“黄金定律”，其合理性不言自明。[②]

公务员作为行使国家公共权力，履行国家公职的“公务人”，应该对自己的职业属性、职业特点、职业要求有明确的认知，进而形成正确的职业意识，如此才能在正确职业意识的指导下实施职业化行为，并适时调整自己的行为，避免行为偏差，维护社会公共利益，实现自己公务生涯的最大价值。结合我国公务员职业意识方面存在的问题，必须正本清源，在此基础上塑造正确的职业意识。具体来说，可以分为两个层面实施，一是思想层面，二是实践层面。

一、职业意识的确立与生成

1. 转变“官念”，形成职业意识

所谓“官念”即官本位意识。官本位有三层含义，一是一般意义上的广义的官本位，它指的是在社会运行与调整过程中，以官员阶层的意志和利益作为轴心的社会权力结构；二是现实意义上的狭义的官本位，政治权力垄断一切资源，国家（政府）无所不能和以政治身份划分社会地位，在一定程度上忽略作为国家主人的公民之经济、政治权利为主要特征的政治体制和法律制度；三是作为价值观念形态的官本位，其内容和本质特征是以官阶的有无与大小作为判断衡量人的价值的根本标准。就本质而言，官本位体现着政治关系上的集权、社会结构上的失衡、社会调整上的人治。官本位是官僚阶层得以形成和生

---

① ［美］特里·L.库珀.行政伦理学：实现行政责任的途径【M】.北京：中国人民大学出版社，2001：15.

② 张康之.寻找公共行政的伦理视角【M】.北京：中国人民大学出版社，2002：217.

存、官僚主义得以滋生和蔓延的土壤,是社会政治、经济腐败的温床。[①]官本位在政治领域主要表现为官僚主义、集权主义和特权主义,"高高在上,滥用权力,脱离实际,脱离群众,好摆门面,好说空话,思想僵化,机构臃肿,人浮于事,不讲效率,不负责任,互相推诿,以至官气十足,打击报复,欺上瞒下,专横跋扈,循私行贿等等";[②]在文化领域里表现为专制主义作风和价值观念上的"唯官、唯大、唯上";在政治心理方面存在严重病态,表现出唯上是从的投机心理、唯官是尊的官本位心理、唯权是用的寻租心理、明哲保官的庸人心理、急功近利的虚荣心理、官至富随的逐利心理等。[③]

针对我国公务员"官念"意识严重、职业意识淡薄的现状,要求我们必须从职业的角度来审视公务员的公共管理活动,把公务员的公共管理活动看作一种职业活动,相应地,也就把从事公共管理职业活动的公务员看作职业活动的从业者,以此,"使他们完全放弃任何特权意识,进而在平等的基础上获得普遍的服务精神。"[④]江泽民曾对公务员的权力观和地位观做过精辟的归纳,即代表人民掌握和行使权力,权力是人民给的,权力用来为人民服务,权力的行使须置于党和人民的监督之下。对待权力如此,对待地位也应如此,地位要求更多的责任担当,即"职位不是官位,职权即是职责"。

要真正转变"官念",必须放弃当官发财的思想,在公务员队伍中形成普遍的"职业"意识。要把"公务员"作为一种"职业"来看待,并进行正确的职业定位,即公务员是接受人民委托,为社会、为公众提供公

---

① 贺永祥.基于服务型政府建设的中国公务员职业化研究【D】.湘潭大学硕士论文,2007:22.

② 邓小平.邓小平文选(第2卷)【M】.北京:人民出版社,1994:327.

③ 黄训美.公务员健康政治心理的培养【J】.中国行政管理,2006(2).

④ 张康之.论作为职业活动的公共管理——公共管理伦理学视角中的公共管理活动【J】.北京行政学院学报,2003(4).

共服务的仆人，扮演着为公众和公共利益服务的社会角色，不是那种充当管制者高高在上的角色。要从期望为社会做出贡献和实现个人人生价值的角度去理解自己的职业，而不是仅仅基于工资收益和公职保障的基础上；要真正树立公共服务和公共责任的理念，奉行“忠于党和国家、忠于人民、忠于职守”的职业精神，把为社会民众提供公共产品和公共服务作为自己的职业宗旨，把维护公共利益作为自己社会生命的实现途径，使择业者一旦成为公务员，就能把职业当作事业，为社会发展作出贡献。同时要树立正确的权力观。公务员作为国家和社会的管理者，手中握有或多或少的权力，能够办理许多平民百姓难以办到的事情。权力运用得当可以为官一任造福一方，权力运用失当，则可为官一任“造福一帮”，祸害一方。因此作为公务员必须认识到这些权力背后的义务和法律责任，正确行使自己手中的权力。自觉坚持以“三个代表”的思想要求自己。具体而言，在管理理念上实现由“管”字当头向“服务为本”转变，强化“管理就是服务”的意识；在管理文化上实现由“官本位”向“民本位”的转变，强化“纳税人第一”、“服务是公务员天职”的意识；坚持做到权为民所用、情为民所系、利为民所谋、心为民所操，坚持为人民尽心竭力办难事、诚心实意办实事、运筹帷幄办大事、持之以恒办好事。只有如此，才能做让人民满意的公务员。

公共管理职业活动都会掌握和行使公共权力，权力本身就是社会等级化的产物，权力的行使也必然包含着和倾向于造成人的不平等。最起码，会使人滋长起不平等的意识，会使掌握和行使权力的人产生优越感。在以往的社会治理活动中，这一点是不言而喻的。但是，对于公共管理者的职业活动来说，首先要克服的，恰恰是这一点。只要公共管理者存有哪怕一点点优越意识，都会使公共管理活动的性质异化，从而使公共管理者自己的社会生命发生异化。

2. 以“公共服务者”定位自己

公务员是以服务于国家、社会和广大人民群众为宗旨的国家行政工作人员。他们的公共权力来源于人民的委托，是用来为人民服务的，所以公务员的定位应该是“公共服务者”。公务员的公共服务者的定位并不是根源于他们善良的意志，而是由公共行政基本属性所决定的，也是人类社会治理模式演进的必然趋势。在政府和社会的两极之间，社会的期望是希望政府提供有效和优质的公共服务。[①] 把公务员定位于“公共服务者”，是社会发展的客观要求。公务员作为“公共服务者”的本质是服务和奉献，其行政是为了满足广大人民群众的期望和需求的行动、过程和结果，其工作是为了保障人民群众的利益。这一点正如库珀所言：“行政人员不是简单地为自我实现而工作，而是以增加公共福利的方式为公民服务，他们是公民利益的忠实代表，一切以公众的福利为重。也就是说，不管是谁，只要你选择了公务员这一职业就必须准备为公众利益献身。”[②]著名行政管理学家张康之则认为：“行政管理活动中的服务价值取向，要求行政人员必须树立服务意识、合作意识，而这种服务价值取向是历史地生成的，是适应后工业社会中人们交往的扩大化、社会化和多样化的结果。因此，它是一种‘客观精神’。行政人员按照这种精神来塑造自我，并通过行政行为把它内化为一种信念、信仰。”[③]因此，作为“公共服务者”的公务员必须具备自觉的服务理念，有为人民群众提供热情、周到、主动的服务欲望和意识。这种服务的意识发自“服务服务者”的内心，是“公共服务者”的一种本能和习惯，是热爱祖国、服务人民、无私奉献的精神和品质的直接

① 张康之. 公共管理伦理学【M】. 北京：中国人民大学出版社，2003：64.

② [美]特里·L. 库珀. 行政伦理学：实现行政责任的途径(序)【M】. 北京：中国人民大学出版社，2001：15.

③ 张康之. 论行政人格的历史类型【J】. 江海学刊，2004(6).

体现。

3. 以“服务公共利益”为宗旨

公务员队伍是个特殊的职业群体，扮演的是一种代理人角色，手中掌握着由人民让渡而来的公共权力。公务员对公共权力的运用是为了维护社会公共秩序、增进社会公共利益，而不能用来为行政人员谋取私利。在公共权力领域，公务员只有在他的行政行为中始终贯彻这一宗旨时，他才是合格的职业人。新公共服务认为，“公共行政官员必须促进建立一种集体的、共同的公共利益观念。这个目标不是要找到由个人选择驱动的快速解决问题的方案，确切地说，它是要创立共同的利益和共同的责任。”[①]此外，公务员必须让自己的意志、利益与行为尽可能地符合全体公共权力所属者的需要和意愿。必须表达公共意志，维护公共利益，将公共服务精神贯穿于在他的职业行为，最终形成一种角色习惯和角色品质。公务员作为独立的个体，他们有自己独特的意志和个人的利益。在行政实践中，公共意志和公务员的私人意志之间难免会发生矛盾。但是作为公务员必须表达公共意志，代表广大人民群众的利益，切实保障公共利益的实现，拒绝私人意志对公共行政的消极影响，更不允许有凌驾于公共意志之上的“长官意志”的存在。因为“公共领域是权力作用的领域，权力如果不是从属于公共利益的要求，而是从属于个人利益的要求，就会变质，就会成为腐败的工具，就会制造不平等，就会破坏社会公正”。[②] 所以，“在公共管理中，服务就是善，就是社会治理全部道德价值所在，公共管理者的一切职业活动都应当是对这一目标的追求，他只有把对服务价值的追求作为自

---

① ［美］罗伯特·B. 登哈特、珍尼特·V. 登哈特. 新公共服务：服务而非掌舵【M】. 北京：中国人民大学出版社，2004：65.

② 张康之. 论行政人员的自主性【J】. 南京社会科学，2002(3).

己的行为指针，才与他的职业是相称的。”[①]邓小平同志提出的“领导就是服务”，江泽民同志提出的“三个代表”，胡锦涛同志提出的“立党为公、执政为民”，这些都是要求公务员必须具有公共意识，有为公共利益而献身的职业精神。

4. 以恪守责任为要义

从责任的归属来看，公务员的责任主要有三种，分别是行政责任、法律责任和道德责任。行政责任主要存在于行政组织的层级、机构、部门之间，法律责任主要存在于行政管理的主体和客体之间，道德责任主要是公务员职业活动的道德规范，内化于公务员个体心中的行为规范和准则，它属于责任的最高层级。理性的公务员的职业活动，就是不断地把行政责任、法律责任转化为道德责任，形成公务员行政活动中的道德自觉，通过公务员的内在信念而发挥作用。这一点正如张康之所说，“德性的生成过程，即道德责任义务内化的过程。”[②]在这一内化的过程中，过滤掉官僚主义形式主义等种种不负责任的动机，剩下尽职尽责的职业品质，并在职业活动中达到自主自由的境界。

5. 以依法行政为准则

公务员是社会事务的管理者和决策者，他们的法治观念和法律素质直接决定着其行政行为的合法性，决定着依法行政的水平。对于公务员而言，依法行政，不仅需要知法懂法，更需要对法律信仰，对法律敬畏，对法律尊崇。作为公务员，在具体的职业活动中一定要以依法行政为准则，不为权、不唯上、只唯法；从法律的角度去思维，依法行政，在法律之内而不是在法律之外。为此，行政执法类公务员必须做到每年定期或不定期地参加法律知识学习培训，着重学习与本职工作

① 张康之. 公共管理伦理学【M】. 北京：中国人民大学出版社，2003：319.
② 张康之. 公共管理伦理学【M】. 北京：中国人民大学出版社，2003：261.

相关的各项法律、法规和规定等，提升自身法治行政观念，自觉做到依法行政。

二、职业意识的培养与强化

对职业意识的培养是一个复杂、渐进的过程，不会一蹴而就，采用教育培训灌输是一种方法，但仅仅依靠这种方法是远远不够的，必须辅之与实践，通过实践强化职业意识，在实践职业意识的过程中使之强化并加以固化，继而成为自己行动的指南，真正做到“权为民所用、情为民所系、利为民所谋”，切实为群众排忧解难，解决实际问题。大量事实证明，实践是培养、强化和固化公务员职业意识的一个有效途径。公务员的职业意识只有不断地在日常工作中加以践行，才能积久成习，逐渐内化为一种自然而然的思想意识、思维习惯与行为方式。现在有一些机关单位已经开始尝试有计划地把公务员选派到一线去经受锻炼和考验，通过深入基层，深入群众，真正了解人民群众的愿望和要求，在为人民群众解决实际问题的过程中培育自己的角色意识，明确自己公共服务者的职责，体现公务员职业精神的真谛。

第十一章　提升职业素质

公务员是国家和社会活动的组织者、管理者，作为事实上的行政主体，其职业素质的高低不仅会对其决策产生直接影响，而且会影响国家社会的发展，甚至影响一个国家的国际竞争力。因为依法行政从来就不排除公务员的主动精神，不排除公务员的发挥创造性和积极性，公务员必须也应该根据自己的判断以最好的方式完成法律的目的。因为“徒法不能自行，任何法律都应假定执行人员存在，法律是否发生效果，以及效果如何，取决于执法人员的素质及其责任心和创造性。”[①]

第一节　公务员职业素质概述

一、职业素质概览

职业素质的最早提出者是 San Francisco，在其著作《职业素养》中他这样定义职业素质：职业素质是人类在社会活动中需要遵守的行为规范，是职业内在的要求，是一个人在职业过程中表现出来的综合品质。职业素质具体量化表现为职商（英文 career quotient 简称 CQ），它体现一个社会人在职场中成功的素质及智慧。中国知网（CNKI）将

① 王名扬．美国行政法【M】．北京：中国法制出版社，1995：546.

职业素质定义为:职业素质是指职业内在的规范和要求,是在职业过程中表现出来的综合品质,包含职业道德、职业技能、职业行为、职业作风和职业意识等方面。

职业素质涵盖的内容非常广泛,"素质冰山"理论认为,个体的素质就像水中漂浮的一座冰山,水上部分表现为知识、技能等,水下部分表现为动机、特质、态度、责任心等。水上部分显现的是表层特征,属于显性职业素质,水下部分表达的是本质特征,属于隐性职业素质。前者虽然直观,但是据此还不足以区分一个人工作的绩效优劣;后者尽管较为隐蔽,却是决定一个人行为的关键因素,据此可以鉴别绩效优秀者和一般者。

把职业素质看成是一座冰山:浮在水面以上的部分大约有八分之一,它代表一个人的形象、资质、知识、职业行为和职业技能等方面,这些可以通过专业考试来验证,也可以通过各种学历证书、职业证书来证明。这一部分属于显性的职业素质,具体实在且能够看得见、摸得着,而隐藏在水面以下的部分大约占整体的八分之七,它代表一个人的职业意识、职业道德、职业作风和职业态度等方面,这一部分属于隐性的职业素质,无法通过考试和相关证书来印证。显性职业素质和隐性职业素质共同构成了一个人所应具备的全部职业素质,其中,显性职业素质是隐性职业素质的外在表现,而隐性职业素质决定、支撑着外在的显性职业素养。概括地说,职业素质包含以下四个方面:

一是职业意识,二是职业道德,三是职业行为习惯,四是职业技能。前三项属于一类,我们称之为职业素质中的根基,它是一个人的世界观、价值观、人生观范畴的产物。从出生到退休或至死亡逐步形成,逐渐完善。第四项属于一类,它是支撑职业人生的表象内容。职业素质可以通过学习、培训来获得。比如,计算机、营销、医学等这些职业技能范畴的技能,可以通过一定的时间令我们掌握入门技术,在实践运用中日臻成熟进而成为某一领域的专家。关于职业素质四项内容的关系，有人用大树理论进行了形象比喻。每个人都是一棵树，根系是一个人的职业道德、职业思想和职业行为习惯，枝、干、叶、茎则是一个人的职业技能，一棵树要想枝繁叶茂，成为参天大树，首先必须根系发达。组织的人力资源开发与管理实践也印证了这一比喻，他们在衡量一个人的时候，通常会将二者的比例以 6.5∶3.5 进行划分。这也就是说，如果一个人基本的职业素质不够，比如说忠诚度不够，那么技能越高，其隐含的危险越大。正所谓本事越大，破坏性越强。

二、公务员职业素质的构成

职业素质是公务员整体素质的重要内容。公务员除了应具有一般职业人所遵循的基本职业素质，如正直、守信、忠诚、公平、关心并尊重他人、追求卓越、承担责任等以外，还要在思想、语言、行动上模范遵守基本社会公德，具有公务员职业所特有的职业素质。美国学者詹姆斯. S. 鲍曼在其《职业优势：公共服务的技能三角》一书中提出公务员必备的三种基本素质，即道德品质、专业技术知识、领导能力。结合我国的国情和公务员队伍的实际情况，我们认为，公务员的职业素质主要由以下几个方面构成。

1. 政治立场

所谓政治立场，是指从一定的阶级地位和阶级利益出发，对待社会制度、法律制度和社会意识形态的根本态度，是政治思想与政治行为的统一。对于我国的公务员来说，坚定的政治立场就是指他们坚持中国共产党的路线、方针和政策，忠于党、忠于国家、忠于人民、忠于社会主义事业。

2. 人文关怀

人文关怀是指对人类自身的存在和发展中所遇到的各种问题的关注、探索和解答，具体表现为对人的生存状况的关注，对人的尊严和符合人性的生活条件的肯定，对人类解放和人的自由而全面发展的追求等等。人文关怀体现的是一种人文精神，强调关心人、爱护人、尊重人。我国强调以人为本，解决群众最关心、最直接、最现实的利益问题以及他们思想上的种种疑虑与困惑，就是人文关怀的深度体现。对于公务员来说，人文关怀不仅是一种德性，更是他的职业本性所决定的责任和义务，是必要的承当。公务员是公共权力的执掌者，无论他在公共权力的授权体系中处于何种的位置，也无论他执掌的权力是大还是小，一旦与权力联系在一起，他就同时拥有了人文关怀的责任和义务。人文关怀在公共管理中不是美德，而是责任和义务。因为，一切与权力联系在一起的美德都必然表现为恩赐和赠与，但作为责任和义务，则是一种客观要求，是必要的承当。虽然人文关怀作为道德责任和义务，来源于公务员的自觉，是他自觉的责任和义务，但当这种责任和义务发生在公共管理活动之中的时候，则是一种必要的承当，而不是取决于公务员的主观意愿，他必须承当这种责任和义务，如果他逃避承当这种责任和义务，他就会失去了作为公共管理者的资格。具体来说，就是把工作的出发点和终极关怀都落实到人类的生存和发展上，把责任和义务体现在运用权力开展的每一项事务中，真正做到“权为民所用，情为民所系、利为民所谋”。

3. 依法行政

依法治国是民主政治的基本要求，而依法治国的关键是依法行政。依法行政的核心内容是规范行政权力，是依法治官，依法治权。依法行政的基本要求表现为，一是合法行政。合法行政要求公务员必须服从法律、遵守法律，执行国家意志，而不能按照个人意志办事。二是合理行政。行政机关有很大的自由裁量权，自由裁量权的行使不仅要合法，而且要合理、正当，具有理性。三是权责统一。有权力就必须承担相应的责任。四是程序正当。程序是保证法律正确行使的必要条件。

4. 职业操守

职业操守或称职业道德，就是被社会广泛认可的同人们的职业活动紧密联系的，符合职业特点所要求的道德准则、情操与品质的总和，它既是对本职人员在职业活动中行为的要求，同时又是职业对社会所负的道德责任与义务。公务员的职业操守表现为：忠诚积极、勤政为民、秉公执法、清正廉洁、务实高效以及奉献社会。

第二节　公务员职业素质问题审视

公务员承担着依照法律的规定行使国家行政权力，履行管理国家公共事务、服务公众的职责。对内而言，包括国家的正常运转、社会秩序的维持、公共安全的保护、公民福利的保障等；对外而言，包括国家的外交、在外国的本国公民权益的保护以及在外国的本国公司利益的维护等无不依赖于公务员的公职活动。因此，公众期待公务员行动上是杰出的，品德上是高尚的。[①] 从现实来看，我国公务员的所作所为究竟符合不符合公众的期待呢？

根据我国《国家公务员行为规范》，要求公务员要政治坚定、忠于国家、勤政为民、依法行政、务实创新、清正廉洁、团结协作、品行端正。同时《国家行政机关工作人员贪污贿赂行政处分暂行规定》对公务员有哪些"不可为"行为做出了规定。那么，我国公务员的行为表现究竟如何呢？自《国家公务员暂行条例》颁布已经过去了十几年，应该说，在这十几年中我国公务员队伍的整体素质有了很大提升，表现在，文化程度大大提高，管理能力明显增强。但是，也应该看到，由于公务员队伍中有一部分是原政府工作人员过渡而成，加之公务员教育培训的不到位等原因，一些公务员的职业素质还有待提高。

---

① 张丽珍.公务员精神培育的伦理路径：角色把握、职责担当、合作定位【J】.行政与法 2007(11).

一、知识结构存在缺陷

现代公务员的知识结构应该是T型的，即广博的基础知识、适用的辅助知识和精深的专业知识的有机结合体。[①] 因此，公务员在具备了政治哲学、历史地理和语言文学等通用知识的同时还必须掌握与本岗位密切相关的业务知识，如法律、经济、行政、管理等科学知识。但由于职业教育在我国起步较晚、发展也比较缓慢，公务员的知识结构尚未实现多样化。表现在：一是知识面不广。目前高学历公务员的比例较以前有了大幅度的提高，但文凭不等于水平。拥有高学历的公务员也大多只受过单一的专业教育。据有关问卷调查表明，就公务员所学专业来说，系统学习过两个专业以上的为数极少，很多人缺乏从事行政管理工作所需的多方面知识。二是知识老化。公务员比较系统的知识和训练主要停留在原有的"学历教育"阶段，但原有的知识已经相对陈旧了，难以适应新形势下的新要求，普遍存在一个知识更新、继续教育的问题。三是管理知识普遍薄弱，其中学过行政管理专业知识的只占极少数，与政府事务管理相关专业毕业的也不多，不少人缺乏现代管理知识、领导科学知识和法律知识。

二、执政能力短板

目前，仍有一些公务员的思想观念不能适应经济社会发展的需要，双腿已迈入市场"微"时代，脑袋还停留在过去，固守于传统的工作方式和行为方式。随着政府政务公开的推行，网络问政，电视问政日渐流行且越来越成为问政的新形式，而在这些方面，一些官员却表现出了"短板"。2011年10月，"红网"发布一份"迟来的报道"：重庆市去年对一千多名领导干部进行的调查显示，在"与网民在线交流有哪些顾虑"调查选项中，21%的人担心"说错话表错态"，42%不能接受"网

---

① 张小龙. 国家公务员录用考试专用教材申论【M】. 北京：京华出版社，2011：4.

民谩骂和嘲讽”，12.6%担心“当面举报和质疑而难堪”。官员的这种“网络不适”，表明其执政能力出现了短板。当然，官员执政能力短板还不仅限于此，更为突出的表现是公共事件应对乏力。无论是“郭美美事件”还是“故宫连环剧”，乃至一些地方特大突爆的群体性事件，都带有“回应粗糙简单、有辱民众智商”的意味。其实，很多时候，不是不愿说、不敢说，而是不会说不知道如何回应，因为很多部门的释疑回应都是沿袭传统套路的，即“单向行驶、我说你听”。殊不知，在公众知情权意识不断增强、独立思考能力不断提高、公共情怀不断加强的背景下，仅仅以一个简单的、笼统的释疑来回应公众是远远不够的，反而会激起民众更大的质疑和不满。随着社会的日益开放，面对公众的知情需求，政府部门和相关官员必须抛弃简单粗暴、有意无意敷衍应付的方式，从公众的立场、角度、思维和诉求去考虑，做到“民有所疑，权必答之”，如此释疑回应，才可能用严密的逻辑、缜密的证据来支撑权威的话语，才能构建起真相大厦下面的信任支点，才能将公共危机的气球刺破而不会继续吹胀。

三、唯上不唯下

一些公务员不认为自己的权力是人民赋予的，而是上级领导给的，因此造成了这些公务员“唯上不唯下”，脑子里想的都是自己的仕途、业绩，全然不把对国家和人民应尽的责任放在心上。武汉市人事局课题组就全市公务员素质进行的调查问卷中，“要制定面向广大市民的服务政策时，你优先考虑的排序是——”，结果有65.36%的公务员选择“依照上级的相关指示”、44.14%的人选择了“如何让老百姓满意、获得方便实惠”、“如何节省成本，使政府花最少的钱办最大的事”占39.79%。[①] 这表明，在一些公务员的心目中以及工作实践中，并未

① 资料来源：中共武汉市委党校课题组．提高公务员公共服务能力推进和谐武汉建设【J】．长江论坛，2007(5)．

把满足老百姓的利益需要放在首位，而是把与自己个人利益紧密相连的上级放在了首位。

四、权力傲慢

当前，一些公务员的“权力至上”意识依然很严重，始终抱持“唯我独尊”、“民意奈我何”的习惯思维。办事衙门作风，“门难进、脸难看、人难找、事难办”，对群众趾高气扬、指手画脚，态度生硬，办事之前，送请在先。办事环节众多、办事程序繁琐、部门之间互相扯皮，更有甚者直接上升为野蛮行径——体罚、截访、跨省追捕。2010 年 6 月 11 日 18 时 40 分，安徽省马鞍山市花山区旅游局局长开车蹭到了一名中学生。事情发生后，这个局长停下车子走出驾驶室，他并不是向学生道歉，而是打了这位中学生一个耳光，声音之响，“对面 50 米处都能听到打巴掌的声音”。而此时，车上一位女士不但没有劝架，反而说：打得好！由此激起了周围群众的不满，大家将该局长和肇事车辆——一辆黑色广州本田围起来不让其离开，该局长却说：你们知道我是谁吗？我是领导！此话一出，顿时激怒了周围群众。围观的人数从几个、十几个，迅速升至几百、几千，直至整个大街堵得水泄不通……[①]这是 2010 年 6 月 11 日发生在安徽省马鞍山市湖北东路大润发卖场附近的一起交通事故，肇事者系马鞍山市花山区旅游局局长汪国庆，事件中的这名女士是就职于花山区核算中心的“局长夫人”。汪局长的官本位思想何其严重，在他看来，当官就有随便打人的权力，就可以为所欲为。他没有意识到自己的权力是人民赋予的，他们的职责应该是全心全意为人民服务而不是凌驾于人民，凌驾于法律之上。河南南阳市市民，仅仅因为在“书记市长留言板”上指责该市交通整治成为罚钱行动，旋即遭

---

① 见网易新闻“安徽一局长打人后称‘我是领导’，市委书记将其就地免职”，2010-06-13.

到当地公安部门的警告:将密切关注你的煽动性言论是否造成不良社会影响再视情处置。贵州一女教师遭官员凌辱,警方居然称"戴避孕套不算强奸"。中国社会科学院农村发展研究所教授于建嵘发微博称在受邀去江西讲课时号召党员干部不要去拆老百姓房子,遭江西万载县书记批驳:"我们县委书记不拆迁,你们知识分子吃什么?"宜黄县某政府官员则更为豪气冲天:"地方政府为实施地方发展战略,强拆更在所难免,否则,一切发展免谈。没有强拆就没有新中国!"重庆江津区区委书记:"你知道重庆为什么打击黑恶势力不?你知道什么叫恶不?跟政府作对就是恶!"浙江仙居欠债的官员:"我躺下来都比你高!那么多案子不办找我干吗?欠钱的又不止我一个,你们先把别人的账要回来再说!"再如,"你知道我是谁吗?我是北京交通部派下来的,级别和你们市长一样高。你们这些人算个屁呀!敢跟我斗,看我怎么收拾你们!"海口市一家无软件企业资质证书、中标前无缴纳社保资金记录、无缴纳营业税记录、无办公地点、无联系方式的"五无"公司,在注册成立后四个月内连续在政府采购中中标。面对采访记者提出的多次疑问,海口市政府采购中心主任闪烁其词之后,最后竟说"要将记者关在会议室监控起来"。另据财经网站报道,2010 年 3 月 7 日,《人民日报》旗下《京华时报》女记者刘杰向参加"两会(全国人大和全国政协年会)"的李鸿忠(时任湖北省省长)追问对"邓玉娇案"的看法,李鸿忠先是不悦离去,后又返回质问刘杰是哪个媒体,在刘杰说出自己属于《人民日报》时,李鸿忠斥责说:"《人民日报》?你怎么老纠缠这个事情,已经过去了,我要给你们社长讲。"接着,李鸿忠一把抢走了刘杰的录音笔,径直走进电梯。当天下午,湖北代表团工作人员把录音笔还给刘杰,但没做任何道歉。① 以上这些雷人的话语、荒谬的做法折射出

① 资料来源:中国网 2010-10-11.

了某些公务员的至高无上的“官本位”思想观念和权力的傲慢、霸道和蛮横的气息。

五、官员形象危机

“2012 年,官员形象危机处于高位状态,危机事件高发、易发,官员形象的形势更加严峻”。中国人民大学危机管理研究中心主任唐钧主持的《官员形象危机 2012 年报告》即将发布。该报告同时列举了村干部、基层官员、高层官员、执法官员以及准官员 5 个高危群体所面临的形象危机,同时对相应的危机事件特征进行了逐一分析。唐钧告诉记者,新媒体时代下信息传播的速度和广度都发生了变化,官员形象、政府形象的维护都面临巨大挑战。

2012 年官员形象五大高危群体①

群体	危机	特征
村社区干部	涉黑	曝光频率高、持续时间长、手段繁多、情节多样
	贪腐	金额巨大、利益牵扯涉面广泛、组团贪腐增多
	贿选	对象主要是当地村民,恐吓、殴打、阻碍其贿选的村民
基层官员	贪腐	曝光金额巨大、组团贪腐增多、持续时间长、作案次数多
	懈怠	不作为
	狂妄	表现形式多样、“官二代”基层官员作风狂妄问题凸显
高层官员	知法犯法	犯数罪、手段恶劣、程度恶劣、国内外影响恶劣
	集中落马	举报密集、数量密集、处置速度快
	家属问题	家属违法、仗势欺人
执法官员	硬碰硬	阻碍执法人员处理现场、冲击市政府
	牟暴利	涉案数额大、基层执法官员贪腐比例高
	执法欠规范	暴力执法、钓鱼执法、选择性执法
准官员	滥权	问题严重(贪污受贿、利用优势地位侵犯消费者权益)
	缺德	缺乏职业道德,服务质量不高;缺乏个人道德,言行作风不当。

① 官员形象危机报告出炉,不雅事件成最短导火索【N】. 检察日报 2013.01-08.

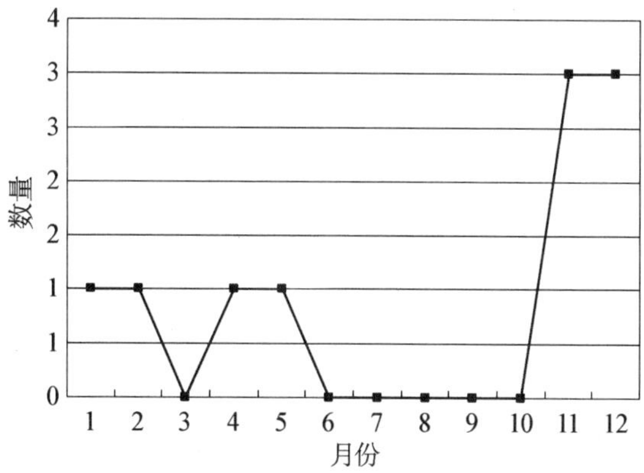

2012 年官员不雅事件数量趋势图[①]

概括地说，公务员队伍中仍然不乏不思进取得过且过，漠视群众，服务态度冷漠，作风生硬、蛮横、粗暴等现象，有些公务员“个人主义突出，形式主义、官僚主义严重”，一些公务员“脱离群众、脱离实际，不讲原则、不负责任”，一些公务员的“宗旨意识”、“法治意识、纪律观念淡薄”。[②] 一些公务员没有充分认识到自己手中的权力来源于人民，需要对人民负责，受人民监督，以至于在回应社会、满足社会要求方面仍然存在很大的偏颇。这些问题的存在“削弱了党的创造力、凝聚力、战斗力，损害了党和国家同人民群众的血肉联系”，[③]因此，加强公务员自我修养，提高职业素质就成为迫在眉睫的任务。

---

① 官员形象危机报告出炉，不雅事件成最短导火索【N】. 检察日报 2013.01－08.

② 中共中央:《中共中央关于加强和改进新形势下党的建设若干重大问题的决定》，2009－9－18，见中华人民共和国中央人民政府网 http:www.gov.cn/jrzg/2009－09/27/content--1428158..htm.

③ 中共中央:《中共中央关于加强和改进新形势下党的建设若干重大问题的决定》，2009－9－18，见中华人民共和国中央人民政府网 http:www.gov.cn/jrzg/2009－09/27/content--1428158..htm.

第三节　公务员职业素质六项修炼

马克斯·韦伯说过："在现代国家中，政府能使其真正发挥效力的，既不在于国会的辩论，也不在于皇帝的敕令，而实际在于有关日常生活的行政事务的推行。这些事务都掌握在公务员的手中。"①由此可见，政府效力的发挥源自公务员，而公务员的行政效果又与其职业素质高低直接相关。然而，组织对于公务员职业素质的修炼是难以进行强制规定的，职业素质修炼更多地体现公务员的自律上，组织只能对公务员的职业素质修养进行引导，帮助其在良好的氛围下逐渐形成良好的职业素质。

一、职业素质自我锤炼

1. 坚守公共价值观

价值观是人们角色定位和行为选择的内在依据和行为导向，是行政人员首先依托的内部控制资源。特里·L.库珀曾经说过："价值观是我们应该拥有的一种信仰类型，它比其他的信仰类型更为基础；它是我们信仰系统中的核心，也因此是我们的'态度'。价值观就是关于我们该如何去做的信念。"②张康之认为，"基于行政人员是一个特殊的职业群体和这个职业特殊性，我们促使对公共权力公共性的信仰的生成，只有建立起这种信仰，我们才能在公共行政区中获得廉洁、公正的行政行为。"③对于公务员来说，一旦公共价值观被接受并作为自己选择和行为的指南时，他就可以从这种公共信仰中寻找依据和力量。这

① 转引自：谭功荣. 公务员制度比较研究【M】. 重庆：重庆出版社，2007：1.

② [美]特里·L. 库珀. 行政伦理学：实现行政责任的途径【M】. 北京：中国人民大学出版社，2001：75.

③ 张康之. 公共行政中的哲学与伦理【M】. 北京：中国人民大学出版社，2004：283.

一点正如弗雷德里克森在《公共行政的精神》一书中所描述的那样，“如果没有乐善好施，公共行政仅仅是一种政府的工作。如果有了乐善好施，公共行政便有了意义，远远超出了做件好事的范畴，我们所做的工作因此而显得尊贵。并非所有的乐善好施的公共行政均能得到人们的理解与欣赏，当公共行政官员处在一种对官僚制持强烈批评态度的氛围之下时，我们容易感到受排挤。在这种情况下，公共行政的精神受到削弱。然而，公共行政的乐善好施依然是构成我们领域的基石，是我们工作的支撑点”。①

2. 强化法律意识

法律意识是人们对于法和有关法律现象的观点、知识和心理态度的总称。公务员的法律意识对其实施行政行为具有重要作用。公务员强化法律观念和法律意识，其目的在于使其从内心对法产生信任和尊重，增强守法的自觉性和主动性，尤其是程序意识。当公务员产生了自觉守法的意识时，便能将工作置于法律约束之下，在实施公务行为的过程中潜移默化地运用法律，使法律自然顺畅地发挥作用，做到依法行政，达到相应的行政效果和维护相对人权利的目的；反之，如果公务员法律意识淡薄，没有形成自觉守法、用法的法律意识，在工作中难免生搬硬套法律规范，其行政行为就容易产生偏差甚至违法。因此，公务员在职业素质修炼过程中必须加强对法律意识的培养，知法守法，以此实现依法行政，提升职业化水平。

3. 形成独立自主的行政人格

进入20世纪80年代，一种新型的服务行政模式开始取代管理行政而成为社会治理的一个基本途径。服务行政以服务作为自己的最

---

① [美]乔治·弗雷德里克森.公共行政的精神【M】.北京：中国人民大学出版社，2003:204.

高价值，在服务行政模式及其体系中，公务员的一切行政行为选择都从属于服务价值，这就要求公务员必须以创新精神、主体意识和积极的服务理念去开展行政管理活动，而这一切又都取决于他是否形成了独立自主的行政人格。公务员独立自主的行政人格主要表现在“他对自己在公共管理活动中思想和行为自由的意识。公共管理者在管理活动中，依法开展自己的社会治理行为，让这种治理行为与公共管理体制、机制和组织行为相协调，是岗位和职务的相对确定性所规定的。但是，公共管理者所受到的这些外在规定并不意味着他可以逃避独立思考和自主行动的责任义务。而且，他还不仅仅满足于把独立思考和自主行动作为一种责任义务来承当，他需要对自己有着更高的要求，那就是在公共管理活动中，对自己的独立判断和自主行动有着充分的自觉，把执行命令、遵纪依法与自己思想和行为上的独立自主有机地统一起来。实际上，这就是要求公共管理者把他自己的独立思考和自主行动提升为他的人格”。① 公务员独立自主的行政人格形成于行政管理的实践过程中。法律、制度不可能穷尽一切事项，不可能覆盖所有行政事务。特别是随着我国经济的高度发展和社会急速转型，会出现很多新问题。这些新问题的解决，仅仅诉诸法律和制度是远远不够的，必须依靠公务员的自主性，凭借其专业知识和伦理道德自主做出判断。法律和制度赋予公务员广泛的行政自由裁量权，因此，公务员在面对各种纷繁复杂的社会问题的时候，既不能墨守成规，表现出极端的保守与僵化的倾向，也不能事事请示上级，唯上是从，而是要形成独立自主的行政人格，在命令、规则和制度面前，表现出充分的自主性，本着为人民服务、对人民负责的精神，合理利用自由裁量权，对他人、社会矛盾做出正确的判断和认识，进而做出正

---

① 张康之.论公共管理者的独立自主人格【J】.东南学术，2003(4).

确的选择。

对于公务员来说，独立自主的行政人格不仅是一种境界，也是一种能力。有了这种人格就可以使公务员对自我、对环境、对他人做出正确的判断和认识，并对自我应当和即刻做出的行为选择做出理性思考，进而获得自强自立地立身于社会生活和职业活动之中的能力。这一点正如张康之教授所言："独立自主让人在对待自我的问题上通过思想、情感和行为的自我节制而实现自尊；在面对困难的时候，表现出勇敢上进、坚韧不拔的勇气；在为人处事中做到平和友善、诚实守信"。[①]

4. 勇于担负责任

责任既是伦理学的关键范畴，也是法学的核心概念。责任自始至终贯穿于行政权力运行的始终，正如美国行政学家弗雷德里克森所言："政府行政的核心问题是责任问题。"[②]公务员能否有效履行责任主要依赖于其内在自觉力量与外在约束力量。我们这里着重探讨公务员的内在自觉力量，即公务员个人的责任意识力量。公务员的责任意识主要来源于公务员个人的良心、责任感和道德水平。如果一个公务员有义务感、责任感强，那么往往不需要过多的外在制约就能自觉地履行责任，相反，如果一个公务员缺乏义务感、责任感，那么即使有严密而强有力的外在制约，也仍然有可能逃避责任。更何况许多事情都存在法律无法进行规范的真空地带，对此更需要依靠公务员的责任意识加以弥补。因此，要使公务员真正承担起责任，最关键的是形成责任意识。"只有树立起高度的责任意识，主动承担起维护公利、服务公众的行政责任，并从内心升起崇高的责任感，才能在行政实践活动中

---

① 张康之. 论公共管理者的独立自主人格【J】. 东南学术，2003(4).

② [美]乔治·弗雷德里克森. 公共行政的精神【M】. 北京：中国人民大学出版社，2003：151.

不断地对外部世界进行思考、对自己的行为进行内省和反思。而这种思考和内省的过程，就是将公共价值信仰不断深化的过程。当公共价值信仰完全生成时，他的行政行为就不再是出于‘畏法律’、‘保禄位’、‘尚名节’的约束，也不是基于责任、良心的‘自我克制’，而是出于对职业信念的追求。此时，他把岗位责任和职务义务内化为自己生命活力的一部分，其行为完全出于他自尊、自爱、自强、自立的需要，变成他生存、工作和学习的内在动力，从而表现出对外部必然性的超越。”①一般来说，公务员的责任意识形成大致要经历以下三个阶段：第一阶段，公务员在行使行政权力时，其行为意识仅仅停留在照章办事上，只是机械、僵化地服从命令。事实上，这种意识只重视过程而不重视结果，只重形式而不重实质，仅仅只是一种表面层次的责任意识，在内质中却不见其“踪影”。第二阶段，公务员开始觉察到人不应沦为僵硬的行政规章制度的奴仆，而应自觉听从行政良心的指引，表现为兢兢业业、恪尽职守地完成自己的工作。第三阶段，公务员着眼于行政价值目标的实现，从根本上意识到行政权力来源于人民授权，行政权力的最终目的也在于为人民谋福祉，一切从人民的利益出发，一切为了人民，一切对人民负责，充分认识到行政行为的内容和目的实质就是维护社会公共利益，把公正、民主、合法、服务社会公众作为工作的信念追求，这是责任意识的最高发展阶段。只有当公务员具有了理性的责任意识，才能更好地在工作中主动追求行政目的的实现。

具体来说，勇于担负责任表现在两个方面，一是自愿承担艰巨的任务，解决困难。二是出现问题后，不找借口，主动承担责任。对责任的承担，本身就包含着创造性的行为，是创造性地把这些责任落实于

① 郭冬梅.行政人格及其塑造【D】.河北师范大学博士论文，2009:28.

行动。易言之,公务员在公共管理实践中不仅是由于一种外在于他的体制向他明确宣示责任的性质、内容和范围,而且更多地取决于他主动地去发现他应当承担的责任,并积极主动地把这些责任作为他在公共管理活动中的动力。

从组织角度而言,组织的每个部门和每个岗位都有自己的职责,但总有一些突发事件,无法明确地划分到哪个部门和哪个人,而这些事情往往还都是比较紧急和重要的。作为公务员,就应该从维护公共利益的角度出发,积极去处理这些事情。就个人而言,一个人只要做工作,就难免出现这样或那样的问题,此时,应该做到主动承担责任,不推诿、不找借口。同时懂得反思,避免同样的错误再次出现。关于这一点,美国西点军校的做法值得学习借鉴。

美国西点军校是人才的摇篮,它培育了一代又一代名将和军事人才,毕业生中有 3700 多人成为将军,2 人成为美国总统,此外,还培养出无数商业上的精英。它是如何取得如此骄人业绩的呢?

西点军校有这样一个悠久的传统,遇到学长和军官问话,新生只能有四种回答:“报告长官,是的。”“报告长官,不是。”“报告长官,没有任何借口。”“报告长官,我不知道。”如果军官问你:“你的腰带这样算擦好了吗?”你当然希望为自己辩解。但是,你只能有以上四种回答,别无其他选择。

没有借口。就是“我错了”并愿意承担自己的过错所造成的后果。西点军校的这种训练方式,是为了让每一个学员懂得:失败是没有借口的。

“没有任何借口”作为西点军校奉行的最重要的行为准则,它强化的是每一位学员想尽办法完成任何一项任务,而不是为没有完成任务去寻找任何借口,哪怕是看似多么合理的借口。其目的是为了锻炼学员适应压力,培养他们不达目的决不罢休的毅力。它让每一个学员懂得：工作中应该拒绝一切借口，失败是没有任何借口的，无论遇到什么情况，都必须学会对自己的一切行为负责！

5. 自觉敬业精业

而今的公务员队伍，都非常注重实效、注重结果，因此敬业精神就成为不可或缺的基本素质。公务员要适应这一要求，就必须具备明确的工作目标和强烈的责任心，带着激情去工作，踏实、有效率地完成自己的本职工作。

美国心理学家经过调查研究发现，一些聪明人之所以事业告败，其原因在于：尽管他们个人才华、学识出色，然而却无法弥补他们态度中最为致命的缺陷——缺乏敬业的投入、缺乏对所在单位的忠诚以及在责任感中激发出来的主动性。反之，许多成功人士则验证了勤奋、敬业对事业发展的重要性。

日本前邮政大臣野田圣子的经历值得回味。

多年前，原日本运输大臣的孙女野田圣子从名牌大学毕业，为了锻炼自己，便应聘到东京帝国酒店当服务员。这是她的第一份工作，因此她下决心一定要干出个模样来。没料想上司给她安排的工作竟然是刷厕所。上司在交代任务时特别强调，必须把马桶清洗得光洁如新。野田圣子自然知道光洁如新是什么意思，所以十分卖劲地刷洗着马桶。

野田圣子刷洗完马桶后，一位前辈前来检查，他没有对野田圣子的工作进行评价，而是要求野田圣子从刚刷洗过的马桶中舀一杯水喝。对此不合情理的要求，野田圣子自然难以从命。这位前辈什么也没有说，而是当着野田圣子的面把她刷洗过的马桶再一遍又一遍地刷洗，直到光洁如新，然后从马桶舀了一杯水，当着野田圣子的面一饮而尽，表情没有丝毫的勉强。

野田圣子恍然大悟，并痛下决心："即使一辈子洗厕所，也要做一个刷洗厕所最出色的人!”从此,野田圣子成为了一个全新而振奋的人,她把厕所刷洗得跟那位前辈一样光洁如新。

正是凭借着这种“即使一辈子洗厕所,也要做一个洗厕所最出色的人!”的精神和干劲,野田圣子最终成长为一个极其出色的人,并且从此踏上了成功之路,在37岁时,成为了日本最年轻的内阁成员——邮政大臣。

6. 锻炼提升执行力

所谓执行力,是指贯彻战略意图,完成预定目标的操作能力,包括完成任务的意愿,完成任务的能力,完成任务的程度。执行力是把组织战略、规划转化成为成果的关键,对个人而言它是办事能力;对组织而言它是战斗力;而衡量执行力的标准,对个人而言是按时保质保量完成自己的工作任务;对组织而言就是在预定的时间内完成组织的战略目标。

16世纪,航海家哥伦布发现了一条新航线,女王知道后,便设宴款待哥伦布,席间请了很多贵族作陪,但是贵族们对哥伦布的伟大发现很是不以为然。当用餐过半的时候,一位贵族便借着酒劲攻击哥伦布:你发现的这条航线,我们以前就知道,这有什么了不起的!众贵族立刻随声附和。对此,哥伦布没做任何反驳,而是拿起一只煮熟的鸡蛋问众贵族,谁能把这个鸡蛋立在桌上。众贵族一个接一个地尝试,但是谁也无法把鸡蛋立在桌子上。

哥伦布拿起鸡蛋,猛地往桌上一磕,鸡蛋稳稳地立在了桌子上。贵族们看看,面面相觑,之后异口同声地说,这个我们也知道。哥伦布听了,不紧不慢地说道:不错,你们都知道,但是,你们却没有做到,这就是成功与否的最大区别。

知道的、想到的和做到的有着本质区别。执行是高效的基础,行动是高效的保证。很多人都会有奇思妙想和宏伟蓝图,如果不付诸行动，一切思想、主张、制度都将流于形式，失去它本身想要达到的最终目的。

执行力体现在六个方面：1. 对战略目标的理解程度；2. 对工作理念的理解深度；3. 对完成任务的热情高涨；4. 对达到目标充满信心；5. 对岗位工作驾轻就熟；6. 对完成结果准确到位。

公务员锻炼提升执行力应因工作岗位不同而有所区别，高层要关注价值，即做正确的事，要反问自己，这件事值得吗？正确吗？中层要关注落实，即正确地做事，讲究多快好省。基层要关注自己的工作，精通业务。

二、修炼职业素质的方法

从根本上说，公务员职业素养的养成更多地体现在公务员的自律上，而良好的自律必须有行之有效的方式方法。

1. 自我节制

自我节制对公务员来说，是一种非常重要的德性和素质。因为权力关系中决定了权力行使中的放纵总是一种普遍现象。因此，公务员在行使权力过程中，如果能够自我节制，就是一种可贵的德性和素质。自我节制表现为“人对自己情欲的合理限制，让情欲从属于理性，而不是对情欲的放纵”。[①] 自我节制是公务员理性地行使权力，实现最为有效地支配他人和支配自我的道德品质和职业素质。亚里士多德曾经说过：“无自制力的人，为情感所驱使，去做明知道的坏事。有自制力的人服从理性，在他明知欲望是不好的时候，就不再追随。”[②]可以说，公务员一旦有了自我节制的德性和素质，“就会勇敢而不鲁莽，谨慎而不怯懦，自信而不自负，严肃而不呆板，谦逊而不猥琐，忠诚而不盲从，

---

① 张康之. 论行政人员自我节制的德性【J】. 上海行政学院学报，2002(4).

② ［古希腊］亚里士多德全集（第八卷）【M】. 北京：中国人民大学出版社，1993：139.

果断而不专横，有追求而不放纵……适时而正确地运用公共权力，不懈地追求增进公共利益的目标。”[①]换言之，就是能够在无人监督的情况下，通过自己要求自己，变被动为主动，自觉地遵循法度，禁制物欲，在公共行政的一切方面进行自我节制。应该说，公务员只有学会并实现了对自我节制，他才能积极应对工作中各种突如其来的变化，从而以职业化的态度和职业化的水准妥善处理各种工作和各项事务。

2. 修身

修身，简单地说，就是使自己的心灵得到净化。修身是公认的各种知识技能内化提高的过程。修身是在自我要求、自我推动、高度自律的状态下进行的知识技能提高、品格锻炼、精神锤炼、才干精进的综合性过程。修身是一种内省和提高自身素质的方法，完全靠人的自觉性，靠本来已经达到一定高度的文化、道德、思想、智慧等素质。修身须以敏锐、探求、客观的眼光来评价自己，以刻苦、坚毅、精益求精的好学精神来充实自己，以严格、积极、规范的科学态度来控制自己的行为，使自己不断得到升华。对于公务员职业化塑造来说，修身既是一种人生态度，也是提高自己职业素质的手段。作为一种人生态度，它完全依赖于公务员对于自己追求卓越的内在动力，而作为一种提高职业素质的手段，则有益于公务员职业能力的提高，以及优良品格和崇高职业精神的形成。如果每一位公务员都能把每天所经历的、所学到的、所做的事情进行反思，将有助于开启智慧，分清是非，增长知识、增强才干，增益品德，促进自身职业化程度的提高。公务员的修身涵盖的内容非常广泛，主要分为五个方面：一是观念，主要指世界观、人生观、价值观和职业精神等；二是品格，主要指志向、胆识、胸怀以及积极的心态、高尚的道德、崇实的品质、优良的性格等；三是知识，主要指专

① 张康之.论行政人员自我节制的德性【J】.上海行政学院学报，2002：4.

业知识以外实现成功所必需的非专业知识;四是能力,主要指思维能力、创新能力、预见能力、学习能力、领导能力、管理能力、表达能力、沟通能力、应变能力、体能等;五是方法,主要指科学的思维方法、正确的学习方法等。这五个方面是相辅相成、紧密联系的。其中,观念是核心,品格是关键,知识是基础,能力和方法是重要方面。①

3. 主动学习

在这个变动不居的时代,唯一不变的就是变化,公务员为了能够适应环境的变化,必须养成学习的习惯,不断地吸收、处理外界信息,洞察环境变化,博采众长,向一切可以学习的人学习,向一切可以学习的事学习。学习的习惯一旦养成,他就会不由自主地把工作与学习联系起来,通过日积月累,知识就会转变成智慧,变成了素质,变成了能力。当然,学习是有技巧的,学习之前先解决好学什么和怎么学的问题。

首先是学什么。学习分为两类,一类是对"有用的学习",即与公务员工作有关的知识、技能的学习,这类学习无疑是必要的,也是重要的,它对公务员职业素质的提升有着至关重要的作用,有时甚至产生立竿见影的奇效。这一类的知识主要包括:一是党的基本理论和路线方针政策。基本理论主要有马列主义基本理论、毛泽东思想和邓小平理论以及"三个代表"重要思想等,学习这类知识的目的在于掌握马克思主义的认识论和方法论,进一步深化对人类社会、自然界等领域的规律性认识,把握事物的发展趋势和内在规律,用正确的理论武装头脑,加强工作中的原则性、系统性、预见性和创造性。路线方针政策的学习也必不可少,这是做好工作的行动指南。二是法律知识。政府是

① 罗建国、廖小磊.建议大学实行"非专业素质教育"【N】.社会科学报,2009-04-02.

法治的政府,依法行政既是法治政府的基本要求也是现代行政管理的基本要求。公务员对法律知识的学习,既包括从事行政工作必须遵从的法律规范也包括作为公民必须知晓的法律法规。通过对法律知识的学习,不仅可以提高自己的法律素质,更重要的是做到知法懂法,严格守法和执法;三是市场经济知识。公务员不仅是市场经济的参与者,更是市场经济秩序的维护者,因此,公务员必须掌握现代市场经济理论,如此才能更好地为社会主义市场经济服务;四是专业技术知识与技能,这是做好工作的必要条件。公务员既然是一种职业,那么作为公务员就必须掌握该职业应该具备的专业技术知识和技能,如,公共管理学、政治学、经济学和现代科技等方面的知识以及各种信息技术,不断拓宽知识面,优化知识结构,把自己培养成知识型、专业型人才,以提高政府的效能和权威,发挥政府在各领域中的积极作用;五是外语与计算机知识技能。随着我国改革开放的日益深入,我国各级政府与世界各国的各种交往也日渐频繁,这就要求我们的公务员掌握一定的外语知识,以加强和推进与世界各国的交往与合作。而信息技术的不断推陈出新,使计算机已经成为日常工作的不可缺少的办公用品,公务员必须掌握一定的计算机知识,才能顺利地开展工作。特别是要学会运用现代化的技术手段处理信息,大力推进电子政务建设,利用网络平台公开政务信息,努力实现政府管理的信息化。六是要在各种学习中注重掌握科学的思维方法和基本的知识技能,要学会如何把知识转化为能力,尤其要在培养创新意识、挖掘创新潜能、提高创新本领上下功夫。

另一类是对“无用的学习”,这一类知识和公务员工作没有直接相关,短期内似乎也看不出对公务员工作有什么影响。那么,这一类学习究竟有没有用呢?我们看一看竹子的生长过程就会豁然开朗了。

有一种竹子,当你种下它的时候,第一年不见动静,第二年依然不见动静，第三年、第四年依然如此，直到第五年，竹子终于长出了一个可怜的小嫩芽，然而，六个月之后，竹子长得超过了100英尺。

竹子花了五年的时间来生根，那些根让它变得强壮，并给予它生存所需要的全部养分。学习无用知识的过程，其实就是在生根，就是在储备，在为你日后的茁壮成长积累动力。

著名作家铁凝特别强调"无用"阅读，她说："正如文化给人力量一样，更多的是缓慢、绵密、恒久的渗透。虽然它是'无用'的，然而一切都有痕迹，我们沉重的肉身会因某些时候的'无用'阅读而获得心灵的轻盈和洁净。这样的阅读不是生存甚至生计所必需的，但它让我们感受到了他人的存在，看到了生活的美好、温暖以及自身的价值，它内在的文化含量并没有因表面的'无用'而打折扣。他的'无用'本身便是更大的作用。"①

学者于丹也曾讲过这样一个故事，说有一个徒弟去问师傅，一碗米值多少钱，师傅说：一碗米究竟值多少钱，这太难说了，因为它根本不确定。一碗米，在一个家庭主妇手里，她把米放入锅中，往里加点水，蒸一蒸，过半个钟头，一大碗米饭就出来了，此时，一碗米具有一块钱的价值；要是放在有点商业头脑的小商人手里，他把米好好泡一泡、发一发，分成四五堆，用粽叶包成粽子，此时，一碗米具有四五块钱的价值；要是放在一个更有头脑的大商人手里，他会把一碗米适当地发酵、加温，很用心地酿造成一瓶酒，此时，一碗米有可能会有一二十块钱的价值。所以，一碗米到底值多少钱，因人而异。

假如我们每个人的生命都是一碗米，谁能说清一碗米值多少钱啊！但是有一个规律，我们加工的时间越短，费的心思越少，越接近原来的形态，它的价值就越低。

---

① 资料来源：http://culture.people.com.cn.

大量事实证明，长期的“无用的学习”不仅可以内化为人的修养和能力，而且可以提高人的综合素质。对于公务员来说，会促使其站在整个社会的高度，去观察、思考问题，克服短视行为，实现自身价值与社会价值的提高。

其次是怎么学。即采用什么样的学习方法。一般来说，好的学习方法有以下要求：(1)学会学习。学会学习是指能够独立自主地获取知识。学会学习不单纯是方法问题，它至少包括三个方面的内容：学会质疑、学会思维和享受学习。质疑是打开科学殿堂的钥匙。所谓智者去发现问题，平者在等待问题，庸者看不出问题；思维方法对解决问题具有决定性的作用，掌握科学的思维方法，学会思维是提升个人能力水平的重要途径；兴趣是学习最好的导师，一个人一旦学会学习，他就能够享受学习，感受到学习过程带来的乐趣，进而进一步激发学习的热情。(2)持续不断地学习。学习是公务员提高自己职业能力、管理水平和服务质量的有效手段，也是实现职业化的重要途径。在这个快速变化的时代，学习是应对变化的唯一手段。过去那种靠学校教育的知识就吃一辈子的时代已经一去不复返了。因此，要树立终身学习观念，学习并熟悉哲学、历史、文学、法学、政治学、经济学、社会学、心理学、生态环境学及科技发展等方面的相关知识，并且做到理论联系实际，学以致用；要掌握科学学习方法，拓宽学习途径，及时更新和掌握与工作需要相适应的知识、技能；要明确学习目标，根据自己的知识结构和工作需要，善于向书本学，向他人学，向实践学，在学习和实践历练中积累知识和经验，不断提高职业能力；同时，在学习和实践过程中还要注意做有心人，注意收集、储存与本系统、本部门、本职位密切相关的政务信息，不断地对信息进行整合和深加工，以增强对信息的内在消化与吸收，促进自己知识能力的提高。同时要注意更新知识结构，提高知识水平和行政能力，学会运用现代化的技术手段为公众提供更高水平的服务。有报告显示，2011年，我国政府开通的微博数比上一年增长了500%还多，这说明我们的政府和公务员确实在与时俱进，在顺应当前社会对“政务公开”、“提高行政透明度”的要求。(3)带着问题学习。带着问题去学习，探索问题的解决方法，对问题的解决是学习的原始动机，也是最有效的学习方式，这样自然会对学习产生强烈的动机，而在学习过程中一旦解决了问题又会带来无穷的快乐，进而引发更为积极的学习和探索。再者，带着问题去学习，无论内容多复杂，都不会迷失方向，并且极容易做到实事求是，有的放矢，学以致用。(4)在比较中学习。可以把自己现在的学习结果与以前的学习结果进行比较，在比较中学习，有利于找到问题，进而提高学习效率和学习效果。(5)借鉴他人的经验。他山之石，可以攻玉，借鉴他人成功的经验，不仅可以少走弯路，而且可以获得解决问题的捷径。(6)把握一切可能的学习机会。除了接受正规的培训外，学习的机会几乎无处不在，无处不有，家庭、社区、企业等各种环境与机构都是学习机会的一环，领导、同事、朋友、社会上的一些榜样人物等等也都是自己学习的对象，工作中的每一步都有可学的东西。孔子说，“三人行，必有我师”，随时注意学习他人的长处，随时以他人的缺点引以为戒，自然就会多看他人的长处，与人为善，待人宽而责己严。这是提高自己职业素质和修养的最好途径。此外，根据个人的岗位和发展方向，适时地选择需要学习的知识范围，制定切实可行的学习计划，积极地进行自主学习，并把学到的东西应用于实践，通过实践来检验学习效果，在不断的学习与检验中，完善自我，提升自己的职业素质。

4. 知行合一

知行合一中的知指的是科学知识，行指的是实践。行是知的延伸，是对所学和所思考的知识的运用，是对所习得和所思考知识技能、品德的检验，同时又是对所学和所思的进一步深化，促进学习、思考和品德更上层楼。众所周知，知易行难，有知识和有能力有水平是有很大区别的，有知识不见得有能力有水平。要把知识变为能力水平，需要一个不断锻炼、提高、再锻炼的过程。这个过程因人而异，有的人短一些，有的人长一些，只要不断地努力，相当多的人还是能够把知识变为成功的行动，就是常说的理论联系实际。对于公务员来说，尤其要注意理论联系实际。当然，要做到理论联系实际，就得经常深入群众、深入实际，认真调查研究，认真倾听群众的呼声、要求和意见，有效解决问题，实现开拓创新，为群众办实事。

5. 不断创新

创新是人类社会的客观要求。自 20 世纪 80 年代以来，走向服务行政的历史潮流扑面而来，一种新型的服务行政模式正在生成。在这一行政模式中，公务员的一切行政行为选择都是从属于服务价值的，服务行政中的公务员被要求以创新精神和积极的服务理念去开展行政管理活动，而这一切又都取决于公务员的创新素质，需要以他的创新素质作为依托。然而“创新意味着风险和不确定性，遇到挫折和失败是正常的，但创新也意味着从无到有，因为风险往往又蕴含着机遇和未来。”[①]对公务员来说，为了工作改进，有时就需要承担一定的风险，此时就必须敢于犯错，大胆创新。当然，要想真正实现创新，必须学习创新的方法，培育自己的创新力。下面是许多组织的员工常用的几种创新方法。[②] (1)经常表达自己的想法；(2)及时记录下来一些想法；(3)自己提问自己；(4)有了创新性的想法，一

① 范爱民.从平凡到卓越——优秀员工的 7 堂课【M】.北京：中国工人出版社，2006：219.

② 范爱民.从平凡到卓越——优秀员工的 7 堂课【M】.北京：中国工人出版社，2006：217—218.

定要努力去实施;(5)换一种新的方法来思考;(6)永远充满着创新的渴望。

6. 养成自动自发的习惯

公务员要锤炼自己的职业素质,必须养成自动自发的习惯。所谓自动自发就是主动去了解自己应该做什么并做好规划,然后全力以赴去完成,而不是被动等待别人告诉他应该做什么,总之,要依靠自己的努力,自己想办法解决问题而不是使自己成为问题。在这方面,应该向罗文学习。

当美西战争爆发后,美国必须立即跟西班牙的反抗军首领加西亚将军取得联系。而加西亚在古巴的丛林大山中,没有人知道他具体在什么地方,所以无法跟他联系。美国总统麦金利需要尽快地取得加西亚将军的合作。怎么办呢?有人对总统说:“有一个名叫罗文的人,有办法找到加西亚,只要把他找来就可以。”

总统派人把罗文找来,交给罗文一封写给加西亚的信。那个名叫罗文的人拿了信,把信放在油布制成的袋子里,小心地装在胸口,划了一艘小船就出发了。四天之后的一个夜里在古巴上岸,之后便消失于丛林中,接着在三个星期之后,从古巴岛的那一边出发,徒步走过这个危机四伏的国家,终于把那封信交给了加西亚将军——这些细节我就不再说了,我要强调的重点是:麦金利总统把一封写给加西亚将军的信交给了罗文,而罗文接过信之后,并没有问:加西亚在什么地方?我如何找到他?而是自己想办法克服艰难险阻完成了重托。

对于广大的公务员来说,在锤炼自己的职业素质过程中,不仅需要按照职业准则行事,还需要一种自动自发精神的训练。对于公众的需求,应该立即采取行动,全心全意地完成任务——把信带给加西亚。一旦养成这样的习惯,工作就会变得卓有成效。

第四节　公务员职业素质三项提高

一、提高三商

1. 胆商

胆商即职业发展或人际交往中的胆识、胆略与行动力。对于中国人来说，胆商是最薄弱的环节。中国的文化是内敛的文化，我们从小被教育要谦虚，要低调，要靠谱，决不能天马行空。结果发现，很多时候是胆大者占尽了先机，或者说是冒失鬼抢先赢。

高胆商主要表现为：一是敢于面对逆境、困境，敢为天下先，能够且善于寻求突破。二是敢于面对压力，能把压力变动力。三是敢于面对变化，善于从变化中找到机会。四是敢于面对竞争，寻求创新。五是该放弃的要放弃。六是敢于承担责任。作为一个有进取精神的公务员，一定要提高自己的胆商，这一点对高层公务员尤其重要。作为高层公务员，在关键时刻要敢于负责任、承担风险、果敢果断。

2. 情商

20 世纪 90 年代中期，著名学者丹尼尔·戈尔曼出版了《情商》一书，该书一出版便迅速登上了畅销书排行榜。戈尔曼把情绪智力（简称为情商，EQ）定义为："能认识自己和他人的感受，自我激励，很好地控制自己以及在人际交往中的情绪的能力"。

情商表现为五种情绪能力和社会能力。情商的第一个组成部分是自知。心理学家拉德说："自知意味着知道你自己当前的感受。大多数人并不作深入的思考，因为我们整天都忙忙碌碌，所以就无暇反省和自知。"一个人的自我形象与他在其他人眼中的形象越一致，他的人际关系就越成功。情商的第二个组成部分是移情。移情指的是不仅了解自己情绪，还能感知周围人的情绪。拉德说："移情能培养我们的同情心和无私精神,并能带来合作。”情商的第三部分是自律,自律是控制自己情绪的能力,它指的是能很好地处理忧郁、暴躁和愤怒等情绪,以及不胡乱发作或陷入绝望状态的能力。情商高的人能很好地从人生的挫折和低潮中恢复过来。情商的第四部分是自强。自强的人并不需要经常的刺激来推动,他们能够很好地控制情绪,不满足于现状,不靠冲动和刺激就能采取行动。情商的第五部分是社交技巧,社交技巧指的是通过与他人的交流来掌握人际关系的能力。

情商有四大特点:

第一,亲和力强,善于交流。作为公务员,要善于与公众交流,说该说的话,并且说得恰到好处,应变得体。在我国的一些群体性事件中时常暴露出一些官员对公众说话不对路、不得体的现象,屡屡引起公众质疑甚至公愤。是公众苛责吗?现代传媒手段可以将一个特殊场合的人的几句话放大、广而告之,这可能确实是一种压力。但是,作为危机管理者的公务员,特别是作为政府的代表,善于与公众交流,说该说的话,应该是一项必备的素质和能力。能实现与公众的良好交流,不仅有益于群体性事件的妥善处理,同时也将有益于提升政府的形象。美国2010年上半年发生了一次矿难,美国总统奥巴马为遇难的29人举行追悼会,并发表深切的悼词,在悼词中奥巴马表情凝重地念出了29名死难者的姓名,高度颂扬了他们的牺牲精神。奥巴马说:“他们从事这份工作时,并没有忽视其中的风险。他们中的一些人已经负伤,一些人眼见朋友受伤。所以,他们知道有风险。他们的家人也知道。他们知道,在自己去矿上之前,孩子们会在夜晚祈祷。他们知道妻子在焦急等待自己的电话,通报今天的任务完成,一切安好。他们知道,每有紧急新闻播出,或是广播被突然切断,他们的父母会感到莫大的恐惧……但他们还是离开家园,来到矿里。然而,他们并不是为自己。”奥巴马情真意切的悼词,不仅成为这次矿难处理的一个亮点，而且一定程度上加深了美国民众对奥巴马的好感。[1]

第二，适应性强。主要表现为适应各种各样的环境与工作，留在机关可以适应与胜任，派去基层也能适应与胜任。

第三，对人对事富于敏锐性。能敏锐地发现问题、发现苗头，有效协调解决。

第四，有道德。有德的人才可以称之为高情商，情商一定强调有道德。人的品德与正直本身并不一定能成就什么，但是一个人如果在品德与正直方面有缺陷的话，那就足以败事。对于掌握一定权力的公务员来说就更是如此。公务员如果在这方面有缺点，就不能仅仅视其为对他的绩效的限制了，有这种缺点的人，根本没有资格做公务员。我们强调用人要德才兼备，对于公务员来说，不仅需要德才兼备，更需要以德为先。

高情商不是与生俱来的，而是在成长过程中教育培养不断开发出来。一般认为，那些能够充分理解他人对自己的看法（以及他人感受）的人不仅在生活中更好相处，其工作表现也会更好。也正是基于此，要求公务员必须致力于情商水平的提高。

一是要有自知之明。知道自己的职责和使命，知道自己真正的优势是什么，知道自己的缺陷，尤其是致命的缺陷。

二是学会自我管理。情商高的人能管住自己，一是管好自己的心态，情商高的人心态是积极向上的；二是管好自己的情绪，情商高的人情绪是稳定的；三是管好自己的时间，行政工作忙忙碌碌，请示、汇报、检查、评比，事无巨细，因此一定要管好自己的时间，要做到井然有序。

三是要善于协调。主要是指协调人际关系，表现在：与上级协调，

---

① 参见韩秀景.公共危机管理理论与实践【M】.南京：南京师范大学出版社，2012：242.

主动沟通;与同级协调,竞争协作;与下级协调,多提供服务;与公众协调,为公众排忧解难。

3. 智商

智力也叫智能,是人们认识客观事物并运用知识解决实际问题的能力。智力包括多个方面,如观察力、注意力、记忆力、想象力、分析判断能力、思维能力、应变能力等。对于公务员来说,提高智商的目的就是要做到精通业务、胜任本职工作,科学理性地判断形势、市场,善于理性思维、战略思维,善于学习。

二、学习沟通交流

沟通交流是一个信息交流过程,有效沟通交流可以实现信息的准确传递达到与其他人建立良好的人际关系。公务员职业作为一个特殊的职业,不仅要与组织内领导同事交往,还要与组织外的广大公众沟通。因此,沟通交流能力对于公务员来说至关重要,沟通带来理解,理解才能促进合作,善于沟通交流会极大地促进公务员工作的展开和顺利进行,进而提高工作绩效。

1. 明确自身角色定位。在组织内,公务员是组织成员,面对领导和同事应不卑不亢,和谐相处。在组织外,公务员是社会服务者,面对人民群众应有礼有节,微笑服务。

2. 主动沟通交流。许多人际障碍都是由于沟通不畅造成的,由于缺乏有效的沟通交流,结果导致关系的不融洽、工作的低效甚至无效。作为公务员,不仅要在工作中做该做的事,而且要主动与公众沟通交流,说该说的话,并且说得恰到好处,应变得体。

3. 掌握有效沟通交流方法。要进行有效沟通,必须学习和掌握相关方法。

第一,知道自己要表达的是什么,明确沟通的目的。如果目的不明确,连自己都不知道自己要说什么,就不可能让对方理解,进而达到沟通的目的。

第二,知道什么时候、什么场合说。要获得良好的沟通效果,必须掌握好沟通的时间,把握好沟通的火候。该说的时候不说,是坐失良机,不该说的时候说,是操之过急。

第三,知道对谁说,明确沟通对象。无论说得多么精彩、感人,如果选错了对象,也达不到沟通的目的。

第四,知道怎么说。也就是掌握有效沟通的技巧。比如,倾听、尽量迎合对方的兴趣、理解和赞赏对方等等。

(1) 倾听

对于公务员来说,倾听是一门必修课。因为只有通过倾听社会的呼声,才能了解公众的愿望与诉求,进而更好地提供公共服务。

据说,有一个年轻人想拜著名哲学家苏格拉底为师,为了展现自己的智慧和口才,他滔滔不绝地对苏格拉底讲了起来。苏格拉底打断了他的讲话,告诉他:“你必须交双倍的学费。”“为什么要我交双倍学费?”年轻人费解地问,苏格拉底说:“因为我要教你两门课程:一门课是教你如何闭嘴,另一门课是教你如何开口。”

聪明人都非常善于倾听,并把倾听当作一种重要的技能。日本“推销之神”原一平认为:“懂得倾听对方的谈话,尊重对方的兴趣,你就成功了一半。”

美国CNN电视台最著名的节目主持人莱瑞·金,专门采访世界顶级的领袖和名流。一个如此杰出的主持人,应该是最善于语言表达的,但是他却把倾听看作是比说更为重要的采访方式。当莱瑞被问到如何成为电视超级节目主持人时,他说:“我倾听。我从来就没有在说话的过程中学到过知识。”

松下电器的创始人松下幸之助先生把自己的全部经营秘诀归结为一句话:细心倾听他人意见。松下公司在商品批量生产前,要充分倾听各方面人员的设想和意见，在此基础上确立下一步经营目标。由于松下幸之助先生能认真听取各方面的意见，所以处理问题时往往胸有成竹，当机立断，表现出敏锐的判断力。

那么，究竟应该如何倾听呢？

首先，注视正在讲话的人。

其次，对他所说的内容表现出浓厚的兴趣。如，点头、微笑，对其暗示做出反应或做笔记。

第三，朝着讲话的人倾斜你的身体，面带微笑，适时点头。

第四，恰当的提问。让讲话人知道，你高度注意他的讲话，并且经过了认真思考。

第五，不要打断，相反，请他多讲。

第六，吃透讲话者的主题。

第七，用讲话者的语言使你的观点被人理解。

第八，不要过早做出结论或判断。如果你心中对某事已经做出判断，沟通便难以进行下去，你就不可能再倾听了。

第九，在倾听的时候尽可能作正面的回答，不要在对方刚说完一句话，你就突然提出评论性或批判性的意见，这不仅无助于你们的交流，还会伤害双方的感情。

第十，做笔记。做笔记不但有助于倾听，而且还能够集中话题和赢得对方好感。

生活中的很多问题不易解答，有时也不必解答，只需要有人听，有人知道就行了。

(2) 尽量迎合对方的兴趣

应酬学上有一条原则，先迎合别人的需求而后达到自己的需求。幼儿园老师让孩子们听话的诀窍是什么？是讲话用小孩子的口吻。试想一想，你是否对别人感兴趣？对大多数人来说，恐怕只对自己感兴趣。不信，你可以试一试，当你拿起一张有你在内的一张照片时，你最先看到的必定是你自己。所以，如果你要成为受欢迎的人，你就需要尽量迎合别人的兴趣，必要时甚至需要挺身而出为别人效力。

每个人都希望他人对自己良言以待，但是，如何使希望变成现实呢？请牢记下面一句话并率先践行：你希望别人怎样对待你，那你就应该怎样对待别人。

(3) 理解与赞同别人

人都喜欢与自己意见一致且赞同自己的人，而不喜欢反对自己意见和看不起自己的人。每一个同意我们意见的人实际上都确认了我们的价值和自尊。相反，每一个不同意我们意见的人对我们的自尊都是一种潜在的威胁。简言之，当你同意另一个人的意见时，你就是在帮助他更喜欢他自己。

即使你知道在有些地方你必须反对他人的意见，也应力求找出一些你能同意的地方来。你会发现，假如你能在赞同对方某些意见的基础上提出异议，你会更容易同那些与你持不同意见的人达成一致。

如果不能赞同对方，那也不要取笑、逗弄和讽刺对方，因为取笑、逗弄会伤及别人的自尊，而讽刺则总是带有残酷的成分。民意测验表明：人们不喜欢被取笑，但如果别人非常了解你、喜欢你，你就可以与他开个玩笑，但要记住千万不要过了头。

(4) 让数字显现威力

数字是枯燥无味的，但是有经验的人都知道，数字有一种非凡的力量，如果能够巧妙地利用它，会发挥意想不到的作用。

1972 年，来自纽约的一位女国会议员贝拉·伯来格进行了一次演讲，呼吁在政治生活中给妇女以平等地位。她说："几天前，我在国会倾听总统发表讲话，在我周围落座的有 700 多人。总统说，这里云集了美国政府全体成员，我环顾四周，在 700 多名政府要员中只有 17 人是女性，在435名众议员中只有11位是女性，在100多位参议员中只有1位是女性。内阁成员中没有女性，最高法院中也没有女性。”

她不用多说，在这几个数字面前，人们不得不承认在政治生活中存在着性别歧视。

公务员在实际工作中，如果能够巧用数字、数据说话，不仅会增强你的说服力，而且会给人留下头脑清晰、精明强干、处事专业的印象。

(5) 改变别人观点

当你的观点与别人的观点相左时，你的目标不应该是赢得争论，因为你是永远都赢不了争论的。若是输了，那你理所当然是输了；若是赢了，从最终结果来看你还是输了。为什么会这样呢？因为如果在争论中你把对方批得体无完肤，驳得哑口无言，你好像是胜利了，但此时对方一定会因为你让他颜面扫地而怨恨你，这种胜利还叫胜利吗？所以，重要的不是要赢得争论，而是要让对方改变他的观点，并从你的立场上看问题。

下面六条建议可以帮助你做到这一点。

第一，让他陈述他的情况和理由。只要让他把话从肚子里倒出来就可以大大减轻他的敌对情绪，如果你让他把他的牢骚、不满重述两遍乃至三遍，就有望完全排尽他的情绪和怨气。

第二，在回答之前暂停一下。在回答之前暂停一下，说明你认为对方所说的话具有足够的重要性，引发了你去思考和琢磨，但也不能停顿太长，以免给人留下迟钝的印象。

第三，不要坚持赢得百分之百。如果你同意对方的某些次要的或不重要的观点，那么当你提出更大的问题时，对方就会投桃报李，愿意也让一步。试图证明自己百分之百准确、对方百分之百错误是愚蠢的。

第四，温和而准确地陈述你的情况和理由。科学实验表明：平静地陈述出来的事实，对于使别人改变他们的观点，比恐吓和逼迫更有效。

第五，通过第三者讲话。较之于自说自话，来自于第三者的说法无疑更为客观、公正。君不见，一位想在辩论中取胜的律师总是要把那些竭力向陪审团证实自己观点的人聚集在一起。因为他知道，如果是无偏见的第三者来阐述所发生的某件事情而不是由他自己来申述，那会更有说服力。

第六，给别人台阶下。精明的人知道怎样让对方体面地从他以前的立场上逃跑，他们留下让对方能溜走的空子，而又不让他丢面子。如果对方错了，那就为他的错误找出某些借口来。如："在这种情况下，任何人都会这么想，最初，我也是这样感受的，但是后来，我偶然获得了这个信息，整个局面就发生了变化。"

记住，如果您想说服一个人，则不仅要使他相信，而且必须使他知道如何把他从自我矛盾中拯救出来。

三、学习表达技巧

1. 演讲

演讲是任何一个要取得成功的人必须具备的基本的自我展示技能。一个不能够站在众人面前讲话的人，就不是一个真正引人注目的人。而公务员作为公共管理者，在重大时刻尤其是重大事件的处置过程中，面对公众，必须能够清晰地表达自己的思想、观点以及组织的做法，通过演讲与公众进行有效而积极的沟通，正确地引领公众。

心理学家和社会学家的研究发现：杰出的领导人能够清晰地表达自己对理想、道德、未来等观念的看法和观点。领导者首先是追随者的代言人，出色的演讲口才是他们吸引和激励追随者的重要条件。只有通过自己杰出的口才，表达出追随者的价值观，才能获得追随者的拥戴。林肯、肯尼迪、罗斯福、尼克松、里根、克林顿、丘吉尔等政治家都以他们著名的演讲才能而闻名于世。全世界几乎无人不知马丁·路德·金的《我有一个梦》、肯尼迪的《不要问国家能为你做什么,而是问你能为国家做什么》的演讲。罗斯福在经济大萧条的年代里凭借他在广播中发表的"炉边谈话"使美国人增强了自信心,从而渡过了难关。丘吉尔在第二次世界大战中通过广播激动人心的讲话激励着英国人反抗法西斯。

演讲的组成部分

第一部分:开场白

演讲的开场白很重要,它影响着听众的情绪及其对整个演讲的总体评价。戴尔·卡内基说过:从出场和下台的情形来看,就可以知道一个演员是不是好演员,演讲亦然,开头和结尾非常重要,需要特别推敲。

为了使开场白达到先声夺人的效果,可以尝试以下方法:

(1) 力求形式新颖别致,以立即引起注意。

(2) 以事件、事例、故事展开演讲。

(3) 制造悬念。

(4) 陈述一件惊人的事实。

(5) 要求听众举手作答。

(6) 答应听众要告诉他们如何获得他想要的。

(7) 使用展示物。

(8) 以某位著名人物提出的问题作为开场白。

(9) 用看起来很自然的开场白。

第二部分:论证

(1) 以故事、图解论证主要观点。

(2) 以专家证言证明主要论点。

(3) 以类比、展示、统计数字来说明主要观点。

(4) 选择 3—4 个要点进行论证,不能要点太多。

第三部分:结尾

结尾包含了演讲的总论和总纲。演讲完毕的时候,听众常常仍然对前面讲的东西模糊不清,甚至干脆已经忘记。因此,在结尾处重申一下你所说的要点部分,这是最好的总结法。另外,在什么地方结束也是一个颇为重要的问题。记住不要太急于把一切说得太明了。结尾虽然是总结性的,也应该带一些意犹未尽的神秘感和深刻感,使之成为一个含蓄的、意味深长地省略号,而不是句号。

2. 即席发言

即席发言是一种广义的演讲,具有临时性、广泛性和不确定性。

成功的即席发言是真正的"即时即兴",它应表达出发言者对听众和当时情境发自内心的所想所感,使之与情境气氛协调融洽。从某种意义上讲,即席发言的能力比任何经过精心准备登台演讲能力更重要,它最能体现一个人口语表达水平的高低,也最能反映一个人机敏的思维能力和快捷的应变能力。

为了成功地进行即席发言,你必须做到:

事先小有准备。估计可能被要求发言,可以事先问一问自己,该讲些什么?为避免自己话题被别人抢走,可多准备几个话题。

话题慎而又慎。既然是即席发言,那么话题就不能太大,重点是从"即席"中找话题。如,可以在听众中找话题;可以从场合中找话题;也可以从别人的发言中找话题。

注意话题的范围与深浅,切忌长篇大论。

庄谐结合,力求造就轻松愉快的气氛。

组织管理篇

进行公务员职业化塑造，必须以组织管理活动为基础，而组织管理是一个由众多要素组成的复合系统，这些因素通常分为硬要素和软要素两个部分，对公务员职业化塑造而言，硬要素主要表现为刚性的制度规约，软要素则主要表现为柔性的内在约束。刚性的制度规约无论多么系统和全面，都不可能包揽一切，规范一切，而且更重要的是，它们都或多或少地依赖于包括道德伦理在内的诸种社会文化因素的支持和维护，否则，制度和法制既不可能充分发挥其社会政治效应，也不可能持之以恒。唯有当广大公务员在价值观念上对行政组织的制度安排认可之时，组织的制度安排才能作为一种价值观念而在其思想中存在，才能内在地约束其行为。而只有在这种内在约束起作用的条件下，公务员职业化塑造的目标才能实现。

第十二章　打造职业能力

公务员既然是一种职业，那么其职业活动就是一种专门化的社会活动，这种专门化的社会活动必然伴有相应的能力和技术，这种相应的能力与技术即所谓的职业能力。公务员要获得这种职业能力，来自组织的培育与塑造不可或缺。从当前来看，一方面，我国不可避免地处于经济全球化条件之下，这一背景对公务员的职业能力提出了更高的要求。这一点正如联合国人类发展研究报告所指出的那样：在经济和全球化的条件下，决定各国发展的因素是国民素质，而对于发展中国家来说，公务员的素质和能力尤为重要。[①] 另一方面，我们国家正处于社会转型期，在这一时期，社会复杂性和不确定性因素与日俱增，面对这种复杂性和不确定性，以公务员现有的能力应对工作显得越来越力不从心，以至于这些复杂性和不确定性因素经常性地演化成危机事件。所以，我们必须基于复杂性和不确定性与日俱增的现实，着力培养和提升公务员的职业能力。

第一节　公务员职业能力建设概览

公务员职业能力是指公务员在现代行政环境中依法运用公共权

---

① 浙江省省市厅课题组．论时代背景下的公务员能力建设【A】．D630015(2006)—0511—0402．

力和其他公共资源，科学有效地履行行政职能、治理国家、服务群众、推进社会可持续地增长和发展，实现公平与效率的专门才干，其实质就是行政人员依法并创造性地管理公共事务，履行行政职能的行政能力和职业胜任特征。[①] 这种能力主要包括两部分内容：一是公务员现阶段履行岗位职责急需的专业技术和业务能力，二是有利于公务员长远职业生涯发展的职业适应能力，如：人际交往、沟通、协调、学习能力等。进而言之，又可以将公务员的职业能力分为一般工作能力和特殊工作能力，一般能力是进行各种活动都必须具备的能力，特殊能力是从事特定工作所必需的能力。在特殊能力素质中又因工作的对象和内容以及工作的方式方法的共性与个性，区分为一般工作能力和特殊工作能力。本文所使用的概念，是将公务员的工作能力定位于一般能力，即从事公务员工作所必备的基本工作能力要求。

一、公务员能力建设取得的成效

职业能力是职业化的基本特征，提升公务员的职业能力是进行公务员职业化塑造的根本任务。最近十几年来，在政府的大力推动下，我国公务员的能力建设取得了积极成果。

首先，"凡进必考"制度得到全面贯彻，为提升公务员队伍的职业素质与职业能力奠定了良好基础。1993 年 8 月 14 日，国务院正式颁布《国家公务员暂行条例》(下称《条例》)。根据《条例》精神，人事部于 1994 年 6 月 7 日颁布了《国家公务员录用暂行规定》，它标志着国家公务员考试录用制度正式建立，考试录用国家公务员工作开始步入规范化、制度化的轨道。坚持"凡进必考"原则，使传统的"统包统配"用人方式逐步成为历史，到目前为止，国务院工作部门补充主任科员以下非领导职务公务员，已全面实现考试录用。中央垂直管理系统考录工

① 邱霈恩．试论公务员的能力构成与建设【J】．新视野，2004(3)．

作也已经逐步纳入统一管理，从1999年开始，海关系统边检系统等12个垂直管理系统都参加了中央国家机关统一招考。从实践来看，“凡进必考”制度的推行确实大大提高了基层执法部门公务员的职业素质和职业能力。

其次，竞争上岗用人机制深得人心，现已成为副司级以下公务员职务晋升的主要渠道。竞争上岗就是通过定性和定量综合考评比较，择优选拔任用干部。目前的竞争上岗主要通过以下几个环节来进行：制定方案、公布竞争职位与条件、公开报名、考试(笔试、面试)、民主测评、组织考察，产生任职人选，之后按规定程序和干部管理权限择优任用。从近年来的实施来看，竞争上岗用人机制显示出以下特点：一是实行竞争上岗的机关层次不断上下扩展，由最初的主要在地、县两级机关向上扩展到中央国家机关，向下扩展到乡镇机关。二是竞争上岗适用的职位层次不断扩展，已由科级、处级职位扩展到司局级。三是竞争上岗适用职务类别不断扩大，已从选拔机关中层领导职务人选发展到机关内部选拔非热门职位人选。四是竞争上岗的参与范围不断扩大。从一般只允许机关人员参加竞争上岗扩展到允许本系统及下属事业单位符合条件的人员参加竞争。越来越多的人参与到竞争上岗的改革中来，从竞争上岗机制的实施效果来看，它突破了单一的传统用人方式，拓宽了选人用人渠道，促进了人才的脱颖而出，在相当程度上确保了公务员队伍的高素质。

第三，公务员培训体系初步建立。经过十几年的探索，我国的公务员培训管理体系初步建立，基本形成了政府人事部门分级管理、统一规划、综合指导，各部门分工负责、具体实施、密切配合的工作格局。在公务员培训类别上，确立了以初任培训、任职培训、更新知识培训和专门业务培训为主要形式，以出国(境)培训、对口培训、学历教育等为有益补充的培训门类体系。在公务员培训基础建设上，形成了以行政学院和各类公务员培训中心为主体的施教机构网络。截止到目前已经建立了数十所行政管理学院,高等院校也逐渐承担起公务员培训任务,同时大力发展公共管理硕士(MPA)教育,以提高公务员的专业化行政管理水平,在公务员各类培训中,各地、各部门不断改革培训内容创新培训方法,加强评估,以确保培训的质量和效果。

二、公务员职业能力建设困局

通过对公务员队伍入口的严格把关,竞争上岗用人机制的推行,开展卓有成效的培训等一系列措施,公务员能力建设正向着制度化、正规化逐步迈进。然而,对于正处于职业化、专业化进程中的我国公务员队伍来说,也遭遇了一些职业能力建设方面的困局。

从管理机制来看,管理机制的设计造成众多公务员片面追求职级上官阶上的进步,而忽视自身技能的完善。特别是专业化程度较高的岗位人员,由于追求官阶上进步,往往忽视了技能的深造,造成专业不精,业务能力不强,创新能力亟待提高。以专业化很强的司法领域为例,由于领导体制设计的原因,能够走上法院院长这一职位的往往并不是法律专业工作者,许多其他政府部门领导通过官职晋升走上法院领导职位。“外行领导内行”在法院系统相当普遍,这种做法无疑阻碍了法官职业化的进程。从创新方面来看,创新表现差强人意。安徽省人事厅、安徽省行政学院课题组近年来对安徽省省直机关厅级、处级、科员以及市直机关、县级机关和乡镇公务员的创新能力进行了调查,调查结果表明,整个公务员队伍在创新能力方面的表现差强人意:一是对创新在行政管理工作中重要性的认识由高到低递减,认为创新重要性很高或高的比例,分别为:市厅级 51%,26.4%;县处级 28.2%,44.5%;科(乡、镇)级 19.5%,22.3%;一般公务员 12.3%,21.8%。二是创新意识不强和愿望不强,具有一般创造性以下的人占 94.4%,具有较高和很高创造性的仅占 5.6%,且市厅级领导所占比重较大。

三是对创新概念把握较准确，但省直机关科级公务员的认识较差，仅为 33%；市厅级 70%；市直机关 62.4%；县级机关 58.2%；乡镇机关 59.2%。四是公务员创造人格养成较弱，具有一般以下创造人格的占 88.4%。五是对创新相关知识的掌握较少，能对创新思维知识一般以下程度掌握的占 91%。[①] 从公务员个人来看，当下公务员队伍中不少人中出现了程度不同的“竞争恐慌”、“知识恐慌”和“能力恐慌”现象。人民网的一项调查则显示：在受访的县级以上干部中，66.9%的人表示自己驾驭市场经济的能力不强，58.1%的人表示科学判断形势的能力比较弱，另外，表示应对复杂局面、依法执政、总揽全局能力不够强的，分别占 35.7%、43.4%和19.9%。重庆市去年对一千多名领导干部进行的调查显示，在“与网民在线交流有哪些顾虑”的调查选项中，21%的人担心“说错话表错态”，42%不能接受“网民谩骂和嘲讽”，12.6%担心“被当面举报和质疑而难堪”。该项调查的主要结论为：基层干部中出现执政能力的“短板”现象；出现对互联网“恐惧症”与“麻木症”并存的局面。

公务员在职业能力建设方面的欠缺，不仅造成了资源浪费，办事效率低下，而且各种错误频出。表现在：

一是花更多的钱来办事。财政部 2008 年的信息显示，中国 2000 年的公务支出占国家财政支出的比例为 25.7%，而同期或者基本同期的世界主要其他国家为：德国（1998 年）2.7%、英国（1999 年）4.2%、韩国（1997 年）5.1%、泰国（2000 年）5.2%、印度（2000 年）6.3%、加拿大（2000 年）7.1%、俄罗斯（2000 年）7.6%、美国（2000 年）9.9%。

二是用更多的人来办事。2006 年零点研究咨询集团完成的《中国居民评价政府及政府公共服务报告》显示，近七成的民众认为目前政

---

① 安徽省人事厅.公务员通用能力教程【M】.合肥：安徽人民出版社，2008：253.

府公务员的总量应该减少。虽然从绝对数量上来看中国财政供养人员占总人口的“官民比例”只有1比26，低于世界平均水平，但从公务员数量与GDP之比看，中国为39人/百万美元，大大高于发达国家，目前美国为2.31人/百万美元，日本为1.38人/百万美元。中国公务员“超标”近20倍。

三是各种错误尤其是低级错误频现。[①] 如某地级市在公务员面试时，竟因没有检查屏蔽设备和忘记收通讯设备，导致面试题泄露的情况出现；2009年MBA联考试题中有10道题遗漏了解题说明，直接导致三十分的考题失效等等。

四是应变能力差。习惯于例行公事，以一种固定的反应模式来应对环境的冲击。这种反应模式表现在组织层面使得组织因循守旧而日趋钝化，表现在个人层面则是缺乏灵活应变能力，对突发事件和危机处置失当。这样的问题和事例可以说不胜枚举，在这里我们仅以石首事件为例进行分析。

2009年6月17日，石首永隆大酒店一个年轻的厨师涂远高非正常死亡。6月19日，石首市政府网站发布题为《我市发生一起非正常死亡事件》的消息。消息称，6月17日20时36分，石首市公安局笔架山派出所接110报警台指令：笔架山街道办事处东岳山路永隆大酒店门前发现一具男尸。民警迅速赶往现场调查处理，并及时向市公安局领导和刑警大队做了汇报。技侦人员迅速赶往现场进行勘查，法医对尸体进行了初检，没有发现身体致命伤……民警多次与死者亲属进行了沟通，讲明了为查清死因，必须进行尸体解剖，但遭到家属拒绝，家属对死因表示质疑。众多不明真相的群众于19日在该市东岳山路和

---

① 薛丰.我国公务员微观职业意识培养中的问题研究【D】.山东大学硕士学位论文，2011：14.

东方大道设置路障，阻碍交通，围观起哄。这篇报道是政府关于石首事件的第一次情况介绍。此外，报道中使用了“控制家属情绪，切实维护稳定”的措辞。此事件在省级领导亲临现场后，经过多次反复才得以平息(6月23日在石首指导“6·17”事件后续处置工作的领导面对喧沸的舆论表示：要坚决将事件查个水落石出，一要查明涂远高死因，二要查明事件起因，三要查明永隆大酒店背景)。

这起被当地政府称为“围观起哄”的事件，在当地产生多个信息传播源，比如网络上就已经引起了轩然大波，在很多贴吧、论坛和博客等网络空间里，事件发生地以外的网民可见“围观”者多得惊人、“起哄”情节也绝非小打小闹。而更为触目惊心的是，由于当地官方权威信息的缺失、官民互动渠道的匮乏，各种流言蜚语和小道消息层出不穷，这至少在网络空间和相当的民众中形成了一种充满焦虑、显现暴力，乃至质疑当地政府的舆论倾向。

一起简单的“刑事或自杀案件”，何以引发一连串的多米诺骨牌效应，最终引发了一场群体性事件？这与当地警方、政府的处置方式、应对措施失当有很大关系。

分析这起突发性群体事件的处置，可以说存在以下几个方面的问题：首先是例行公事、消极被动，错过了最佳处置时机。发生群体性事件，主要领导第一时间到场，耐心做群众的工作，是处理此类事件首选方法。然而从6月17日到19日的三天时间里，职能部门对事件没有提供任何信息，特别是“黄金24小时”内，现场没有出现官员与群众对话回答其疑问，发布权威消息安抚群众情绪，保证政府会依法办事，直至出现舆论喧沸、网友们愤怒、市民围堵交通时才加以解决，这是一个很大的失误，它反映了政府的危机治理理念还没有确立，依旧停留在控制舆论和滞后的应对思维状态。危机治理机制不完善，远未成为常态治理的一部分。二是处置不当。由一开始的不作为、不到位到之后的乱作为:忙于抢夺尸体——这让群众产生了官方要毁灭证据以掩盖事实真相的恐惧,加深了对抗情绪;忙于强行断网、封锁消息——丧失了官方的公信力,给小道消息提供了传播的土壤;忙于给现场断电——对抗式的处置技术推动了群众的进一步对抗;忙于调动大批武警——在当时特殊的情况下致使群众短暂地流失了对国家力量的认同;相对于真相调查的遮遮掩掩,石首秋后算账的做法更是为群众所不满。"护尸"事件平息后,涂远高的10多名亲属被传唤问讯,5名亲属被刑拘,3人被押。涂远高的哥哥涂远华已前往重庆打工,仍然被警方带回调查。涂家亲属在接到《时代周报》记者要求采访的电话时,十分紧张,甚至不敢在电话中多讲,生怕电话被监听;而武警喊话中强调"不要被人利用"等——更是低估了群众的智商,无视他们对"真相"的判断和要求,蔑视他们参与"围观"的动机,以致出现男女老幼齐上阵,砖头石块齐飞的混乱局面。可以说,当地党政的乱作为对事件的发展起了很坏的负面作用。三是缺乏沟通技巧。报道中使用"控制家属情绪,切实维护稳定"的措辞。受害人家属的情绪肯定是要控制的,但是本应是政府引导家属控制情绪的事情,却被报道成政府为了维护秩序而控制家属情绪。此类字眼引起了大量网友的反感和抨击,作为信息发布者,用这样的文字来说服网友和市民,显然是不明智的。

实际上,在事件处置过程中,石首官员并非没有经验可学。当时县委书记、县政法委书记刚刚进京轮训完,才不到一个月的时间。轮训期间,专门就瓮安事件(发生在石首事件之前的一起著名的突发事件)进行了讨论、交流、写论文。瓮安经验为何不起作用?《华商报》评论员马九器曾这样评论石首事件:尽管瓮安教训被媒体翻来覆去地报道,尽管瓮安教训作为执政能力建设案例在中央党校的轮训中被重点讲授,尽管信息公开透明的政府职能转变建设正如火如荼,可是,石首群体性事件仍然未能避免……一句话,瓮安教训在石首几乎价值为零。不仅如此，它的每一种行为都是对瓮安经验教训的反动，每一个步骤都推动了局势的升级。

第二节　公务员职业对公务员能力的要求

一、公务员的职业角色

作为履行政府活动职能充当行动主体的公务员，必须具备从事管理活动所需的能力，并拥有相应的权威和责任，这是政府活动对公务员的内在需求。公务员的能力是发挥政府公共管理作用的基础，政府公共管理作用的发挥，必须以公务员自身所具有的能力为条件，而具体工作对公务员能力的要求，又取决于公务员在工作中所充当的角色及其所承担的职责。在政府公共管理实践中，公务员作为公共管理职能的行使者，必须扮演如下四种角色（在政府机关所属系统的各类部门，以及相同部门不同职位的管理者中，因具体职责和工作特点的差异而存在着扮演角色侧重面的不同，但从一般意义上说，所有公务员要扮演以下四种角色）：

1. 计划决策角色。公务员在实际工作中面临的首要任务，就是根据工作任务的目标要求，具体分析主客观条件，结合对未来情况变化发展的预测，对实现任务目标所采用的路径、规程、方法、措施等做出决断，并制定出符合实际、行之有效的行动方案，以此构成实施管理的依据。同时，在管理活动运行的过程中，还需根据主客观条件的发展变化，权衡利弊得失，果断排除各种干扰，选择投入最小产出最大的方案和措施。

2. 沟通协调角色。信息是计划、决策和调控的前提，沟通是实施管理的必要措施，协调是整合组织效能、形成合力、实现目标的根本手段，公务员作为公共管理者，既应该是信息的接受者和传播者，同时也应该是信息的生产者，通过及时、准确、灵敏的信息沟通，有效的沟通，协调上下左右的人际关系，妥善处理部门内外各种矛盾与冲突，排除不利于计划落实的各种障碍，以促进组织目标实现。

3. 组织控制角色。在政府部门的各项工作中，作为工作主体的公务员，不仅要科学划分权责、合理配置各种资源、注重人员的培训与考核，还要随时调控活动的方向、进程与标准，创设良好的环境，使各方面的力量彼此协调，形成合力，高效率地完成既定目标。

4. 决策执行角色。公务员在公共管理工作实践中，既是决策的制定者，又是决策的执行者，这种双重身份决定了他们必须将上级组织的决议，尤其国家和上级机关所颁布的政策、方法、法规等，及时准确地贯彻到相关活动之中，正确处理局部与全局利益的关系，维护部门目标、系统目标与社会总目标的一致。

公务员在工作活动中所扮演的四种角色及其所应担负的相应职责，决定了他们必备的工作能力。这种工作能力包括各级政府公务员所必备的一般能力或通用能力。就一般能力而言，它是具有普遍意义的一种推动、激励、组织、引导和控制其他公务员或普通公众去实现既定目标的综合能力。具体表现为：具有正确的现代工作观念或意识，懂得政府机关一般工作策略和技巧，能正确认识和把握政府部门工作的主客观条件与运作方式，对工作目标和实现目标的途径能够做出正确的选择；能有效调动所属人员的积极性，合理调配人力资源，使之协调一致地为本组织的目标而共同努力；能对实际工作任务提出规划目标和具体实施方案，有效协调组织与成员之间、组织与外部环境之间的矛盾与冲突，创设相互协作、彼此支持的良好工作环境；能觉察事物的变化动态，发现矛盾，提出问题，通过联想、反思、推理、顿悟、验证等获得新的认识，并运用自己所具有的知识、经验，按照新的设想分析、解决面临的矛盾或难题。进而言之，就是需要在具备良好的语言、思维、记忆、观察、反应、想象、判断、分析、理解等基础性能力素质基础上，再具备由权威意识、责任意识、授权意识、协调意识、政策法纪意识、管理策略、计划决策能力、组织协调能力、管理控制能力和应变创新能力等要素构成的一般管理能力。

二、公务员应具备的职业能力

我国国家人事部曾于2003年11月发布了《国家公务员通用能力标准框架(试行)》，提出了公务员必须具备的九种通用能力：政治鉴别能力、依法行政能力、公共服务能力、调查研究能力、学习能力、沟通协调能力、创新能力、应对突发事件能力和心理调适能力。以上九种通用能力提供了公务员能力评价的方向。但遗憾的是，它却没有分层、分级、分类制定具体的行为标准，对能力的解释也比较抽象。例如创新能力，标准框架的解释是：思想解放，视野开阔，与时俱进，具有创新精神和创新勇气；掌握创新方法、技能，培养创新思维方式，对新事物敏感，善于发现、扶植新生事物，总结新鲜经验，善于分析新情况，提出新思路，解决新问题，结合实际创造性地开展工作等大而化之的描述。因而在操作上存在一定难度，鉴于此，制定详细的符合各地特点和实际的公务员职业能力标准，进行较为详细的、有中国特色的行为特征描述就成为政府进行公务员职业能力建设的一项重要工作。具体来说，就是根据不同类型、不同职级公务员的特点，尤其要按照《公务员法》最新的职位类别(综合管理类、专业技术类、行政执法类)，制定公务员能力建设标准，以明确专业方向，建立职业规范；同时，加强对关键行为特征的描述，为公务员尤其是高级公务员的能力测评提供较为详细的参考依据。

在确立公务员职业能力标准方面，美国经验值得我们借鉴。

众所周知，公务员的职业能力因公务员的层次不同要求也不同。美国在建立公务员职业能力标准方面充分关照了这一点。美国公务员分为初级公务员、中级公务员、高级公务员。各级公务员在能力建设上有不同的要求，针对不同的要求，制定出了较为明细的职业能力标准，如下表所示：[①]

<table>
<tr><th colspan="2">初级公务员</th><th>中级公务员</th><th>高级公务员</th></tr>
<tr><td rowspan="3">美国公务员职业能力标准</td><td>1. 协调能力
2. 冲突管理能力
3. 团队建设能力
4. 影响和谈判能力
5. 人力资源管理能力</td><td>1. 创造性思维能力
2. 计划测评能力
3. 顾客服务能力
4. 凝聚力
5. 财务管理能力
6. 技术管理能力</td><td>1. 战略决策能力
2. 形式分析能力</td></tr>
<tr><td colspan="3">基本能力</td></tr>
<tr><td>1. 口头表达能力
2. 书面表达能力
3. 解决问题能力</td><td>4. 示范能力
5. 人际沟通能力
6. 自我肯定能力</td><td>7. 应变能力
8. 判断能力
9. 技术应用能力</td></tr>
</table>

设立具体的每一层级的职业能力标准，一方面使组织管理机构在进行公务员职业能力建设上有了指针，另一方面也为公务员自身职业能力建设确立了参照物。如此，便可以根据不同职位的需求明确“干什么、学什么；缺什么、补什么”，从而提高公务员的职业能力。

第三节　公务员职业能力打造

公务员职业能力建设是一个动态的过程，它贯穿于公务员管理的各个环节。因此，公务员职业能力建设必须抓好公务员管理的各个环节。

一、通过制度化手段打造职业能力

1. 以科学考录驱动职业能力提升

公务员录用考试是一种“因事择人”、“为用而考”的选拔性考试，

---

① 转引自：赵勇．美国公务员队伍能力建设初探【J】．行政与法，2003(2)．

是用人考试、能力考试和综合考试,它所贯彻的是"考用一致"的实用性原则。这对培养应考者这一准公务员的职业能力非常有益。如,在笔试中,《申论》的考试主要是通过考生对给定资料的分析、概括,测查其阅读理解能力、综合分析能力、提出问题和解决问题的能力及文字表达能力。《行政职业能力测试》主要是测查考生从事国家机关工作必备的潜能,试卷包括数量关系、判断推理、常识判断、言语理解与表达(含听力理解与阅读理解)和资料分析等内容。以上考试内容的设计应尽可能合理,并与要求就任的职位所需要的能力及适应性相关联。在面试、心理测试方面,近年来越来越多地采用现代人才测评理念,引入心理测试、情景模拟、管理游戏、无领导小组讨论、案例分析及结构化面试等具有多层次、多角度的定量标准化测评技术,旨在体现测评因素与胜任力之间的内在联系。同时,针对不同岗位的能力要求,考试方法与考试内容也向着如何能真正测定应试者的真实能力,尤其是作为一个公务员所必须具备的能力的方向改进。这种考录机制对于培养公务员职业能力有重要意义。对于应考者来说,为了增强自己与招录职位的匹配性和适应性,必须在日常实践以及备战考试的过程针对不同岗位的能力要求进行有针对性的学习,必要时还需要加以践行。

2. 以竞争和激励激发职业能力提升

竞争是市场经济的必然要求,将竞争机制引入公务员能力建设过程,能激发公务员自觉提高自己的职业能力。首先,推行竞争上岗、轮岗交流制度。竞争是指在公开、公平、公正的基础上,根据客观真实的情况,择优任用公务员的手段。竞争是一种科学合理的评价尺度,是衡量人才真伪的刚性尺度。有效的竞争机制能够激发公务员活力,鼓励公务员努力学习,奋发向上,积蓄能量,更新知识和技能。以公务员任用和晋升为例,在公务员任用和职务晋升上,将职业能力和公共服务绩效作为公务员晋升的重要条件之一。坚持在综合考虑业绩、能力和群众公认的基础上，依据相应能力评价结果，能力强者优先任用和晋升。同时积极拓展人才选拔渠道，具备较强的职业能力、业绩突出的公务员，可以通过公开化的制度选拔途径加以提拔使用；对于因公共服务知识与技能欠缺而致公共服务绩效不佳的公务员，应对其进行离岗培训，强化其相关技能与知识，重新上岗后仍不能获得良好绩效的，应予以辞退。其次，设立一些对公务员有足够吸引力的利益目标，加强对公务员业绩的定期考核，以工作效率和业绩作为晋升和报酬的依据，同时还可以提高特殊岗位的薪酬待遇，以此激励公务员爱岗敬业、提高自己的职业热情和职业能力。

3. 以绩效评估推动职业能力提升

绩效评估作为一种非常重要的管理工具，是西方发达国家政府目前较为普遍采用的公务员考核以及政府公共服务考核制度。它运用科学的标准、方法和程序，对绩效进行评定和划分等级。绩效评估以绩效为本，以服务质量和社会公众需求的满足为第一评价标准，不仅完美凸显了公共责任和服务对象至上的管理理念，而且对提升公务员的职业能力也会产生促进作用。通过绩效评估，促使公务员正视自己在职业能力方面的长与短，进而本着缺什么补什么的原则，通过不断学习和锻炼提升自己的职业能力。

具体到操作上，就是要建立和健全自上而下、平行制约和自下而上的有机统一的绩效评估机制。在坚持上级机关对下级机关的绩效评估领导的前提下，加强下级机关对上级机关、各党派团队以及社会公众对公务员公共服务绩效的评估。在平行制约方面，人事、审计等专门评估机构的评估应具有一定的相对独立性。实行内部评估与外部评估并举，将政府内部绩效评估与党组织的评估、人大的评估及社会评估结合起来，对政府绩效实施多角度、全方位的评估，以弥补政府内部评估的不足。同时,建立以社会公众为本位的公务员公共服务绩效评估体系,将市场机制和公务员个人选择引入考核制度中来,对公务员的工作业绩,如服务态度、服务质量、服务水平,公务员的工作绩效,能动性、创新性进行量化和测评,并以此工作业绩作为衡量公务员公共服务能力的标准。这种绩效评估办法既可以激发公务员的使命感、责任感和荣誉感,又便于上级领导部门和公众对公务员工作情况的监督。在此基础上对考核结果加以运用,将会有力推动公务员职业能力的提升。

4. 以有效监督倒逼职业能力提升

监督约束是提高公务员行政效率,改进服务质量的外部驱动力。实践证明,当公务员的行政行为处在机关上下、社会各界的监督之下时,会给公务员造成一定的外在压力,促使其为改进服务质量,提高行政效率而不断提高自己的职业能力。基于此,应建立内外结合、上下贯通、纵横交错的制约网络。结合我国实际,在各级行政机关设立本机关的监督电话,并建立督查制度,一方面进行内部的实时管理,另一方面接受社会和民众的监督,实现对公务员公共服务的公开监督和内部监督的有机结合,并建立起政府投诉信息交流机制,定期与其他监督机构交流了解情况,对存在的问题提出限期改正意见,必要时给予相应的纪律和经济处罚。尤其要切实加大民主监督的力度,强化社会监督,以此促使政府及其各级公务员树立正确权力观,以职业化标准要求自己,不断提升自己的职业素质和职业能力。

二、通过全方位学习提高职业能力

1. 强化培训以提升职业能力

要提高我国公务员职业化水平,除了不断吸引高素质、具有职业意识和职业能力的人才进入公务员队伍外,还要解决现在公务员队伍中存在的“知识缺陷”和“本领不足”问题。为此,必须进行大规模、行之有效的公务员培训，这是培养公务员职业能力最直接、最有效的手段和途径。

首先，加大培训力度，坚持全员培训。要根据公务员岗位特点，针对公共服务工作的重点、难点和热点问题，加大专题培训力度使更多的公务员成为管理专家和业务骨干。经过近年来的不懈努力，我国已经建立起了相对完善的中高级公务员的培训培养体系，使大多数中高级公务员都有机会参加各部门、省市甚至国家组织的各种培训或学习。然而这种机会对于基层公务员来说相对较少，甚至没有。而培训之于基层公务员却是至关重要的。基层公务员工作在最基层，作为政策的具体执行者，他们的工作直接关系到政府的执政水平，加强对他们的教育和培训，提高其职业素质和职业能力，对于他们正确理解和领会国家的政策，全面完成上级领导布置的工作任务，提高执政水平和行政效率将大有裨益。

其次，进行分级分类培训。依据《中华人民共和国公务员法》，须“根据公务员工作职责的要求和提高公务员素质的需要，对公务员进行分级分类培训。”①要在已有的职务层级分类分级培训基础上，针对不同层级、不同类别、不同机关性质的公务员培训，使培训充分体现对象的差异性特征。如，对担任综合管理类职位的公务员，应注重宏观管理和政策理论研究能力培养；对担任专业技术类职位的公务员，应侧重对相关专业知识的掌握和运用能力的提升；对行政执法类职位的公务员，应着重于对相关法律的理解和运用能力培养。

第三，要在现代先进培训理念指导下，综合运用多种先进培训方法进行培训，如案例法、情景模拟法、研讨式、体验式、实地考察等，对

---

① 引自：中华人民共和国公务员法[OL]. httP://www.gov.cn/ziliao/flfg2005—06/21content8249.htm.

公务员进行对策、创新、政策、执法等以及现代服务手段、技能、程序等标准化、操作性应用训练，以现代化的技术和手段为社会公众提供高效的公共服务。

第四，建立和完善公务员职业能力持续化、全程化培训机制。要提高公务员的职业化水平，必须持续地提升其职业能力与综合素质，这就要求公务员培训必须实施“全程化”和“持续化”。所谓“全程化”培训，就是在工作中接受培训，在培训中结合工作，使两者之间界限模糊化，从而构筑起“立体化的培训”。欧洲的“终身教育培训”、美国的“工作循环项目”培训等都属于这种培训。所谓“持续化”培训，是指公务员职前培训和职间培训的回归链接。如新加坡对公务员实行“持续培训”、“重训”和“再训”，并使之制度化。[①]

第五，发展 MPA 教育。MPA 的培养目标就是为政府及非政府公共管理部门培养高层次、复合型、应用型人才，其课程设置突出理论性、应用性和实用性，把培养实际能力放在首位。发展 MPA 教育对加强我国公务员队伍的职业能力，提升公务员队伍的职业水平将大有裨益。从微观上讲，一是要培养职业素养。职业素养是公务员能力素质的重要内容。公务员除了应具有一般职业人所遵循的正直、守信、忠诚、公平、关心并尊重他人、追求卓越、承担责任等基本职业素养外，还要在思想、语言、行动上模范遵守基本社会公德。虽然职业素养更多地体现在公务员的自律方面，但政府可以通过培养和引导以及必要的强制性约束，帮助公务员在良好的氛围下逐渐形成良好的职业素养。[②]二是要提升职业技能。职业技能是公务员对工作的一种职业胜任能

---

① 参见：窦泽秀、赵立波. 公务员公共服务能力建设的模型构建与路径选择【J】. 学习论坛，2011(5).

② 参见：窦泽秀、赵立波. 公务员公共服务能力建设的模型构建与路径选择【J】. 学习论坛，2011(5).

力，包括与职业直接相关的专业技能和通用管理与服务能力两个基本要素。专业技能就是从事专业工作岗位所要求的专业知识与专业操作能力的结合，其程度和水平如何是衡量其公共服务能力强弱的一个重要指标。一般而言，公务员的管理与服务能力主要体现在公务员对组织公共事务和提供公共服务时的能力要求，如分析和解决问题能力、革新创造能力、团队协作能力、信息处理能力、运用计算机技术的能力、数字运算能力、突发事件的应对处置能力、沟通表达能力、外语应用能力等。

第六，进行实地培训。公务员职业能力的提高，理论知识、技能、方法的学习固然重要，但实地培训不可或缺，因为理论、技能、方法最终都要落实到实践中，只有实现了理论到实践的跃迁，才能真正服务于实际工作。以突发事件处置为例，根据新时期突发事件频发的现实，有针对性地开展突发事件应对能力专项培训，以提高各级公务员危机应对能力、决策能力和综合协调能力。在此基础上，各级政府组织还要组织一些有针对性的突发事件应对训练和演练，通过模拟训练和演习，使各级政府官员熟悉应对突发事件的职责任务、基本要求和处置方法等，同时要不定期地组织召开经验交流会、案例分析会、业务研讨会等，探讨处置方略，深化对策研究，不断提高各级公务员的实战水平。实践证明，实地培训，既检验能力又提升能力，既处理危机又增强危机意识，是提高公务员危机处理能力的有效途径。

第七，开展团队学习。团队学习对于公务员职业能力的提升具有重要意义。与传统的个人学习相比，团队学习更利于成员的沟通与交流，分享成功与失败的经验与教训，更有利于成员间的思想碰撞、开拓创新，更有利于大家敞开心扉自我揭短，进行批评与自我批评，进而在此基础上实现职业能力的提升。团队学习并非传统意义上的大家坐在一起念文件、读报纸、学典型，而是要“完成深度汇谈和商讨(敢于打破原有的观念和行为)、悬挂假设(把自己的假设“悬挂”起来,保持开放与欢迎的姿态对待质疑与评论)、进行集体辩论等等。”[①]对于公务员能力建设来说,通过团队学习,加强了成员的沟通与交流,实现了思想碰撞、开拓创新。让大家都敞开心扉,分享团队成员的成功、失败以及经验教训,这无疑会促进每个个体职业能力的提升。彼得·圣吉认为,团队学习使团队变成整个组织学习的小单位,团队成员便可以将所得到的共识化为行动。

三、通过工作实践历练职业能力

1. 把工作当成最好的学习

在 2005 年 CCTV 中国年度雇主调查活动颁奖晚会上,获得最佳雇主的代表马云在回答“孙悟空有一个难得的进修机会,作为唐僧你会不会放他走?”这个问题时,选择了“不会”。之后马云大声宣布:“工作就是最好的学习。”工作的确是最好的学习,通过工作本身确实能够增长才干,锻炼提升工作能力。

对于广大公务员来说,通过工作锻炼职业能力要注意因人而异,具体情况具体对待,对刚刚入职的公务员,对其工作要予以指导,定期反馈,多加指点。对长期在机关工作的公务员,安排其下基层锻炼;对有丰富基层工作经验,但缺乏在综合部门工作经验的公务员,安排到上一级机关锻炼;对长期从事单一工作的公务员进行轮岗锻炼;立足于对公务员增长某一方面特殊才干的需要,则为其安排更能发挥特长的岗位和环境,进行“扬长型”锻炼,使其特处更特、长处更长。立足于公务员担当重任的需要,则将其放到顺境、逆境中交替工作,特别是要通过选派公务员到矛盾多、困难大、条件差的地方去工作,进行“考验型”锻炼,提高其组织领导和应变能力。

---

① 皮小卉.公务员素质提升中的五项修炼【J】.人民论坛,2011(2).

在具体方法上，一是进行项目锻炼，在部门内部，给公务员出题目，明确目标任务，从方案制定、计划实施到目标落实，让其自行决策，以培养公务员独当一面的工作能力；二是岗位锻炼，敢于放心、放手地让他们在岗位上去锻炼，教之以方，授之以权，明之以责，有所提高后再放到情况复杂关键岗位上去锻炼；三是改进基层锻炼方法，实行“公务员基层锻炼导师制”，由所在地组织人事部门就地聘请挂职单位中党性强、作风硬、业务精的公务员给予传帮带，组织人事部门定期双向考核帮助公务员尽快锻炼成长。

2. 通过深入基层提高发现和解决问题能力

知识通过实际工作得到检验，能力通过实际工作得到提升。深入基层就是要深入实际，就是深入群众，就是进行系统周密的调查研究，这是公务员发现问题和解决问题的实践基础。深入实际，调查研究是马克思主义认识论的重要方法。没有调查研究就没有发言权。调查研究的过程是发现问题，提出解决问题办法的过程。调查研究的方法有很多种，如，问卷调查、访谈调查、试点调查、观察调查等。此外，毛泽东同志所倡导的开调查会、蹲点、解剖麻雀等，也是行之有效的方法。公务员通过深入实际，深入群众，可以集民智，群策群力，探寻解决问题的有效办法，进而提高自身发现和解决问题的能力。

发现问题、解决问题并迅速做出有效决断的过程其实就是一个决策的过程。因此，在深入实际发现问题的基础上，还需要科学决策以解决问题。为此，需要做到：第一，熟知决策的流程。如，问题分析、确立目标、拟定方案、方案评估、方案选择的整个过程。第二，掌握常用的决策方法。一般来说，常用的决策方法大致有如下几类：排列组合法。即将工作任务分解为数个阶段完成，每一个阶段设计数种解决方案，然后将阶段和阶段解决方案进行排列组合，从中选出最优方案；方案排除法。即排除一些不合理的选项，逐步减少方案，最后在剩余的少数方案中选择;角色互换法。即转变看问题的角度,进行换位思考;"决策树"法。它适用于风险决策,主要是通过概率估算,对各个方案的后果进行预测,进而选择行动方案,这一方法对决策者有较高的要求。

3. 总结经验教训以提高职业能力

总结经验教训以提高职业能力主要有两种手段,一是借鉴成功做法。一些西方发达国家在公务员职业化方面起步比较早,在提升公务员职业能力方面也积累了不少经验,这些经验为我们提供了很好的借鉴。他山之石,可以攻玉,学习国外先进有益的经验,可以使我们少走弯路,降低学习成本,迅速提高公务员的职业能力水平。二是总结经验教训。公务员职业能力的提高,不是一朝一夕完成的,它需要实践的磨炼和用心的总结。这种磨炼和总结表现在:(1)注重日常总结积累。在平时,就要做有心人,学会积累和总结解决问题的有效方法和途径。(2)多做调查研究。要自觉深入基层,及时捕捉一些深层次、内幕性的东西,全面掌握第一手资料,提前做好解决问题的相关准备工作。(3)善于思考,勤于总结,有思考才有创新,有总结才有进步。各级公务员应该透过我国现实问题的处理情况,对成功的经验加以研究,对失败的教训予以总结,从中找出的规律和有效应对措施。"瓮安事件"后,贵州省委书记石宗源明确指出了三点:坚持信息透明,要在第一时间把真实、准确的信息全面地让媒体知道,并借助媒体力量披露事件真相和细节;启动舆论监督系统,及时回答人民的疑问;实事求是地公开真相,打破"不明真相的群众在少数坏人的煽动下"的公式。而新华社记者刘子富根据深入调查思考阐述的"新群体事件观",则以逻辑和学术特点兼有的形式将"瓮安事件"的经验教训进一步系统总结为:一、地方政府负责人第一时间亲临现场;二、就事论事,不对群体事件作"过度政治化"解读;三、信息公开,尤其要在黄金 24 小时内不断公布准确、真实的信息，不给谣言传播的机会；四、政府要勇敢地反思与自责；五、迅速启动问责程序；六、慎用警力。

第四节　公务员职业能力拓展

随着我国服务型政府的构建，行政管理工作进入了一个全新的时期，在这一时期，行政管理工作发生了极大的变革，表现在：管理内容不断拓展，管理分化日益加深，管理方式日趋复杂化、管理手段逐渐技术化。公务员作为行政管理工作的主体，必须与时俱进，不断拓展自己的能力，提高自己的职业水平，唯有如此，才能在复杂多变的新形势下做到工作游刃有余，产生高效的行政行为。

一、培养前瞻能力

当前，我们正处于一个社会复杂性和不确定性迅速增长的时代，面对这样的社会环境下，不仅要求政府必须具有更强的前瞻性功能，更要求公共管理活动的从业者——公务员具有较高的前瞻能力。那么什么是前瞻能力呢？对公务员来说，所谓“前瞻能力”，是指在复杂环境中对事物产生、发展和结果做出科学预测进而去实现公共目标的能力。公务员面临的环境是复杂的，这种复杂，不仅仅是指现代社会的复杂，更是指公务事务本身的复杂。而公务员的基本职责就是实现公共利益，然而现实中的公共利益由于涉及公众，涉及不同群体的不同利益，常常表现为对立乃至相互冲突。有人曾举过一个简单的例子，在农业补贴项目中，由于资金有限，政府不得不在各种项目中（如萝卜和白菜）进行取舍，但是无论将资金投入到哪个项目，我们都可以说政府的决定实现了公共利益（满足了一部分人的利益），也可以说损害了公共利益（牺牲了另一部分人的利益）。因而，与私企部门员工的工作不同，公务员经常处在各种利益权衡之中，处在各种对立和矛盾之中。为此，公务员需要辨别哪些决策行为是代表了最广大人民群众的根本利益，哪些不是。一句话，公共事务本身内涵的复杂价值体系和利益冲突，要求公务员本身具有较强的前瞻能力。①

美国公共行政学者全中燮提出的当今时代公务员应具备的八个特征，对我们理解前瞻能力有所启发。在他看来，公务员必须具备的特征如下：

(1) 一个具有健全功能的人。公务员应取向于变革和成长的生存状态。他应该永远不断地学习，具备处理组织与环境不断变迁的复杂和暧昧关系的能力，并以人文精神来反思和引导环境的改变，不断修正公共行政组织面临的各种问题。

(2) 有意识与有目的。公务员应该根据个人的经验、知识、兴趣和责任意识自动自发地回应组织面临的事件、问题和危机。他是有意识、有目的、主动的、负责的和愿意学习的人，而非受制于行政职位、组织期望、法律权威、尊严与安全等外在要求的应声虫。

(3) 未来取向。公务员应该是未来面向的，他对目的、思想和行动的未来具有高度的敏感性，即使这些目的不可能达成，也要设法影响实践促使其发生。

(4) 每日的生活共享。公务员愿在自由、平等和互为主体的情况下与他人、团体和社会进行良好的沟通。

(5) 领导能力的实践。公务员是改革和创新的支持者，他能创造性地疏通外部环境因素来影响决策过程，能整合组织与其成员的个人需求，能在信任和共享的基础上行使领导权威。

(6) 促进协作性的组织（Synergistic Organization）。公务员鼓励

---

① 参见武玉英．后官僚时代的公务员核心能力：前瞻能力【J】．首都师范大学学报，2007(4)．

集体决策和参与，能够整合组织和个人的目标，通过有效的团队工作来实现目标。

(7) 与他人对话。公务员应积极参与对话，而对话中的真诚不仅是结果有效性的前提，亦为建立良好关系的前提。

(8) 努力于实践。公务员能够将所学的新知识转化为个人主观有意义的行动。他应能评估和反思行政命令的可疑和矛盾之处，并修正个人和制度上的错误。①

培养前瞻能力，是社会复杂性和不确定性迅速增长时代对公务员这一职业的新要求，也是公务员职业化塑造的一项新内容。无数事实表明，公务员良好的前瞻能力，有助于其前瞻性地解决各种矛盾，主动地处理前景无法准确预测的事件，从而做到防患于未然或者妥善处置。以公共危机处置为例，公务员如何做一个有前瞻能力的危机管理者呢？首先，通过对各种公共危机的识别及时发现危机，通过分析研究建立健全各种应急预案。从而做到未雨绸缪，及时进行预防，把问题化解在初始状态。即使在危机无法避免时，也能够做好应对的准备，采取果断措施，有效地防范和避免突发事件事态的扩大，把损失降到最低限度。其次，对正在发生的公共危机，不回避、不推诿，而是保持积极的态度，采取主动的行动，尽最大努力去解决，去挽救。实践表明，在公共危机中，危险是现实的和显性的，机遇却是潜在和隐性的，如果不具有前瞻能力，不能以主动的行动化解危险和解决问题，虽然表面上回避了危险，却无法抓住潜在的机遇，化腐朽为神奇。②

公务员前瞻能力的培养，可从以下几个方面入手。

一是培养创新意识。登高才能望远，开拓新局面，必须摆脱习惯

---

① 参见武玉英.后官僚时代的公务员核心能力：前瞻能力【J】.首都师范大学学报，2007(4).

② 参见韩秀景.公共危机管理与实践【M】.南京：南京师范大学出版社，2012：232.

性思维，树立创新意识，学习运用战略思维，善于捕捉发现新事物、引导新事物，做到与时俱进。

二是树立全局观念。树立全局观念，就是要求从全局出发，把握事物本质，不为错综复杂的矛盾迷惑，全方位、多角度进行考量，客观准确地把握相关因素的影响，妥善处理各种矛盾，解决各种问题。

三是超前决策。对于广大公务员来说，要做到超前决策，掌握充分的信息至关重要。我们经常讲，科学的决策＝90％的信息＋10％的判断力。要掌握信息，调查研究必不可少。为此，一是要广开言路，把握群众的思想脉搏。二是要立足现实，善于把中央的方针、政策结合到本单位的实际情况中，找准上与下的结合点。以此作为依据，进行超前决策。考虑到政策措施可能产生的综合影响，预见到政策实施后的多重效应，通过方案论证，选择最合理的方案。对于那些涉及到公共安全、公民健康利益的重大决策，应首先进行经济、环境、社会方面的风险评估，预测对未来可能发生的一系列影响。如核电作为一项新的能源技术，可以减轻能源紧张压力，但从前苏联切尔诺贝利核电站与日本福岛核电站事故可以看出，核电技术是一把双刃剑，既可以造福人类，也可能给人类生存和环境造成巨大灾难。1986 年切尔诺贝利核电站事故发生后，因辐射死亡 20 万人，患病的人更是不计其数，其中尤以癌症居多，基辅城则成为远近闻名的“鬼城”。而福岛核电事故的危害在未来若干年内也会显现出来。由此可见，对于核电项目之类的决策必须要有前瞻性，这就要求政府及其官员必须切实严格控制核电站数量，并深入考察核电站选址、建站质量、技术保障、安全防范，充分评估多种地质灾害的发生概率和安全风险。再如食盐加碘、转基因技术也存在同样问题。一项新技术诞生后，普通大众的注意力一般都会集中在其优势方面，而对其负面影响很少关注，更缺乏深入的分析思考，此时政府及其公务员必须要高瞻远瞩，知微见著，不仅要考虑眼前利益，还要考虑子孙后代的利益，努力将风险降到最低。

二、提高创新和应变能力

古人云："苟利于民，不必法古；苟周于事，不必循旧。"在当今社会，这句警言对于公务员更显现出特殊意义。随着社会高度复杂性和高度不确定性的增强，政府旧的行政运行机制与管理模式和新型市场经济之间暴露出很多矛盾，有些社会深层次的矛盾呈现尖锐化的趋势，并以突发性事件的形式表现出来。这些矛盾的缓解和危机的解决需要对政府的治理能力提出了严峻的挑战，导致政府管理面临新的环境，需要解决许多新的矛盾和新的问题。政府管理只有实现自身的不断创新和及时应变，才能有效地行使自身的职能，而要做到这一点，培养和提高公务员的创新和应变能力势在必行。

所谓创新应变能力，指在工作中想别人所未想，见别人所未见，做别人所未做，发明新方法，克服常人或前人所未克服的困难，实现工作的新突破，及时有效处理各种突发事件。培养公务员的创新应变能力能够促进其发现新事物，解决新问题。正因为如此，所以必须致力于公务员创新应变能力的培养。

1. 强化公务员的创新意识。创新意识是指人们根据社会和个体生活发展的需要，引起创造前所未有的事物或观念的动机，并在创造活动中表现出的意向、愿望和设想。创新意识是一种敢为天下先，不断进取，求新求异的心理状态和思想意识，创新意识是所有创新的前提。强化公务员的创新意识，一是要激发公务员的批判意识和创新探索精神。长期以来，根深蒂固的"官本位"文化和科层制体制下形成的政府组织的严格规章制度、固定的工作方式，使很多公务员习惯于繁琐的例行程序，唯命是从，安于现状。这些行为极大地束缚了公务员的个性和创造力。要改革以上弊端，就必须倡导树立批判意识和创新探索精神，具体而言，就是敢于否定自我和推陈出新，培养和形成对现实的科学批判能力和执著事实的探索精神。二是要求广大公务员以创新的意识审视其工作的各步骤、各环节的内容，帮助其查找不足、纠正缺点，激励其创造性地开展工作。三是鼓励广大公务员勇于接受层出不穷、变化多端的新情况、新问题、新事物对公务员行政工作所带来的各种挑战，引导、激励公务员不懈地学习，善于用新观念接受新事物，用新思维研究新情况，用新方法解决新问题，用新技能开拓新局面。

2. 提高创新思维水平。培养公务员的创新能力，其前提在于提高其思维创新水平。思维创新是创新灵魂。那么，如何提高公务员的思维创新水平呢？

一是培养动态开放的思维视角。今天，社会大环境已经形成了总体动态开放的格局。作为公共管理者的公务员的思维视角也应该相应地呈现出动态开放状态，要开阔眼界和拓宽思维空间，从而适应工作中面临的各种新情况。二是培养创造性思维视角。创造性思维是创新的核心，因为思维创新，人们对事物的认识才越来越深刻，对新情况的把握才越来越准确，进而解决问题的途径才越来越广泛。创造性思维一般是指开拓人类认识新领域，解决社会发展新问题的思维活动，它有广义和狭义之分。从广义上来看，是指凡是没有确定规则可以遵循，又不能直接利用有效方法的思维活动。从狭义上来看，是指发明技术，提出假设，形成新观念，提出新理论这样一些探索未知领域的认识过程中的思维活动。通常人们的思维都是沿着一定的方向、一定的角度去思考问题，当一种方法和途径不能解决问题时，不妨采用创造性思维视角，运用联想思维、逆向思维、综合思维、聚合思维等方式进行思考，以使思维更加开阔，看问题角度更加多维。三是培养高屋建瓴的思维视角。高屋建瓴简单地说，就是站得高看得远，能够从整体上客观把握和认识问题，既见树木，又见森林，跳出局部看全局。

四是培养情理交融的思维视角。情理交融是思维活动和心灵活动的统一。任何制度、措施的制定和实施，都离不开人的主观活动。我们的工作目标要求我们采取情理交融的思维视角，坚持以人为本，落实人文关怀，关注人的全面自由发展。五是培养见微知著的思维视角。公务员应该对各种新出现的社会现象保持敏感，使思维嗅觉保持高度的兴奋，善于抓小处抓细节，从细微的事情和别人未注意的现象中发现问题，在常人熟视无睹的大量重复现象中发现规律，在司空见惯中究根底、辨真伪、出灼见。[①]

3. 营造有利于公务员创新能力提升的行政创新文化。要使公务员勇于创新、乐于创新和敢于创新，必须营造有利于创新能力提升的行政创新文化，倡导"敢为天下先"的精神，鼓励公务员在尊重规律的情况下勇于突破旧的藩篱，先行先试。为此，一方面，行政组织要大力培植崇尚创新、鼓励创新、宽容失败的文化环境和氛围，崇尚独立思考、理性分析，提倡敢为天下先和打破惯性思维的精神，从而引导公务员不断进行创新。另一方面，还要建立一套激励创新的机制，鼓励公务员释放创新潜能，形成人人追求创新、个个争相创新的局面。为此，一是要鼓励公务员各展所长和脱颖而出；二是要兼容并蓄，允许不同的声音和行为，尊重公务员的能力、兴趣、人格等方面的差异性；三是大胆使用创新型人才，领导应该经常听取、采纳公务员具有建设性的构想或看法，对于那些勇于探索、开拓创新、业绩突出的公务员，要突破资历和论资排辈的做法，大胆提拔任用并给予奖励；四是要创新干部机制，激励创新作为。创新往往具有很大风险，往往需要付出代价，这就要求行政组织必须建立有效的激励机制，给创新者以人力、物力、

① 参见顾栋.注重机关效能建设提升公务员创新能力【J】.湖北行政学院学报，2008(6).

财力、信息和政策的保证，形成足够的激励力量，同时尽可能降低创新者为创新付出的代价，降低为创新所承担的风险。同时还要建立和健全一套有利于创新的干部选拔和考核制度。在干部选拔上，要坚持任人唯贤，能者上，平者让，庸者下，把那些真正具有创新精神和创新能力，能打开工作局面的干部放在更重要的位置上，对那些因循守旧、不思进取、碌碌无为的人，要及时调整工作岗位。在公务员绩效考核中应注重创新能力和创新成果的考察，使创新行为得到鼓励、褒扬和奖励。对创新失败的公务员要抱以宽容的态度，及时给予帮助，对公众不理解的要给予解释说明。

4. 引导公务员自我提升创新应变能力。公务员知识、技能的储备程度和创新实践水平直接决定了其创新应变能力所能达到的高度。为此，组织应该引导公务员主动学习新知识、新技能，自觉进行创新实践。主动学习的具体方式包括：(1)自我教育。自我教育要求公务员利用各种脱产学习时间或空余时间以及在工作实践中学习新知识；(2)向他人学习。向他人学习要求公务员不断向上级、同级、下级以及其他人学习，要博学广取，而不是单求薄进；(3)接受各种专业、系统的教育和培训。包括积极接受各种思想政治、业务知识和专业技能的培训教育。以此同时，还要自觉地进行创新实践，主动提升自身创新能力。[①] 创新实践是公务员提高自身创新能力的最切实可行又行之有效的方法。公务员要提升自身的创新应变能力，必须深入实际，去发现问题、直面风险与挑战，进而运用创新思维与方法去认识问题和解决问题。

5. 培养公务员的批判能力。创新的过程是以新代旧的过程。实

① 莫容.努力营造良好的创新环境不断提升公务员的创新能力【J】.中共南宁市委党校学报，2007(5).

现替代的前提就是对现实的批判和否定。就是敢于批判、否定和推陈出新，具有现实的科学批判能力和执著事实的探索精神。长期以来，根深蒂固的“官本位”文化和政府组织的严格的规章制度、固定的工作方式，使很多公务员习惯于繁琐的例行程序，唯命是从，安于现状，从而极大地束缚了自身的探索和批判精神。当然，我们所说的批判和否定不是盲目的，而是基于现实的理性思考的结果。要做到这一点，必须具有对现实的科学批判能力，能够通过对现实的理性分析与研究，发现现实中存在的问题，进而为解决现实问题指明方向。

培养公务员的批判能力，一是要培养公务员的理性怀疑精神，即鼓励公务员对具体的政策、措施进行发问：为什么要制定和实施这样的政策？为什么此时实施这样的政策？实施该政策的利弊何在？以此为基础，进行否定性推理、论证，如果最终得出的依旧是正确的结论，那就意味着政策、措施是正确的。由于是自己得出的结论，客观上会提高公务员对政策的理解与认识程度。如果通过推理、论证发现了问题，便为创新提供了生长点。二是培养公务员的比较能力。有比较才有鉴别。有了鉴别，就会很容易发现工作中存在的问题。为此，要求公务员广泛关注与收集国内外公共管理案例，并对案例进行系统的分析研究，得出相应的结论，从而有效地培养公务员的评价与批判能力。三是培养公务员的实践价值取向。无论是怀疑、否定，还是比较鉴别，最终得有一个评判尺度，那就是实践成效。因此，公务员必须把实践成效作为评价管理手段或对策有效与否的根本标准。

6. 在立足现实的基础上实现创新应变。所谓立足现实的创新应变，一是要坚持实践性。创新不应该来自上级政府的指示和书斋里的想象，而应该来自于现实。二是要切实可行，具有可操作性。

三、增强人际理解力

长期以来，由于公务员手中掌握着公共权力，加之官本位观念作祟,导致一些公务员习惯于对公众发号施令,似乎公众只有服从的义务。这种不对等的关系,使得一些公务员缺乏人际理解力。

人际理解力即理解他人的思想、感情与行为的能力。人际理解力包含两层含义:一是对他人理解的深度,包括从理解明确的想法或明显的情感,到理解他人行为背后复杂的、隐藏的动机等。二是倾听并反馈给他人,包括根据他人对行为与事件的描述,帮助对方解决难题等。也正因为如此,具备人际理解力的人都具有很强的亲和力。

人际理解力也被称为:心领神会、对他人的敏感性、觉察他人的感受、体谅等。通常描述人际理解力有两个维度,其一是对人理解的深度,包括从理解明确的想法或明显的情感到理解行为背后复杂的、隐藏的动机等。其二是倾听并反馈给他人,包括根据他人的行为与事件的描述,帮助对方解决难题等。

曾经有个记者刁难一位企业家:"听说你大学时某门课程考了几次都没有过。"这位企业家平静地回答说:"我羡慕聪明的人,那些聪明的人可以成为科学家、工程师、律师等等,而我们这些愚笨的可怜虫只能管理他们。"

有证据表明,医生被指控失误的风险,与其医疗失误的多少几乎没有关系。针对医疗失误诉讼的分析显示,在遭到起诉的医生中不乏医术高明之人,相反,有些医术拙劣的医生却从未遭到投诉。不久前,医疗研究者温迪·莱文森记录了一组医生与其病人之间的数百条对话。在这组医生中,约有一半从未遭到过投诉,而另一半则被投诉过两次或以上。温迪·莱文森发现,仅凭这些对话,她就能够找出两种医生之间的明显差异。从未被投诉的医生花在每位病人身上的时间,要比遭到投诉的医生长了3分钟(18.3分钟比15分钟)。前者更趋于给出"指导性"的解释,比如"首先,我会为你做检查,然后我们再来谈你的问题",或者"我会专门留出时间供你提问",这些话能够帮助病人理解他们在此次就诊中将会得到的结果，以及应该何时发问；另外，这些医生更趋于积极聆听，喜欢使用"请继续往下讲"等用语；除此之外，他们在病人的就诊过程中也更加幽默和爱笑。有趣的是，这两种医生提供给病人的信息，在质与量上都大同小异，第一种医生并没有给出更多有关用药和病情方面的细节。区别仅仅在于两种医生是如何与病人沟通，如何理解病人。

可见，在工作中，智商固然重要，但高智商并不见得能够获得事业成功。作为一个公务员，如果拥有很高的情商，懂得如何去发掘自己身边的资源，积累自己身边的资源，并充分利用这些资源进行拓展，那么他的工作就会非常有成效。基于此，就需要公务员有意识有目的地培养自身人际理解力。在不影响本职工作的基础上，多方接触社会，深入基层，尽其所能参与各种社会活动，同时，注意平日里加以锻炼，具体来说，公务员增强自己的人际理解力可以从如下几个方面入手：

换位思考。作为公务员，如果你想要公众接受你的想法和要求，那么就应该学会站在公众的角度上思考问题。如此，就会多一些谅解和同情，很多问题解决起来就比较容易。

与人方便。俗话说，与人方便，与己方便。每个人都会为自己的利益着想，这没有错，但是在与他人相处中，不能只顾自己的利益而置他人的利益于不顾，那样，最终会成为孤家寡人，得不到别人的帮助。

诚实正派。在现实生活中，人们都喜欢诚实正派、热情、友好的人，而讨厌虚伪、自私、冷酷的人。对此，国外有学者曾专门做过研究，他们列出555个描述人的品质的词汇，然后让人试说出他们喜欢哪些品质，并说明喜欢的程度。结果发现，评价最高的是诚实，评价最低的是虚伪。我国社会心理学家也做了一些关于个性品质同人际吸引关系的研究。结果发现中国学生在选择朋友时，首先考虑的是品德的好坏，诚实与否；其次才是在不同情况下的不同要求，比如成立学习小组时，希望能和水平高、能力强的人在一起等等；选择朋友时，希望能和真诚、热情的人交往。

尊重他人。美国哲学家泰勒认为，人际伦理的基本精神就是尊重，即尊重每一个人依据其价值观而生活的自主性。把他人当作人来尊重，就是承认他人的人格，因为人格具有超出纯粹感知生物的“独特的价值”，是绝对不可侵犯的(人有两种身份，一是人种的成员，生物学意义上的人；另一是人格，具有理性和自我意识而存在)。更为重要的是，要把他人的人格视为某种拥有自在价值的对象。具体而言，尊重他人意味着注意到并接受人类个体之间及群体之间的差异，进而尽力理解这些“其他人”，如承认和重视每个人的人格、感情、爱好、习惯、社会价值以及所应享有的权利和利益，并力求和他们有效地共事；同样也意味着能够尊重并赞扬他人的成就。总之，就是要顾及他人的心态和立场，尊重他人的自尊和权利。虽然当今社会提倡彰显自己、但是彰显自己，突出自己不必否定别人。喜欢否定别人的人，不可能有良好的人际关系。一个人无论处于何种情境和何种地位，在今天这个彼此相连的世界中，偏狭或者无礼已不再是可行的选择。相反，如果你尊重别人，把阳光投射给别人，那么就会有更多的阳光折射给你。

欣赏他人。有位著名心理学家曾经说过：“人性中最强烈的倾向之一是：希望自己被人赏识。”[①]的确，人人都希望受人喜欢、尊敬、引以为范等等，这是人们常见的心态。因为欣赏意味着提高价值，人们总是在寻找那些能够提高我们价值的人，而躲避那些降低我们价值的人。

① [美]拿破仑·希尔. 积极心态的力量【M】，成都：四川人民出版社，2002：173.

第十三章　模塑职业行为

"中国公务员是一个执掌公共权力的群体，这种公共权力在中国仍被视作紧缺资源，是人们羡慕乃至希冀获得之物。公共权力的运作对社会具有外溢性，恶的公务员会被视作恶的政府的化身，善的公务员会被视作善的政府的化身。公务员的行为及精神风貌对社会有示范导向作用。"①正因为如此，规范和模塑公务员的行为，实现行为的职业化就显得特别重要。

第一节　公务员职业行为问题透视

随着我国政府职能的转变，在逐渐还权于民的过程中，人们对于行使公共权力进行管理的公务员的行为的要求会越来越高。然而，当我们审视中国公务员的职业行为时，却遗憾地发现，其实然的行为状态与应然的行为之间还是有很大距离的。邓小平同志曾列举了"我们党和国家政治生活中广泛存在的"官僚主义现象的具体表现："高高在上，滥用权力，脱离实际，脱离群众，好摆门面，好说空话，思想僵化，墨守成规，机构臃肿，人浮于事，办事拖拉，不讲效率，不负责任，不守信

① 周海生. 当代中国公务员的人文精神及其重塑【J】. 学习论坛，2003(6).

用，公文旅行，互相推诿，以至官气十足，动辄训人，打击报复，压制民主，欺上瞒下，专横跋扈，徇私行贿，贪赃枉法，等等。这无论在我们的内部事务中，或是在国际交往中，都已达到了令人无法容忍的地步。”由此可见，公务员的职业行为可谓问题丛生。

一是处理事务强调“管制”而非服务。2008 年 3 月 18 日，门楼镇部分村民向镇干部询问关于村支书赵彩明涉嫌贪污公款以及贿选的事情是否有结果，当准备去找镇党委书记陈善志时，被镇干部减崇岭拦住，其中一名群众被减崇岭打倒在地，双方的冲突升级，双方互相谩骂、推搡，村民做出聚集在办公楼内外喊口号、要求见镇党委书记等行为。半小时后，福山区调集全区警力，动用近百名警察，使用催泪瓦斯将 30 余名村民控制住，并逮捕了其中 15 人，其中 10 人被行政拘留，5 人被刑事拘留。对此事件，门楼镇政府的解释是，村民聚众攻击镇政府，破坏政府工作秩序。3 月 19 日，在东汪格庄选举村干部现场，村民赵惠义因表示选举不公而被警察带走并刑拘。门楼镇党委副书记张中学对此的解释是，赵惠义不仅中断选举进程，还是 3 月 18 日到门楼镇政府的闹事者……记者调查发现，赵惠义事件前后，部分村民对门楼镇政府的信任程度已经降低到冰点。[①] 由此可见，当前我国部分基层公务员仍然以“官”自居，作风生硬，蛮横、粗暴，“宗旨意识淡薄，脱离群众、脱离实际，不讲原则、不负责任”。[②]

二是行政不作为。政府部门“门难进、脸难看、事难办”，办事关卡多、程序多、效率低，或者干脆不作为。2010 年 11 月，在无锡新区某公司工作的周力，向当地劳动保障监察大队实名举报公司不支付加班费，要求补偿加班费。但劳保监察大队负责人称，从劳动的相关法律

---

① 见新浪网 http://news.sina.com.cn/2008-04-04/062013684033s.shtml.

② 中共中央:《中共中央关于加强和改进新形势下党的建设若干重大问题的决定》,2009-9-18,见中华人民共和国中央人民政府网.

法规来看，想要从劳动部门解决此事，很难。为此，周力给劳动部门送上一面“不为人民服务”锦旗。[①] 锦旗事件之所以发生，源于周力和老东家打了至少14场官司而得不到解决。万般无奈之下，周力给相关部门送上一面“不为人民服务”锦旗，表达他对劳动部门行政不作为的不满。《陕西日报》载，近日有不少定边县群众反映，该县马莲滩沙地森林公园大量树木枯死。记者前往调查，发现园区道路绿化死亡率过半。可该县林业局孙局长在回应此事时称“老百姓是吃饱了撑的”，接着又补了一句“老百姓就是多事”。2011年8月9日凌晨4点广东茂名发生惊魂一幕。5匪徒持枪冲进该市海滨花园，3匪徒用枪制服保安员之后，另两匪徒强行冲进小区偷盗一业主的摩托车。业主看到匪徒在撬锁，忙呼喊追赶，并打110报警。无奈匪徒有枪，只能眼睁睁地看着他们盗走一辆摩托扬长而去。一些业主质问，为何直到六点半才有警员赶到现场。110的接警员回答说，派出所的电话欠费停机，找不到人。不要以为这只是个案，各地派出所欠费停机早已不是新闻。例如《华商报》曾报道，铜川市公安局王家贬派出所“所里三部电话都停机了！”所领导说，所里经费紧张，对于报警电话欠费停机给群众造成的不便，他深表无奈。开封市森林公安分局的停机原因同样是“经费比较紧张”。而石家庄新乐某派出所欠费停机一个月后，称“一直不知情”，“所里的报警电话只能接不能打，居民报警一般都是拨打110，110指挥中心会转到我们所负责人的内部号码上。”[②]

三是以权谋私。有些公务员丢掉了全心全意为人民服务的宗旨，把人民赋予的权力当作自己谋取私利的资本，大搞权钱交易；有的利用手中的人事权，索贿受贿；有的把自己应尽的职责变为以权谋私的

① 参见现代快报【N】.2010－11－24.

② 付瑞生.欠费停机，执法为民不在服务区.搜狐博客2011－08－31.

条件，搞有偿服务，收受贿赂，甚至利用执法权贪赃枉法。2010 年 3 月，广西公务员考试考题泄密事件震惊了全国，其直接原因，就是广西人事考试中心工作人员黄文亮，利用参加命题的机会，用私自夹带的无线网卡和工作配发的笔记本电脑，将广西 2010 年公务员考试公共科目《行政职业能力测验》试题和答案、《申论》试题通过互联网 QQ 发送给黄某等 4 人，从中获利，造成了试题和答案在考前被泄露的严重后果。

四是滥用权力，甚至暴力执法，严重侵害相对人的权利。2011 年 7 月初，河南南阳市有市民在“书记市长留言板”上指责该市交通整治成为罚钱行动，旋即遭到当地公安部门的警告：将密切关注你的煽动性言论是否造成不良社会影响再视情处置。更有耀武扬威带队进京抓记者的地方一把手、派警力跨省追捕“犯上草民”的地方权力者。他们在执行公务时滥用权力，甚至暴力执法，这说明在他们的头脑里，依然根深蒂固地生长着种种“官尊民卑”的封建意识——权力是一种治民的私器，而不是为民谋利的公器。2011 年 8 月间，江苏省射阳县临港工业区村民们不断向记者反映，在该地惊现一支特别的“剿匪游击队”，而该“游击队”的任务就是专门抓押上访或者违抗强征、强拆的村民们。众多村民表示，目前该“游击队”队长正是区委书记尤某。据村民们统计，在尤某任职 5 年多时间里，先后有 18 人被非法拘留，有 10 多人被非法关押至“黑监狱”进行信访学习班“培训学习”。而区委书记尤某则称“项目贵生命，谁阻碍招商引资，谁就是我的敌人。”

五是行政工作中有法不依，执法犯法，有令不行，有禁不止，上有政策，下有对策，甚至“黑头(法律)不如红头(文件)”、“红头不如口头”的现象也时有发生。河北省宁晋县宁纺集团污水流毒 20 年，县环保局却无视一望便知、绵延数十公里的漆黑毒水，坚称“辖内无污染”，或谎称属外地流入的“跨境污染”。该污染企业荣获了省市县级“节能减排目标考核优秀单位”等“环保嘉奖”。[1] 环保局何以“失节”，委身于污染企业，甘当污染企业的“保护伞”？第一是“上面因素”。当地政府若陷进GDP崇拜，地方政府往往就会对尽责的环保部门视为“碍手碍脚的家伙”。第二问题出现在“下面”。被拉进“保护伞”的企业，往往是本地“大户”，要么属产值大户，要么属出口大户。宁纺集团是当地出口骨干企业，年出口创汇据称达3000万美元，属当地5大支柱企业之一，他们之间存在相当多的“利益输送”机会。[2]

六是失信于民。有些政府部门为了招商引资，出台了许多优惠政策，许下了许多诺言，引资成功后，却因条件的改变不能遵守，或不认真兑现，引起公众不满，严重者甚至导致外商撤资。如此不仅破坏了政府形象，也给经济发展带来不利影响。江苏省宿迁市沭阳县政府承诺公民帮助招商引资可获奖金400万元，而曾经参与江苏省宿迁市沭阳县的一项招商引资的公民姜大成最终只得到奖金30万元。为了这余下的370万元奖金，姜大成到处奔波，甚至诉诸法院，但最终，法院只做出了再给他20万元奖金的判决。姜大成认为，自己不是这20万元就能打发的，他始终坚持自己理所应得的奖金数额应该是400万元。虽然江苏省高级人民法院已经做出终审判决，驳回了他的上诉请求，但他仍然不死心——在接受记者采访时，他反复提到，“政府说话不能不算数，那明明是印在政府红头文件上的”。[3] 又如现阶段广受诟病的拆迁问题，在拆迁过程中一些公务员不讲诚信，暴力拆迁，激化了人民群众和政府及公务员的矛盾，甚至导致流血事件的发生等。

七是腐败频频发生。腐败是公务员队伍的“毒瘤”。近年来，官员的腐败现象日益严重。腐败不断推陈出新，钱权交易、收受礼金、吃喝

① 资料来源：2011-09-09 中国经济网.

② 参见和静初.环保局成污染保护伞是法律之耻.2011-09-30 搜狐博客.

③ 资料来源：中国青年报【N】.2012-10-24.

成风，崇尚奢华、巧取豪夺等达到了惊人的地步，而媒体也屡屡曝光一些公务员职务违纪违法犯罪。据财新《新世纪》报道，湖北省委第六巡视组2012年四五月间在秭归巡视，巡视期间花费的天价账单如下：13个人在20余天时间里开销80.19万元（包括接待费370193元，礼品113477元，外出考察费139921元，购置设备109888元，其他费用68491元。而在秭归县回应的账单中，则只剩下114490元，包括住宿费18180元，生活费31790元，以及三峡考察费64520元）。13日，秭归县就报道所披露内容进行了回应，称其间开支费用只为114490元。① 近年来，腐败有向高层蔓延的趋势。一些高级公务员大肆进行钱权交易，许多地方明目张胆地“吃拿卡要、买官卖官”、贪污受贿、私吞公款等。2010年1月19日，最高人民法院原副院长黄松有因受贿和贪污被判无期徒刑，剥夺政治权利终身，没收个人全部财产。② 2010年7月1日，最高人民法院核准对杭州市原副市长许迈永的死刑判决，并于当日执行死刑。终审判决认定，许迈永在1995年5月至2009年4月，在其任萧山市副市长，杭州市西湖区代区长、区长、区委书记，杭州市副市长等职务期间，为有关单位或个人在取得土地、享受税收优惠政策、承揽工程、解决亲属就业等方面谋取利益，先后多次收受、索取浙江坤和建设集团股份有限公司董事长李宝库等14人送给的款物，共计折合人民币1.45亿余元。③

八是浮夸和弄虚作假。当前公务员的浮夸和弄虚作假之风有愈演愈烈之势，主要表现有：第一，玩数字游戏，虚报产值与速度。第二，欺上瞒下，搞形式主义。为求升迁，置党性原则不顾，急功近利，采取短期行为，大搞政绩工程，形象工程，献礼工程。从安徽省原副省长王

---

① 资料来源：财新《新世纪》2012-09-13.

② 资料来源：新京报【N】.2010-01-20.

③ 资料来源：中国新闻周刊【N】.2010-07-19.

怀忠到河南省卢氏县原县委书记杜保乾，大搞形象工程，并利用形象工程向百姓横征暴敛，滥用权力巧取豪夺，其行为像病毒一样侵害着人民群众的生命财产，严重损害了政府的形象。第三，夸大成绩，隐瞒失误。对成绩无限夸大，甚至无中生有，对失误则尽力隐瞒，大事化小，小事化了。第四，弄虚作假。在长春，为了应付所谓“文明城市”的国家检查（所谓“国检”），在“国检”期间居然强令市内很多小商小贩小餐馆等关门停业躲避检查，可谓弄虚作假肆无忌惮。近年来，年龄、学历造假现象频现。官员提拔和退休以年龄划线后，有的人为了在岗位上多待几年，进行年龄造假，把自己的若干年生命冻结或休眠，于是出现了一批“神童”和“童工”，使履历变得不可推敲。如，陕西某镇党委委员从上小学到大专毕业只用了 10 年时间；山西某市纪委书记档案年龄比真实年龄小了 5 岁，为了配合年龄造假，称：“13 岁参军，15 岁入党”；石家庄原团市委副书记王亚丽也被曝通过迁移户籍改小年龄 5 岁。而为了获得更多的升迁机会，有的人还在学历上造假。前一阵子，美国西太平洋大学的博士名单上，就有一大串中国官员名单。

在政治社会学领域，有一个著名的“塔西佗陷阱”规律，该规律是由古罗马历史学家塔西佗提出的。塔西佗认为：当政府不受欢迎的时候，好的政策与坏的政策都会同样得罪人民。进而言之，就是一旦某个地方政府或者部门的所作所为让人心大量流失，那么民间就不可避免地出现对它的各种毁谤和谣言，无论公权部门怎么做都没人相信，哪怕是一件看起来很好的政策。当然，我们不是说所有地方或者权力机构都存在“塔西佗陷阱”，但毋庸置疑：在一个社会矛盾不断、群体性事件时有发生的地方，一定是存在“塔西佗陷阱”或者说倾向。而“塔西佗陷阱”一旦存在，则是对当地公权机构和公务员行为的重大预警。

第二节　以行政价值观引领职业行为

一、公务员职业的特殊性

公务员职业的特殊性要求公务员的工作必须体现公共性，公务员这一名称不仅说明了公务员职位的特有内涵，也说明了公务员职业行为塑造的基本要求。公务员职业行为的基本取向可以概括为四个方面：一是强调行为的公共性，通过行使公共权利，制定公共政策，提供公共服务，谋求公共利益，实现公共价值最大化。这一点正如著名行政管理学家张康之所言："对于公共管理者，职业性质规定了他已经不再有选择是否'行善'的自主性了，如果说他拥有自主性的话，那么这种自主性就在于尽可能地接近全心全意为人民服务的职业要求。"①二是强调行为的公正性，公务员行为的公正性是指公务员群体在对实现社会利益最大化的公共管理道德认知基础上的行政道德实践，这种实践是建立在"最大多数人的最大幸福"和"公正的正义"基础上的道德与价值的认定。三是强调行为的廉洁性。廉洁性是公务员职业特征的一个引申。廉洁性是防止公共权力私利化的保证。廉洁是保证公务员群体行为端正的一个重要价值指南。四是强调行为的功绩性。功绩性是公务员个体发展与群体进步的基本立足点，反映了现代社会个人发展的基本价值趋向。功绩制是公务员制度的一个标准，也是公务员职业行为的一个导向。在公务员职业行为中强调个人的进取精神，即以贡献与业绩评价公务员，并成为公务员提升、晋职以及奖励的依据。

---

① 张康之. 公共管理职业活动中的三个伦理问题【J】. 天津行政管理学院学报，2003(5).

二、行政价值观对公务员职业行为的引领

1. 行政价值观及其构成

行政价值观是公务员等公共行政主体在公共行政领域中对某种特定的行政思想、行政行为方式的功效和意义所作的理解和追求的总称，是其行政价值生活实践和知识的凝结与升华。行政价值观中包含着对行政事务的理解，也包含着对行政行为方向的指向，这使行政价值观具有了解释行政的意义和指导行政方向的功能。行政价值观一旦形成，就会产生相应的行政态度、行政观点及行政行为。对公务员来说，行政价值观是其行政行为的出发点和归宿，体现着公务员的价值取向，决定并制约着公务员的欲望和行为方向。

行政价值观包括：

服务观。政府行政的公共性根源于社会要求，其责任和义务在于服务社会。然而由于政府行政的领域是权力运行的领域，公务员处在代表国家执行公务的特殊职位上，拥有其他部门组织成员所不具备的特殊权力。假如公务员缺乏服务观，不具备服务意识，就很容易改变权力的服务内容。也正是基于此，要求以优秀的行政文化教化、熏陶、模塑公务员，使其形成“廉洁奉公，勤政为民”的理念，树立正确的服务观。

发展观。在这个变动不居的世界，唯一不变的就是变化，发展决定一个国家在国际竞争中的地位和命运，也是解决所有问题的关键。公务员作为行政主体的实质和活动方向，其行政功能观就是发展，包括发展经济，发展民主，发展文化。

公正观。公正是人类社会追求的永恒价值理想，也是现代社会转型过程中人们普遍关注的中心问题。作为“守夜人”的政府，其职责就是提供公平、公正的法治环境，提供良好和高效的公共服务。为了实现社会的公平、公正，作为政府代表的公务员，在行政价值理念上，要

承认社会公民都有平等的权利，在一切行政实践中，特别是在处理利益关系问题时，要树立公正观，秉持公正原则，秉公办事，无差别地为社会提供服务。

2. 行政价值观对公务员职业行为的引领作用

一是导向作用。价值观是人们心目中的“坐标”、“天平”和“尺子”。人时时刻刻都在进行价值判断，并以此确定自己行为的方向、态度和方式。一个人有什么样的价值观就有什么样的精神面貌和行为取向。这一点对公务员也不例外，行政文化中的行政价值观不仅直接影响着行政目标的确立，还能对公务员的职业行为产生深层导向作用，指引公务员什么样的行为可为，什么样的行为不可为，并且使其行政行为符合政府所确定的目标。

二是约束作用。随着行政价值观向公务员个人价值观的内化，一方面，行政组织会在理念上确定一种内在的、自我控制的行为标准，这种行为标准便以潜移默化的形式影响着行政组织的活动，指导、规范、约束着公务员的思想和行为。另一方面，已经被公务员内化了的行政价值观亦会对其思想、心理和行为产生约束和规范的作用，使自己的思想、感情和行为与行政组织保持相同的取向，具体表现为必须依法行政，任何行为都必须以人民利益为出发点。

三是凝聚作用。行政价值观一旦被全体公务员共同认可，就会成为一种粘合剂，从各个方面把公务员团结起来，形成一股强大的凝聚力量。行政价值观作为一种具有高度凝聚力和推动力的共同理想、信念，会为公务员事业成功提供有力的精神保证，促使其忠实履行自己职责，兢兢业业工作。

四是激励作用。社会主义行政价值观，是以培育立党为公、执政为民的理想信念为宗旨，以为人民服务为主要内容，以增强党的执政能力为目的。公务员一旦树立起这种价值观，就会内心产生一种为民服务的理想信念和奋发的进取精神，激励自己不断提高职业能力和服务水平。

第三节　公务员职业行为模塑

一、以制度规范引领公务员行为，推动行为职业化

对公务员职业行为的模塑，首先必须通过制度安排来达到。也就是说，我们需要建构起一种行政制度，通过这种制度为公务员的职业行为提供支持和保证。

我国通过《国家公务员行为规范》对公务员的职业行为进行了规范。它规定：第一，政治立场坚定，忠于国家和法律。坚持共产主义理想信念，坚持党的基本理论、纲领、路线、方针政策，在思想上、政治上、行动上与党中央保持高度一致；第二，遵守宪法和法律，文明执法，依法行政；第三，忠于职守、勤政为民。爱岗敬业、勤奋工作，做人民满意的公仆；第四，克己奉公、清正廉洁。遵守纪律，不徇私情，不贪赃枉法；第五，民主沟通、团结协作。坚持民主集中制，不独断专行，不搞自由主义；第六，谦虚谨慎、品行端正。诚实守信，模范遵守职业道德和社会公德。

从实际操作角度看，我国的《国家公务员行为规范》只是提供了一个大致的方向，还不足以具体规范和约束公务员的职业行为，为此必须进一步健全规范公务员行为的相关制度规章。

1. 实行岗位责任制度。所谓岗位责任制即明确规定各个工作岗位的职责和权限，根据履职要求进行任用和管理，通过落实个人责任实现组织职能的综合性管理制度。实行岗位责任制，旨在对公务员的行为进行引导，使之按照岗位职责要求，切实履行职责，朝着职业化方向迈进。在具体操作上须结合公务员的素质和能力，尽量做到“一人

一岗”或“一人多岗”。在此基础上明确划分岗位职责。实施岗位责任制的前提是根据部门特点、职责范围、工作量大小科学设置工作岗位，并制定科学合理的岗位责任制度。

2. 普及备案制度。备案制度是防止行政机关和公务员滥用权力的有效手段。目前我国的备案多停留在规章和规范性法律文件上，因此要加强备案审查工作的规范化建设，严格备案审查程序和要求，做到有件必备、有备必审、有错必纠。除此之外，有学者提出还应当对具体行为进行备案，[①]这是规范公务员行政执法行为的一种有效方法，通过备案审查，上级可以及时发现下级机关或公务员处理案件、执行法律规范以及掌握政策的情况，从中发现问题、总结经验，并为及时做出纠正提供信息和证据。

3. 推行引咎辞职制度。有咎必辞、有责必究、有过必罚是引咎辞职制度的核心内容。公务员特别是领导干部因工作严重失误、失职造成重大损失或恶劣影响的，不宜再担任现职，应当引咎辞去现任领导职务。引咎辞职制度是对现有行政监控机制的必要补充，采用引咎辞职制度旨在激发公务员的事业心和责任感，促使其职业化工作。

4. 完善政务公开制度。政务公开对于促进公务员职业化具有重要意义，它不仅大大减少了权力滥用的可能性，同时还可以满足公民的知情权，确保“主权在民”。今天的公务员要彻底根除官本位的思想，树立以民为本的意识，由“为民做主”转变为“由民做主”，由“执政为民”转变为“还政于民”。

政务公开制度是指政府机关及其他公共权力主体主动公开有关政务活动的依据、过程、结果等文件资料，将政府行政管理的重大决策运行情况及取得的效果公之于众，并采取一定的方式让公众参与。政

① 卢护锋.论行政自由裁量权的内部控制【D】.吉林大学博士学位论文，2009:93.

务公开的具体内容主要包括：权力组织的职能与职责公开、办事依据公开、办事程序公开、办事人员公开、适用法规公开、办事结果公开、经济和账目公开。华中科技大学孙旭培教授指出，目前，我国政府机关的公开制度及具体做法还存在一些问题：一是公开的内容还不够广泛，信息公开的主动权完全掌握在政府手中；二是公开形式不够规范，缺乏较为严格、规范的法律制度；三是对于应当公开而不公开的行为基本上没有法律约束手段。基于此，应该进一步完善政务公开制度，并在此基础上有效实施。

5. 实施舆论监督机制。不受监督的权力必然导致腐败，所谓监督，就是督促和监察。监督不仅仅是对负面的谴责，更重要的是通过督促使行为日臻完善。中国式的舆论监督特指媒体的行为，是指人民群众通过大众传播机构对政府的施政行为和社会现象进行的报道和批评。我们常说政府和公务员要接受人民的监督，在现实中，这种监督通常是通过媒体反映出来的，对媒体曝光的各种公众反映强烈的重大问题，各级政府及其相关公务员必须有所交代，这是一个负责任的政府所秉持的基本原则。在这一过程中，媒体会随时扮演观察员的角色，敏锐洞察社会变动，及时发现异常态势，从而为社会运行机制的完善和自我修复提供警示。媒体的舆论监督之于公务员行为，相当程度上类似于免费体检，如果能坦然面对，有则改之无则加勉，那么任何病灶都能提前发现，在其蔓延之初即可有效诊治。拒绝舆论监督，只要好听的话，只要政治口红，那么无论表面上如何光鲜亮丽，如果病灶无从发现，最佳诊治时机被延误，终不免病来如山倒。再深厚的背景，这时都回天乏力，不可能挽狂澜于既倒。基于此，必须完善舆论监督制度，制定完备的媒体管理政策法规，明确界定媒体在监督过程中享有的各种权利、责任和义务，并赋予媒体更多的自主权，使传媒在反映民情民意、代表公众行使舆论监督权方面有法可依；同时也规范传媒的操守,监督其行为,确保其作用的良好发挥。如我国政府应该对“媒体自由”的具体内容进行界定,对媒体工作的采访权、报道权等也要有明文规定。

对公务员行为的规范,主要是职业行为,但也包括非职业行为,因为公务员有着模范遵守社会公德方面的要求,公务员的一言一行,在自身和内部人员看来是小事,但面对广大社会公众,就有可能被放大审视,如“替党说话还是替人民说话”被分析出的思维逻辑……另一方面,公务员作为政府的代表,体现着新时期国家行政和社会管理人员的风貌和政府的形象。为此,就需要加强对非职业行为的规范,要求在非工作时间遵守社会公德,体现良好的行为风范。

对于公务员职业行为的规范和引导,许多国家采用了立法形式,这种做法值得我们参考,如,新加坡的《反贪污法》、《公务员纪律条例》等法律对公务员做出了全国统一的行为准则和纪律要求:第一,必须言行坦诚、秉公办事。公务员要互相沟通、协商,形成良好的工作氛围和工作关系,以提高凝聚力和加强团队精神,公务员还要公私分明秉公办事;第二,必须谨慎行事、勤奋工作。公务员必须随时检点个人言行,维护公务员的价值、正直和良好声誉,公务员的工作要侧重以结果为本,提高管理绩效;第三,保持政治中立,以公平和专业化的方式履行自己的职责;第四,以身作则、全力以赴。公务员要遵守高层次的道德标准,不能以不正当方式使用国家资源或者以权谋私;第五,光明磊落、实事求是。公务员不得利用职务之便,贪赃枉法,损公肥私。

二、实现工作与学习融合,引导行为职业化

学习型组织的先驱哈瑞森·欧文说过:在未来社会,组织的主要工作是学习。工作的过程实际上就是一个学习的过程,因此应该将学习和工作相融合,做到在工作中学习,在学习中工作。所谓在工作中学习,就是把工作过程看作是学习过程,通过工作过程中的“反思”进行学习，进而做到边学习边准备，边学习边计划，边学习边推行。所谓在学习中工作，“就是把学习和工作一样对待、要求，把学习视为一项必要的工作。”[①]通过学习，将广大公务员的价值观、行为等引导到与公务员职业要求相适应、与社会发展相适应。

“反思”是最重要的学习，是学习的基础。“反思”就是发现问题时，主动找出自己的责任，认真总结教训，而不是相互埋怨、推诿。[②] 此外，日常工作中的批评与自我批评，工作总结或事后分析报告，都是对工作的反思，都是一种学习。以公共危机管理中政府与媒体的关系为例，各级公务员正是通过在工作中不断摸索和学习，才由一开始对媒体实行严厉管制转变为与媒体的良性互动和有效运用。如以 2003 年的“SARS”危机作为案例进行考察。“SARS”出现于 2002 年 11 月，2003 年 1 月在广东省部分地区蔓延，2 月份开始情况变得严重起来，截至 2 月 11 日，广东已有 305 例“SARS”病例。但是由于政府统管着传统媒体的舆论，广东媒体保持沉默。直到 2 月中旬，才有广东媒体做了简略的报道。北京的媒体和中央级大报甚至连最简单的消息都没有。《中国青年报》整个 3 月份没有报道，央视 4 月 1 日前没有报道。对此，公众通过各种渠道对媒体的不报道或者不敢报道表示了强烈不满，同时也对政府及其一些官员的做法提出了质疑。4 月 3 日到 4 月 21 日，鉴于“SARS”疫情扩散的事实，为遏制其扩散，政府不得不从封锁传媒对“SARS”疫情的报道变为部分允许，甚至默许传媒对“SARS”疫情的报道。《人民日报》在 4 月 3 日才有首条有关“SARS”的消息。4 月 20 日以后，政府放开了对传媒的约束和管制，传媒开始

---

① 范爱民. 从平凡到卓越——优秀员工的 7 堂课【M】. 北京：中国工人出版社，2006：13.

② 范爱民. 从平凡到卓越——优秀员工的 7 堂课【M】. 北京：中国工人出版社，2006：11.

投入大量人力、物力、财力对“SARS”疫情进行报道，并且这些报道基本做到了理性与客观，在正面宣传和客观报道间实现了平衡。及至2008年汶川地震，政府及其相关政府官员汲取了“SARS”事件的教训，对媒体以宏观管理代替微观干预，以沟通代替命令，使危机管理成效大大提高。汶川地震发生后，一是全国各大媒体暂停了日常节目，开始滚动式密集报道汶川地震。媒体对地震消息的共同关注，产生了共鸣效果、累积效果，地震一时成为人们谈论最多的话题，灾区成了人们最关心的地方。二是综合运用各种传播方式。除了传统的报纸、广播、电视外，政府还利用网络和手机短信进行舆论引导，驳斥谣言，稳定了民众的恐慌心理，树立政府的正面形象。

随着服务型政府的构建，公务员需要增强统筹兼顾、筹划发展的能力，需要加强社会管理和提供公共服务的能力，需要加强推动科学发展、和谐发展的能力。公务员锻炼和提高职业能力，一方面需要加强学习相关理论知识，学习开展工作的方式方法，在工作中留心留意，善于总结分析，尤其要深入群众，贴近生活，理解群众和服务对象的所需所想，增强工作的针对性和有效性；另一方面需要深入实践，在干中学。如通过交流、挂职锻炼、挂点扶贫等进行行之有效的实践，同时，根据公务员职业发展的需要，在多岗位锻炼中开拓视野，提升境界，增长见识和才干，不断强化职业行为。

三、加大惩罚力度，防范非职业行为

对一些有悖于公务员行为规范和违纪违法的公务员要进行严惩，以此警戒他人。为此需要在制度上确立热炉法则：警示性——不能触碰；惩罚性——摸了就会烫伤，受到惩罚；即时性——即摸即惩；公平性——谁摸都一样，谁触犯了都会受到同样的惩罚。运用“热炉法则”其目的在于依靠完备的制度和强有力的措施从反面推进公务员行为的职业化，防范和避免非职业化行为。

第十四章　培育职业精神与道德

在公务员职业化塑造过程中,制度规范具有基础性的作用。进而言之,法律至关重要,政策至关重要,处理公共事务的程序至关重要。制度决定着公务员的行为。但是制度规范不是万能的,制度规范制约不可能具体到公务员的每一个行为乃至于每一个细节。在制度规范制约所触及不到的那一片"真空地带",或者制度规范制约"失灵"之时,用行政组织文化力量、道德自制加以填充不失为一种有效方式。行政组织文化影响公务员的交往行为和交往方式,影响公务员的实践认识活动和思维方式,因而对公务员职业化具有潜移默化、深远持久的特点。一般意义上的行政组织文化力量、职业道德,本身也是一套具有约束力的规则体系。通过熏陶与教育,这些规则会内化为公务员的文化本能,使之于不知不觉中遵守这些规则。行政组织文化可以影响公务员的工作态度,模塑公务员的职业行为,促使其以公仆的自我定位、服务行政的基本理念、公共利益的目标指向来从事行政活动;职业道德则让公务员产生羞恶之心,明晓是非,知道在行政实践中应当怎样做,什么可做什么不可做。

第一节　行政组织文化与公务员职业化塑造

一、行政组织文化与公务员职业化塑造的关系

行政组织文化是行政机关及其公务员在行政管理活动中逐渐培

育、生成的行政观念、行为模式、制度规范以及物质形态要素的综合，它是社会文化在行政体系中表现出来的一种独特的文化形式。行政组织文化是一种在更深的层次上以思想道德等文化因素为主要内容的管理理论，它研究的是行政管理中的世界观和方法论问题，回答行政管理中解决某些具体问题应具有的基本信念、价值观念、道德规范、行为规范和准则等。

行政组织文化是一种新型的以文化为手段的柔性管理理念和方式。它从过去注重组织结构、制度等“硬件要素”转而重视人的思想、价值、观念等“软件要素”，强调“以人为中心”，尊重人、重视人、关心人、培养人、教育人。如果说制度作为“硬件要素”发挥着威慑、劝诫作用的话，那么行政组织文化作为“软件要素”则起着引导、说服作用，它从非计划、非理性的感情因素、精神因素出发来协调和控制人的行为，通过“润物细无声”的方式陶冶人，以充分发挥每个行政人员的自主性和创新精神，使他们的行为自觉地趋向一致，构成上下团结协作的整体，为实现共同的行政目标而尽职尽力。

公务员职业化塑造旨在通过提高公务员队伍整体素质，提高行政效率，实现公共利益最大化。而作为凝聚着行政管理核心价值的行政组织文化，集中体现着行政理论的种种思想，是行政理论的纲领，贯穿于行政管理实践活动的始终，因此它与公务员职业化塑造必然是辩证统一的关系。一方面，公务员职业化塑造的顺利实现，必将加深行政组织文化的积累，另一方面，优秀的行政组织文化是公务员职业化塑造与养成的土壤和催化剂，它一经形成就具有极大的制约力和生命力，将持久地影响组织和成员的行为、态度、情感，并且能够随着时代的前进、环境的变化做出相应的调整。行政组织文化对公务员塑造的力量非常巨大，这是因为，每个公务员都不可避免地处于一定的行政组织文化氛围之中，受行政组织环境的影响，平常我们不太能看出这种塑造过程的全部力量，因为它以潜移默化的形式发生在每个公务员身上，左右着公务员的行动。所有的公务员都生存在一定的行政组织文化氛围中，接受着行政文化的指引和塑造。行政组织文化作为一种组织文化，比一般的社会文化有着更强的导向性、凝聚性和塑造性，对公务员思想和行为的影响也就更大。行政组织文化通过鼓励和批评、褒扬和贬抑的方式影响着公务员的行政行为，这些外部刺激反复出现，最终被公务员内化为自身对什么是正当的，什么是不正当的；哪些行为是高尚的，哪些行为是卑下的思维方式和行为定势，使个体行为趋同于行政组织文化的要求。

行政组织文化对公务员的模塑作用，一方面体现在积极的行政组织文化可以陶冶人、模塑人、培育人，进而促进公务员的职业化。如，积极的行政组织文化反映时代精神，体现主流价值，是社会前进方向在行政组织中的集中表现，其对公务员职业化塑造与养成具有举足轻重的作用。通过精神层面上的公共价值观培养能够使公务员进一步明确行政目标，为公务员的职业道德提升、职业精神培养提供一种良好的人文环境，进而促进其符合社会公德和公共利益的道德行为、道德习惯和职业精神的养成；通过宣讲行政组织使命，则可以使每一位公务员从中找到权利与义务的发展方向，形成使命感和责任心，做到敬业爱业，忠于职守，等等。另一方面体现在消极的行政组织文化对公务员职业化建设起着阻碍作用，正如盖利·布鲁拜克所说：绝大多数的不道德行为的成因是环境性的，在一种错误思想占主导地位的组织氛围中，即使一个受过良好伦理教育的公务员，也难以做到正确地行事。

二、当前我国行政组织文化存在的缺憾

当前我国行政组织文化的缺憾，主要表现在以下几个方面：一是公务员对政府缺乏认同感，将自己视作为政府打工的打工仔，没有主

人翁的态度，导致许多工作不是站在社会整体利益的角度来考虑，而是利用所掌握的行政资源谋取部门利益、个人利益，置政府全局、社会全体于不顾；二是人民群众对政府及其公务员缺乏认同感，尤其是群体对政府组织在社会中的地位与政府自身的定位不能统一，不能将政府视为为人民服务、为社会统筹的管理者，而将政府视为高高在上发号施令的权力把玩者，因此加深了政府、公务员与群众之间的误解和矛盾，也加重了工作开展的困难度。基于此，必须摸索建设一种适合我国公务员队伍的行政组织文化，并将这种健康良好的行政组织文化植根于公务员的内心，以此提升公务员的职业化水平，提高公务员工作的积极性和主动性，增强公务员的主人翁精神、团队协作精神，挖掘其潜能，在创新精神的鼓舞下创造性地开展工作，使各种行政资源得到最佳配置、效用得到最好发挥。

第二节　以优秀行政组织文化滋养职业道德

一、公务员应该是高尚职业道德的践行者

假如把公务员职业化结构看作是一座冰山的话，那么职业素质、职业能力、职业行为等只是露出海面的那部分，职业道德则是海面下那个更大的、更为基础的部分。恩格斯说过，每一个阶级，甚至每一个行业，都各有各的道德。公务员作为一种职业，也有自己的道德。但是由于其社会地位和职业活动的特殊性（作为权力行使者），致使公务员不仅要遵守一般群众应该遵守的道德规范，还必须践行与其从事的工作性质密切相关的更高层次的职业道德规范。这是因为，首先，公务员作为公共权力的具体行使者，处于直接支配社会资源配置的位置，并且是众多政策、法令、规章制度的制定者和执行者，其角色行为的道德性不仅关乎其个人道德品质的生成，而且关系着公共权力的正

确运用。只有当公务员按照一定的道德标准选择某种道德的行为时，他才能够正确地运用公共权力，恪守规则、履行责任。如此就要求公务员既应该是一个责任行政者，又应该是一个具有道德能动性的义务承担者，否则，社会治理就必然会严重失灵。麦金太尔说过："只有真正拥有美德的人，才能了解如何去运用法则。"其次，公务员的职业道德水准影响着整个社会的道德水平。公务员的道德人格风范和社会伦理言行，引领着民众和社会的道德风尚，甚至标举着社会的政治理想和价值导向。亚里士多德认为，"对于城邦管理者来说，公正不是德性的一个部分，而是整个德性；相反，不公正也不是邪恶的一部分，而是整个的邪恶。"[①]孔子把官德视为社会的风向标，他在《论语·颜渊》中这样说："政者，正也，子帅以正，孰敢不正?""其身正，不令而行；其身不正，虽令不从。"[②]又说："子欲善而民善矣。君子之德风，小人之德草。草上之风，必偃。"[③]也就是说，百姓的德性之"草"是跟着官员的道德之"风"转向的。法国思想想家霍尔巴赫也认为："再也没有什么东西能够像政府那样对人民的风俗习惯产生如此直接的影响"；"在不道德的国王统治下，恶德本身也变得高尚起来。"[④]基于此，必须对公务员的职业道德提出更高的要求。第三，公务员既是群众利益的代表者和维护者，又是群体意志的体现者和协调者，也是群体活动的组织者和教育者，还是群体关系的设计者和执行者。由于公务员在社会生活中的这一特殊作用，公众必然赋予他们在道德上的极高期望。在公众心目中，公务员应该是社会的优秀分子，他们体现和倡导的道德价值是时代的旗帜，民族的精神，公众一方面从他们的道德言论中感悟社会

① [古希腊]亚里士多德全集【M】. 北京：中国社会科学出版社，1990：90.
② 论语·颜渊.
③ 论语·季康子.
④ [法]霍尔巴赫. 自然政治论【M】. 北京：商务印书馆，1994：330.

所倡导的道德要求，另一方面又从其道德行为中判断善恶是非。因此，公务员是社会道德生活中的中坚力量和引领者，他们不仅是作为提供和维护公共利益的“公共管理者”，而且更应该成为服务群众、奉献社会的道德楷模。[①]

二、公务员职业道德规范

公务员职业道德是指公务员在行使国家行政权力、管理社会公共事务与行政机关内部事务和提供公共服务的过程中，应当遵循的具有行政职业特征的、调整行政管理主客体之间以及主体之间各种关系的道德准则与道德规范的统称，是所有国家公职人员在权力运用和行使过程中的道德意识、道德规范以及道德行为的总和。[②] 公务员职业道德，就其实质而言应该是一种政德，公务员代表着国家政府执掌公共权力，这一特殊的职业地位要求其必须具备较高的道德素养，恪守严格的职业道德，表现在工作上要恪尽职守、认真负责、服务周到；在利益关系处理上则要正确处理公私关系、充分体现奉献精神。唯有如此才能在公众中产生道德感召力，得到公众的支持与拥护。具体来说，公务员职业道德主要体现为：

1. 忠诚积极

忠诚积极是对公务员工作态度的基本道德要求。美国著名行政学家威尔逊说：“在任何情况下，我们都必须有一支充分训练的官员以良好的态度为我们服务……良好的态度就是对于他们所为之服务的政府的政策，具有坚定而强烈的忠诚，把自负而且敷衍塞责的机关变成公正政府的具有大公无私精神的工具。”[③]而根据我国《国家公务员

---

① 李建华、夏方明.论行政人格的功能及其域限【J】.湖南文理学院学报，2005(5).

② 杨鑫.我国公务员行政道德建设研究【D】.中共中央党校博士学位论文，2009：37.

③ ［美］伍德罗·威尔逊.行政学研究.国外公共行政理论精选【M】.北京：中共中央党校出版社，1997：11.

法》的精神,公务员必须忠于国家、人民和中国特色社会主义事业,模范遵守宪法和法律,服从和执行上级依法作出的决定和命令。与西方国家公务员必须奉行中立原则不同,公务员职业道德的政治性是我国公务员制度区别于国外公务员制度的最大特点。因此,忠诚积极是公务员必须具备的品质,这一品质具体表现为:首先,必须坚持正确的政治方向,忠于国家,忠于人民,忠心拥护政府,维护国家的尊严,这是公务员道德规范基础。其次,忠于职守,开拓进取,勇于创新。只有对自己所从事的事业抱有忠诚的态度,才能兢兢业业,将高度的工作热情和科学的工作方法与实干精神结合起来,保证工作质量,遵守工作纪律,提高工作效率,同时还必须具有强烈的创新意识和创新热情,以开拓创新的精神投入工作。再次,强烈的学习意识。为了适应发展着的形势需要,公务员必须不断加油、充电,更新知识,更新理念,改进工作方法,卓有成效地管理国家行政事务。

2. 廉洁奉公

廉洁奉公是公务员正确认识和处理自身与国家、与职位关系的一条基本道德规范。廉洁奉公要求公务员正确用权,秉公办事,遵守纪律,不拘私情,坚持真理,修正错误,不以权谋私,不贪赃枉法,淡泊名利,艰苦奋斗,勤俭节约,爱惜国家财产,反对拜金主义、享乐主义。结合我国当下的现实,廉洁奉公突出体现在防止和遏制腐败上。腐败是公务员道德失范的极端表现,也是中国政治生活领域一个比较严重的问题。由于我国正处在经济转轨、社会转型的关键时期,相关法律制度还不健全,诸多矛盾相互交织,滋生腐败的土壤和条件依然存在,反腐倡廉的任务依然繁重。因此,必须对公务员的道德素养提出更高的要求。

3. 勤政为民

勤政为民是我国公共行政属性的本质要求,是公务员做好本职工作,正确处理自身与群众关系必须具备的基本道德规范,也是人民群众对公务员的基本要求。勤政为民可以从勤政和为民两个方面来看，勤政要求公务员敬业进取，勤奋工作，正确而充分地运用手中的权力，努力提高行政工作的效率，卓有成效地为人民群众办实事，谋利益。为民则要求公务员把自己定位于公务人角色，做人民公仆，把人民的利益当作一切工作的出发点和落脚点，在日常行政工作中坚持“权为民所用，情为民所系，利为民所谋”，不断满足广大人民群众的物质和精神方面的各种需求，促进人的全面发展。

4. 诚信行政

诚信即诚实、信用，“诚信与真诚、信任直接关联，甚至相互同质。言而无信，承诺而不践行，都被看作是缺乏责任、不堪交往和合作的道德伦理之恶和政治之恶。”①公务员的职业活动属于公共管理活动，而“公共管理活动完全是在人际交往中展开的，与任何一项职业活动相比，公共管理都更突出了其主体的诚实德性的价值。对于公共管理活动来说，一个人是否拥有诚实守信的德性，是他获取公共管理者资格的基本条件之一，缺乏这一德性，即使他在名义上是一名公共管理者，而且事实上也占有着公共管理的职务和岗位，但是，他在实质上可能恰恰是公共管理职业群体中的害群之马。”②公务员诚信行政是一种职业诚信，这种职业诚信不仅是社会、公民诚信和市场、经济诚信的砝码，也是增强政府与行政公信力的名片，因此要求公务员不单单要按章办事，更重要的是要主动热情地提供服务，以诚信的言行去树立自己的形象和维护政府的形象。

5. 务实高效

求真务实是辩证唯物主义和历史唯物主义一贯坚持的科学精神，

---

① 万俊人. 论诚信——社会转型期的社会伦理建设研究之一【J】. 苏州大学学报，2012(2).

② 张康之. 论社会治理中的诚实守信【J】. 新视野，2003(3).

是中国共产党思想路线的核心内容，是中国共产党的优良传统和共产党人应该具备的政治品格，也是公务员的基本行政伦理规范。务实就是要实事求是，说实话、务实事，追求真理，严谨扎实，重实际，求实效。高效就是要求公务员以较少的行政资源提供更多的公共服务。公务员只有提高行政效率，才能节约社会成本，为人民群众提供充足、优质的公共产品和公共服务，更好地为人民服务，保障服务型政府的职能有效开展，保障服务价值的实现。

6. 奉献社会

奉献社会是公务员的一种道德情操，它是衡量国家公务员事业心和责任感等道德品质的标尺。奉献社会要求公务员首先要做到正确处理个人与集体、个人与社会的关系，以党和人民的利益为重，不计个人荣辱得失，甚至有不惜牺牲自己的利益的自我牺牲精神。《国家公务员职业道德规范》指出："公务员职业道德的核心是全心全意为人民服务，以依法执行公务、服务群众、奉献社会为主要内容，树立良好的公仆形象，做人民满意的公务员。"[①]其次，要求公务员具有锐意进取的创新精神和敢挑重担，敢担风险的忘我精神。再次，要有恪守原则、主持正义的品格。

7. 团结协作

团结协作是正确认识和处理官与民、官与官、上级与下级、领导班子内部等关系的一条基本道德规范。团结协作是公务员做好本职工作的重要保证。各级公务员唯有同群众保持密切联系，才能得到群众的拥护和支持，只有正确处理上、下级关系得到上级的信任以及同事和下级的支持，才能有效地发挥自己的聪明才智，做好自己承担的工

① 本书编写组.国家公务员行为规范问答【M】.北京：中共中央党校出版，2002：91—92.

作。因此，各级公务员必须树立平等待人的民主作风，正确处理上下级和同事之间的人际关系，发扬团结协作精神，共同把工作做好。[①]

8. 律己修身

律己修身是公务员正确认识自己和对待自己的一条基本道德规范。律己修身有两方面的含义：一是作为公务员要懂得和学会自重、自省、自警、自励，做到以身作则，言行一致。如古人所提倡的"省慎"、"慎独"，结合自己的工作实践进行道德修养，培养警省自己、激励自己、约束自己的自律精神。二是依照一定的道德规范进行自我锻炼，经过实践磨砺形成高尚的品德情操。

三、发挥行政组织文化熏陶功能，滋养培育职业道德

从我国现实来看，有些公务员在职业道德方面的表现堪忧。其主要表现有：第一，道德责任感不足。相比较于公务员行为产生的法律责任和政治责任而言，道德责任具有隐蔽性和难以量化的特征，一些公务员在执行公务的时候虽然严格按章办事，但由于道德责任意识淡薄，往往存在着忽视人民群众切身利益，以部门利益为重的现象，短期主义行为较多，没有体现公共行政的公平、廉洁，不能以人民群众乐于接受的方式实现政府管理的目标。第二，特权思想严重。人民是国家的主人，干部是人民的公仆，但在现实中，一些公务员摆不正自己的位置，以官自居，一副高高在上的官老爷形象，嚣张狂傲，眼睛向上，无视民众，把玩权术，弄虚作假，谋求特权，任人唯亲；工作上脱离群众，对民意视而不见听而不闻，办事拖拉，墨守陈规，滥用权力，以权谋私，行政不作为。第三，权力寻租。2008 年最高人民检察院工作报告指出：2008 年度立案侦查贪污受贿十万元以上、挪用公款百万元以上案件

① 参见李建华、郭哲.官德先行：新时期道德建设的关键【J】.湖南社会科学，2001(1).

35255件，涉嫌犯罪的县处级以上国家工作人员13929人(其中厅局级930人、省部级以上35人)，大案、要案占立案数的比例分别从2003年的46.8%和6.3%上升为2007年的58.3%和6.6%。[①] 公务员的权力腐败成了近年来人民群众反映最强烈的问题之一。同时由于公务员职业道德的社会示范效应，以权谋私、权钱交易的社会影响极其恶劣，严重败坏了政府形象。

鉴于此，必须加强对公务员职业道德的教化和行政伦理养成。然而，道德的培育不像政治、法律、宗教等是靠一系列的社会组织、机关、设施来实现，而是通过传统的习俗、社会舆论、内心信念，以及教育的力量存在并发生作用。公务员职业道德培育也不例外，要促成公务员行政道德素质的内化和良好行政道德人格的形成，最主要的手段就是行政组织文化滋养和熏陶，通过优秀的行政组织文化使公务员接受文化中所传达的行政伦理价值、职业道德观念和要求，最终内化为自觉自律的职业道德品质和职业道德人格。

1. 对拟录用人员进行道德考察与把关

对于公务员来说，"不仅需要正确地从事技术性的工作，而且还需要从事符合道德规范的工作，不具备基本伦理道德品质的领导人都是职业文盲。"[②]基于此，在公务员的录用考核过程中有必要加入标准化心理测试、职业道德模拟测试，以此严格职业准入，将不具备基本伦理道德品质的人拒之门外。因为，"选择一种职业，也就意味着同时获得这一职业中的整个价值体系，特别是在现代职业岗位较为开放的条件下，拒绝接受某一职业价值体系的人是有权利并有能力拒绝这一职业

---

① 最高人民检察院工作报告 http://www.npc.gov.cn./wxzl/wxzl/2008-03/18/content_1463750.htm,[EB/OL].

② [美]詹姆斯·S.鲍曼等.职业优势:公共服务中的技能三角【M】.北京:中国人民大学出版社,2005:51.

的。根据这一原理,我们把公共管理者看作为自愿接受公共管理价值体系的从业者。如果公共管理是一个德治体系的话,那么,公共管理者就是把德治内化为自我行为标准的从业者,作为德治的社会治理中所贯穿着的伦理精神,也就是他的灵魂。"①

2. 通过上岗引导灌输职业道德

上岗引导这一做法来自企业,是指给新雇员提供有关企业的基本背景情况以此引导他们做好自己的工作。在公务员职业化塑造中引入上岗引导,通过上岗引导培养职业道德,就是在上岗引导环节融入公务员职业道德定位与职业道德教育。即向新录用公务员灌输本组织及其部门所要求的价值观、道德规范以及典型人物的先进事迹,旨在让新录用的公务员在加入组织之初,便受到一种教育、一种约束、一种感召,逐步完成向公务员角色的转化,通过耳濡目染,在潜移默化中形成职业道德。

3. 通过道德教化深化职业道德

2011 年国家公务员局发布《公务员职业道德培训大纲》。"十二五"期间,我国全体公务员将进行职业道德轮训,培训时间不少于 6 学时。职业道德培训包括基础知识、四大专题以及典型案例三大部分。基础知识中除了公务员的责任、义务和纪律,世界观、权力观、事业观等,还包括中国古代如何加强"官德"修养的内容。②

要在组织内部运用行政文化滋养和培育公务员的职业道德,可以通过定期培训或岗位培训、特殊庆典、日常强化、仪式反复讲述组织的价值观念和行为风格,也可以通过集中学习道德模范人物的事迹等方式,使广大的公务员明确自身的职业道德定位,牢记行政道德乃为政

① 张康之. 论作为职业活动的公共管理——公共管理伦理学视角中的公共管理活动【J】. 北京行政学院学报,2003(4).

② 转引自:新浪网 2011-11-02.

之本，确立正确的行政道德观与伦理观，提升公务员的行政伦理与职业道德认知水平。

4. 通过榜样示范和惩戒教育促进道德自律

在行政文化的引领下，那些模范遵守职业道德的公务员会受到赞扬，被视为组织的楷模和榜样，而榜样的力量是无穷的，他不仅为公务员道德实践提供了示范，而且为公务员的职业道德培养提供了参照和方向。通过榜样的引导，广大公务员会朝着正确的方向、沿着正确的路径自我修炼，形成职业道德自觉。当然，仅有榜样示范还是不够的，与榜样示范相辅相成的是惩戒教育，如果说凡是模范遵守职业道德者都会受到赞赏的话，那么凡是逆行者都应该受到惩戒和教育。通过对违反职业道德这类反面教材的教育和惩戒，会给公广大公务员敲响警钟，严肃纪律和守则，促使其在职业道德上有效进行自律，并最终实现由自律到自觉的升华。

5. 通过道德监督内化职业道德

行政管理作为一种职业，无疑应该有自己的职业道德规范。但从我国现实来看，我们明确意识到行政管理作为一种职业必须要有自己的职业道德规范，是在 20 世纪 80 年代中期。① 此后，虽然有了行政道德，但也仅仅局限于一些职业公德规范，或者直接等同于行政法规，从而使对公务员职业道德的监督湮没在法律的监督之下，道德监督成了法律监督的补充，如，当对某些政府官员的犯罪行为进行法律制裁时，辅之道德谴责，即道德监督总是跟随在行政违法行为之后，进行一些无关痛痒的谴责。也就是说，时至今日，尚未形成公务员道德监督机制，更没有将道德监督渗透到日常的行政行为中。特别值得一提的是，道德监督之于高级公务员更是严重缺位。我国长期以来存在的一

---

① 张国庆.行政管理学概论【M】.北京:北京大学出版社,2000:531.

个突出的问题，就是等级特权现象侵入公务员道德领域，越是级别高和权力大的部门和干部，对其道德要求与监督就越难以落到实处。他们在行政道德方面似乎总是处于居高临下、教育下级的地位，而自身仿佛超脱于行政道德要求之外。据统计，目前在领导干部违法犯罪的案件中，党、政“一把手”的案件约占总数的三分之一甚至更高。基于此，有必要建立公务员道德监督机构，通过该机构集合、调动各种力量尤其是社会力量对公务员的日常工作进行道德监督，进而形成社会舆论，促使公务员遵守职业道德，并在遵守之中逐渐实现内化，变被动遵守为主动律己，实现自己为自己的行为立法。与此同时，还应该通过政务公开制度规范制约公务员的职业行为，使公务员的行政管理活动处于群众监督之中，从而对公务员形成道德评价压力，促使其达到职业化标准。

四、通过行政道德立法和制度建构规范职业道德

职业道德是一个规约、内化和生成的过程。对此，特里·L.库珀提出了外部控制与内部控制两种机制，即道德的自律和他律机制共同作用。内部控制就是对公务员进行职业道德的宣传、教育和培训等，将职业道德的核心原则和精神实质转化为公务员认同的道德信仰和职业价值观，从而在内心道德准则的督促和监督下行动。外部控制就是通过法律法规建构来培养职业道德。我们似乎从来不缺内部控制，道德教育和宣传比比皆是，从幼儿园开始，老师就教我们“五讲四美三热爱”，社会也为人们树立了许多道德榜样，我们缺少的是外部控制，是道德立法和相关制度建构。

公务员的职业道德养成不能仅靠公务员的良心和个人修养作保障。无数事实表明，凡执掌权力的人，如果没有监督的机制，都易于滥用权力，公务员职业道德的养成，必须有强有力的法律法规作保障，必须进行制度化建构，从而通过法律法规和制度将公务员职业行为规范化、伦理化，以实现对公务员职业行为的自律与他律的双重约束。特里·L.库珀特别强调职业道德立法的重要性，他指出：必须“运用道德立法和道德规范的形式明确公务员行为的范围和方式”。[①] 美国法哲学家波登海默也认为：“那些被视为社会交往的基本而必要的道德正义原则，在一切社会都被赋予了强大力量的强制性质。这些道德原则的约束力的增强，是通过将他们转化为法律规则实现的应当遵守的道德原则，必须法制化才能得以切实贯彻。”[②]我国著名行政学家张康之也强调：倘若能“真正建立起有道德的制度体系，那么道德力量的强制性也会得到充分的展现。因为，道德的规范性一直是具有权威性的，这种权威性如果得到了制度化的肯定和支持，必然会造成一个不得不服从的氛围”。[③]

近年来，我国公务员队伍中的违规失德行为乃至腐败现象屡屡发生，甚至有愈演愈烈的趋势，鉴于此，更应该强化行政道德的立法化制度，制定具体的行政组织规范和行为守则，强制性地塑造所期望的行政道德，使之成为公务员行使职权的必备条件。2005 年元旦，中共中央颁发了《建立健全教育、制度和监督并重的惩治和预防腐败体系的实施纲要》，提出了：“探索制定公务员行政伦理道德方面的法律法规。”如何建构行政伦理道德法律法规？在这方面，国外的一些经验可资借鉴。如美国政府颁布有《美国政府官员及雇员的行政伦理准则》和《美国政府部门工作人员伦理行为准则》。对公务员的职业道德进行了较详细的规定：第一，忠于国家、法律，坚持国家利益和集体利益至上；第二，严于律己、清正廉洁，不得以权谋私；第三，忠厚诚实，平等

① [美]特里·L.库珀.行政伦理学：实现行政责任的途径【M】.北京：中国人民大学出版社，2001：121.

② [美]波登海默.法律哲学和法律方法【M】.北京：中国政法大学出版社，1999：57.

③ 张康之.论行政人员的自主性【J】.南京社会科学，2002(3).

无私。公共雇员履行职责时应互相信任、以诚相待，公共雇员应恪守为全体美国人民提供平等机会的所有法律和规则；第四，以身作则、维护政府形象；第五，政治中立、不偏不倚。政府雇员应公正对待而不偏袒私人组织或个人，在履职过程中不能丧失行动的完全独立性或公正性；第六，责任意识。公共雇员在履行好公共义务的同时，还要担负起行政责任，要善尽公民义务。此外，美国国会设有专门的道德委员会和公务犯罪处，其职能是对政府官员和公职人员的道德操守予以有效的监督，凡违背道德又不够刑事犯罪者，皆由道德委员会督促其主动辞职，凡是违法者由公务犯罪处移交司法机关依法进行惩处。英国制定了《政府地方雇员行为规范》。澳大利亚 1992 年制定了《国防部与工业界双方商业道德规范》。加拿大政府颁布了《公共服务的价值与伦理规范》。意大利也出台了一部国家公务员的《道德法典》，对公务员几乎所有的行为都作了限制性规定。日本有《国家公务员伦理法》和《国家公务员伦理规程》。菲律宾 1989 年制定了《公共官员与雇员品行和道德标准》。韩国 1993 年修订了 1981 年制定的《韩国公职人员道德法》。在芬兰，公务员如果接受商界的任何吃请和游山玩水，都被视为受贿行为。这些法律不仅对公务员的道德赋予了法律的意义，而且对上至总统、国会议员，下至最低一级公务员的行为在道德上作了详细而严密的规定和限制。以上国家行政道德法规的共同点是把道德禁令和惩罚条款一并公布，同时制定出相应的法定程序，区分公务员腐败堕落的类别，确定相应的量刑标准。大量事实证明，这些国家行政道德的法律化，对于强化公务员职业道德，防止腐败起了重要的作用。可以设想，在我国，通过道德立法不仅可以摆脱"当事人拒绝监督，处理上左右为难"的尴尬的局面，而且能够发挥强大的威慑作用和约束作用。

行政道德立法，在制度设计上应具有可操作性，力求做到制度条文明确具体，惩治细则界限分明，有些要求甚至应当制定具体量化的标准，如，在公务员个人收入方面，应通过立法来明确什么是合法的、什么是非法的；在礼品方面，明确规定怎样接受以及接受什么样的东西才算是合法的；在杜绝“灰色收入”方面，明确可以以职务身份参加哪些活动、不准接受哪些东西；在“赠与”关系方面，明确能够接受哪些人的馈赠及接受的前提和条件等等。又如，对领导干部的职权范围、权力行使标准、权力运作程序等要做出明确、具体的规定，用规章制度和法制规范、约束领导干部的行为。

关于道德制度的构建，张康之教授将之简称为“德制”。在他看来“在今天去谈论‘德制’的问题是比较费解的，因为在现有的语境下，去接受一种道德的制度显然是困难的。所以，正像法律制度的出现经历了十八世纪这样一场启蒙运动一样，关于道德制度的确立，也需要有一场启蒙运动为它开辟道路。随着服务型政府建设的要求越来越强烈和越来越具体，我们相信，这样一场运动必将出现”。①

五、引导公务员向内用功，加强职业道德修养

公务员职业道德是外部要求与内在自觉高度统一的产物。因此，公务员职业道德建设也有两个基本途径，一是外在教化，二是个人内化。外在的道德教化固然重要，但个人的内化自觉，“向内用功”才是形成道德品质的关键。因为道德品质的生成是一个由内而外的过程，任何职业道德都只有在内化的基础上才能真正地发挥自律的作用。如果以维护公共利益为首要责任的公务员没有实现相应的职业道德的内化，就很难实现他在维护公共利益时的自律。职业道德只有内化才能真正实现公务员个体的道德化，这样才有个体自律的可能。停留在他律阶段的行政道德规范，无论公务员怎样尽职地去遵循它，它终究是一种外在的“异己”力量，只有公务员自愿地将其内化于心，实现

① 张康之.关于服务型政府的几点原则性构想【J】.上海城市管理，2007(4).

行政道德规范从他律到自律的转化，才能实现公务员道德化。所谓的自愿内化就是向内用功，通过道德自我认知与道德自我判断来解决自我道德定位的问题，并在此基础上进行道德自我修炼。张康之教授曾讨论过公务员道德内化的重要性。他说，在所有的行业规范中，针对行政人员的制度和法规性的规范是最多的，几乎涉及到行政人员的一言一行，但行政人员的道德失范现象还是层出不穷，究其原因就在于其内在道德品质的生成问题。纵观我们今天的公务员道德建设，更多地侧重于外在教育和规范性要求，对道德主体自我完善要求较少，这就迫切需要我们的公务员加强道德自我修养，提升职业道德水平。

1. 自觉进行自我修养

公务员道德素质的提高，关键在于自身，在于对职业道德的认识、敬畏和坚守，是发自内心地自主地遵守行为规范以及行政道德，而非源自对制度的威慑、舆论的压力或者其他外在因素而被迫做出的相应行为。自觉的自我修养途径有三：一是自觉学习。学以济德，学以自省。邓小平同志说过，不注意学习，忙于事务，思想就容易庸俗化。毛泽东同志在延安时就对美国记者斯诺讲过，他坚信马克思主义是因为读了《共产党宣言》，后来他在写《新民主主义论》时，还多次学习《共产党宣言》。公务员作为国家权力的行使者，一定要用理论来指导自己观察社会、分析问题、纠正思想的偏差。通过学习、实践、思考，升华思想境界，真正做到服务于公共利益。二是加强品德修为。我国古代思想家都强调为官从政要以修身为本、正己为先。孔子曰："为政以德，譬如北辰，居其所，而众星共之。"这就是说，为政者之德，就好像天上的北斗星，有了这样的高风亮节，满天的星座都会跟着你的方向行动。我国传统文化还把"修身、齐家、治国、平天下"紧密地联系在一起，说明道德修养特别是为政者的道德修养，是直接关乎社会进步和国家安全的大事。要成为一名职业化的公务员，就应当有自觉高尚的道德追求，养成良好的职业操守，敬业奉献，全心全意地服务于国家、社会和人民。众所周知，公务员手中或者拥有领导权力，或者拥有岗位权力，这些权力可以成为报效国家，为国家和人民谋利益的工具，也可以成为以权谋私的手段，如何使用手中的权力，会对社会造成不同的影响。美国前总统林肯有句至理名言："不要问国家给了你什么，而要问你为国家做了些什么！"作为公务员，你既然选择了这一职业，就要自觉加强自己的品德修为，做到像林肯所说的那样，不问国家给了你什么，而时时叩问自己为国家、为社会作出了什么贡献，从上任之初就要摆正个人、集体与国家的关系。首先考虑国家和人民的利益，不把自己的岗位当做谋求个人利益的跳板。三是内省。一个人高尚道德情操的形成和升华是一个不断学习和不断实践、不断解剖自己的思想改造过程。公务员要积极投身到社会实践中去，从中汲取各种道德营养，确定自己正确的世界观、人生观、道德观，及时分析纠正自己的思想意识走向。

2. 进行自制自控

自制自控亦即自我约束和控制的能力，对公务员而言，是指其在行使行政行为过程中控制自己情绪、欲望从而实现行政目的的能力。公务员作为行政机关行使行政权的最终执行者，拥有的权力往往能被交换比较大的物质或其他方面的利益，这就是所谓的"权力寻租"。当公务员面对利益刺激，是否能克制自己的欲望，作出良好的行为，这对公务员是一个考验。马斯洛说过："人总是受一定利益或情感的驱使而进行相应行为的动物，离开了利益或情感的刺激人就失去了前进的动力，但人亦非完全是欲望的奴隶，相反，人也具有利他的可能，试图以人是动物这种假设为基础来寻求解决人类社会和政治问题的答案，将会使人类陷入荒谬的境地。"[①]如何使公务员超越动物本性而展现人

① [美]马斯洛.马斯洛人本哲学【M】.北京：九州出版社，2003：81.

性的美好，这就要求公务员学会自制自控，为此，一是做到慎独。“慎独”一词，出自《礼记·中庸》：“君子慎其独也。”[1]意思是说，那些道德高尚的人就是在个人独处、无人知晓的情况下，也不做有损道德原则的事。也就是说，当个人独处时，应小心谨慎，于“隐”、“微”处下功夫，以至其所行仍同于受他人监督之所为，而由此所达之境界，就表现为个体的自我节制、自我约束。在现实生活中，人独处之时最容易放纵，也最能显示一个人真实的道德水平。此时，如果能做到谨言慎行，便意味着其涵养达到了一定功夫，表明其内心已经树立了牢不可破的坚定信念，已具有高度的道德觉悟和自觉精神。慎独作为一种心灵的行为，对公务员的道德修养至关重要。慎独要求公务员在无人监督，个人独处时，仍然能够小心谨慎，而由此所达致境界，就表现为个体的自我节制、自我约束、自我管控。对公务员来说，“慎独”是防止腐败滋生的重要道德修养方法，作为公务员在任何情况下都应该严格要求自己。做到廉洁自律。二是要慎欲。即欲望不能过分。公务员廉洁自律主要表现在权、钱、名、色方面做到慎欲。三是要慎微。即于“隐”“微”处下功夫，要注意小节、小事，不能因为事小而放纵自己，以致逐渐积累终成大错。

3. 恪守道德

公务员道德素养的提高，关键在于自身，在于对职业道德的认识、敬畏和坚守。恪守职业道德表现在两个方面，一是要求公务员将职业道德放在突出位置，明确职业道德的相关内容，重视职业道德的积极意义，严格要求自己，践行全心全意为人民服务的宗旨，坚定理想信念，强化责任意识和服务意识；二是在具体工作实践中，做到爱岗敬业、诚实守信、办事公道，忠于职守、清正廉洁、情趣健康、模范遵守社

① 陈国成点校. 四书五经【M】. 长沙：岳麓书社，1991：30.

会公德。

第三节 以先进行政组织文化培育职业精神

公务员的职业精神是指公务员在执行公务活动中所表现出的政治素质、思想作风、职业素养、道德情操、精神风貌等积极道德意识的总和。它是公务员在执行公务活动中的一种基本价值取向。[①] 这种精神"不是公务员口头教育他人的虚伪伎俩；也不是可望不可及的空中楼阁；更不是非圣贤之辈不可通达的空灵境界。它是充分体现人道和人的全面发展的一种现实的职业追求；是经过公务员的努力工作，在平凡的岗位上所突显出来的一种积极向上的朴实无华的精神风貌；更是一种为行业内外认可和可以践行的独特工作作风。"[②]

在我国公务员职业化背景和趋势下，公务员职业精神作为公共领域中公务员群体的行为规范和行动指南，将为公务员提供明确具体的指导，使其清楚明白可以做哪些事、为什么做、怎么做、做的标准如何等。

马克斯·韦伯在其《新教伦理与资本主义精神》一书中提到"任何一项事业的背后都存在某种决定该事业发展方向和命运的精神力量"[③]，而职业精神正是决定职业发展方向和命运的那种精神力量。职业精神通俗地说，就是干什么像什么，干什么吆喝什么，干什么和怎么干有约束、有要求，既不能越位、乱位，也不能不到位。任何一种职业都具有自身的特性和规范，职业人在从事本职工作时，必须要遵循职业的特性和规范来开展职业活动，不能脱离所从事职业的特性和规

① 曾维和．当代美国公务员职业精神及其启示【J】．中国行政管理，2007(3)．

② 李建华、李景云．公务员职业伦理精神的制度化建构【J】．伦理学研究，2007(9)．

③ ［德］马克斯·韦伯．新教伦理与资本主义精神【M】．成都：四川人民出版社，2005：94—95．

范。这一点对公务员这一职业当然也不例外。公务员作为治国理政的主体，其职业角色不同于普通的职业角色，具有特殊性，要求其必须具备高于普通职业的职业精神。

一、公务员职业精神的内涵

2005 年在全国实施《公务员法》工作会议上，曾庆红同志用 32 字概括了当前我国的公务员精神，即“热爱祖国、忠于人民、求真务实、开拓进取、顾全大局、团结协作、恪尽职守、廉洁奉公”。公务员职业精神与公务员精神既有联系又有区别。其联系表现在，公务员职业精神同公务员精神一样，所体现的也是思想作风、职业素养、道德情操和精神风貌等；区别则在于，公务员职业精神侧重于现代意义上“职业化”本位，即公务员是公共职业劳动者，公务员职业精神相当于一种特殊的行业精神，有其自身独特的本质内涵。

1. 公共服务精神

公共服务精神包括民主意识、公平理念和公益人格。民主意识是公务员公共精神的实质。公平理念是公务员公共精神的核心。公益人格是公务员公共精神的体现。公务员职业精神的本质在于公共服务精神的树立与弘扬，公共服务精神的基本价值指向是通过行使公共权利，制定公共政策，提供公共服务，谋求公共利益，实现公共价值最大化。公共服务精神是公务员从事公共服务活动的价值导向，公共服务精神对公务员的行为具有指引和塑造功能，它意味着公务员行为的“公众取向”，只有公务员真正树立了服务于民的理念，才能明确公共服务职责，主动地接近公众和社会，以公共利益为准绳，自觉用公共服务精神规范行为，积极地应对群众的利益需求和问题诉求，切实解决公民反映的问题，成为公共服务精神的实践者和体现者。

2. 依法行政精神

依法行政是现代法治政府行使权力普遍奉行的基本准则，公务员作为一切行政活动的最终实施者，必须树立依法行政的观念，以维护社会公共利益为主要的职责，实现社会公平，使全体社会成员能够平等地享有政府所提供的公共产品和服务。表现在具体行动上就是要做到不唯权，不唯上，只唯法，准确运用与工作相关的法律、法规和相关政策，依法办事，准确执法，公正执法，文明执法，不以权代法。

3. 公正廉洁精神

当代罗尔斯认为，公正乃“社会体制的第一美德，就如真实是思想体系的第一美德一样”。[①] 亚里士多德说过：“公正是一种完全的德性……有了这种德性，人们就不但以德性对待自己，并且以德性对待他人。”[②]杜威认为：“公正即是德性，并非德性之一。公正的行为，即是应该的行为，公正即是责任之履行。”[③]

公务员是行政的主体，公众是行政的客体，而“行政客体的一切正义要求都会以期望的形式向公共管理体系提出，必然落实到具体的公务员身上。无论是一般的还是具体的正义要求，普通公众所理解的公共管理，主要是从属于满足社会正义的要求。要求在调整国家、集体和个人的关系方面，调整各个利益集团关系方面，做到公正、公平、合理。”[④]公正廉洁是公务员精神的具体表现，它明确了公务员工作中必须遵守的基本规则。

马克斯·韦伯认为，近代官僚集团出于廉洁正派考虑，发展出一种高度的身份荣誉感，若没有这种意识，可怕的腐败和丑陋的市侩习气，将给这个团体造成致命威胁。廉洁是公务员职业特征的一个引

---

① [美]罗尔斯. 正义论【M】. 北京：中国社会科学出版社，1988：1.

② [古希腊]亚里士多德. 尼可马可伦理学【M】. 北京：中国社会科学出版社，1996：88.

③ [美]杜威. 道德学【M】. 北京：中国书局出版社，1935：8.

④ 张丽珍. 公务员精神培育的伦理路径：角色把握、职责担当、合作定位【J】. 行政与法，2007(11).

申。廉洁是防止公共权力私利化的保证。廉洁是保证公务员群体行为端正的一个重要价值指南。公务员职业若没有高尚的廉洁情操，其行为便可能会产生与职业身份的非协调性。

4. 责任行政精神

责任行政是公务员职业精神的永恒话题，也是公务员个体发展与群体进步的基本立足点。作为公务员，责任行政是公共行政工作的基本要求。公务员是公权力的执行者，其行政执行过程直接关乎人民利益的满足与政府的执政水平。因此，在具体的行政执行过程中公务员必须承担起其应有的行政责任，做到责任行政。公务员一旦违反法律规定的义务、违法行使职权时，必须承担相应的法律后果，即法律责任，由行政机关或其他特定机关根据行政法或其他有关法律予以惩罚。当政府机关及其公务员对其违法行为承担法律后果时，政府责任便得到了最低限度的保证。为此，要求公务员必须以饱满的精神状态和高度的政治热情积极回应社会和民众的要求并加以满足，积极认真地履行其社会义务和职责。[①] 责任行政精神要求公务员在公共行政活动中必须以忠于人民事业为宗旨，树立并践行忠于人民事业的信念，以自己的党性、良知、信念和觉悟，为国家、为社会、为上级、为群众负责；以崇高的使命感和责任感，恪尽职守做好本职工作，踏踏实实为国家和人民服务。

5. 开拓创新精神

开拓创新是公务员精神的基本保障，它明确了公务员工作态度和工作作风。开拓创新是推动公务员职业发展的动力，只有树立了创新意识，大胆创新，才能推动工作的不断发展，有效提高行政效率。公务员作为一种职业，其职业活动与其他职业活动有所不同，它是创造性

---

① 刘双良. 公务员精神培育的理论解释及其路径选择【J】. 桂海论丛，2006(9).

的社会治理活动，这种创造性根源于公共管理制度安排所赋予的充分自主性。就公务员而言，“他用创新理念武装自己，创造性地开展公共管理活动，创造性地运用和发挥公共管理制度体系赋予他的自主性，充分展现他从事公共管理活动的创造力，只要一心为了公共利益的实现，他就有着充分的自由和自主。”①

二、通过先进的行政组织文化培育公务员职业精神

公务员职业精神是行政文化的精髓。公务员职业精神的培育离不开行政组织文化的内在支撑。行政文化在观念上、行为上和制度上全方位地影响着公务员的行为取向，它有着极强的渗透力、遗传力和凝聚力，常常在潜移默化中影响着公务员的行为，这种影响是从外部实施强制的法制制度鞭长莫及的，它可以在没有监督的情况下，使公务员自觉地做或不做某件事情，这样做或那样做，它为公务员的感觉、思维和行为提供权威性准则。

运用行政组织文化培育公务员职业精神主要表现在以下几个方面。

1. 通过制度化手段支撑职业精神

对公务员职业精神的培育制度化手段必不可少，这种制度化手段就是制度支撑。所谓制度支撑，就是通过制度设计，将公务员职业精神培育融入各项制度规范中。对公务员这一职业来说，职业精神不只是公务员个人的道德自律，而是公务员必须达到的强制性要求，也正是基于此，必须要制定切实可行的制度。通过制度化手段、刚性要求，把公务员职业精神的软性要求转化为公务员必须履行的义务的硬性规定，并使之由服从到认同，由认同到内化，进而形成一种思维习惯和

① 张康之.论作为职业活动的公共管理——公共管理伦理学视角中的公共管理活动【J】.北京行政学院学报，2003(4).

自觉的行为方式。公务员职业精神培养的制度化,“使它拥有了道德和法律的双重力量。道德要求被赋予了法律的形式,就获得了正当性、严格性、合法性的依据和强制性的实现力量;法律融入了道德的内容,就获得了以社会舆论为基础的意志和情感动力,有助于提高其调节效果,使公务员精神建设更加具体化、条理化、明确化,便于公务员遵行。此外,这也为有关机关和社会各界监督公务员行为提供了客观依据和参照标准,也为惩处违纪失德公务员提供了明确的尺度。”①

以制度支撑培育公务员职业精神,一是通过贯彻《公务员法》模塑职业精神。曾庆红同志在实施公务员法会议上曾提出:“把培育和弘扬公务员精神作为一项重要任务,贯穿到实施公务员法的全过程,贯穿到健全和完善公务员制度的全过程,贯穿到加强公务员队伍建设的全过程,使全体公务员始终保持昂扬向上的精神状态,自觉创造一流的工作业绩。”②在我国的《公务员法》中,公务员职业精神已落实到了具体的法律规定上,《公务员法》第二章第十二条规定:“公务员应当履行下列义务:(1)模范遵守宪法和法律;(2)按照规定的权限和程序认真履行职责,努力提高工作效率;(3)全心全意为人民服务,接受人民监督;(4)维护国家的安全、荣誉和利益;(5)忠于职守,勤勉尽责,服从和执行上级依法作出的决定和命令;(6)保守国家秘密和工作秘密;(7)遵守纪律,恪守职业道德,模范遵守社会公德;(8)廉洁,公道,正派;(9)法律规定的其他义务。”这些规定集中体现了公务员职业精神的核心内容,把公务员职业精神的软性要求转化为公务员必须履行的义务的硬性规定。此外,《公务员法》第五章、第六章、第八章、第九章、

---

① 张再生.国外公务员精神建设的经验、趋势及启示【C】.落实科学发展观推进行政管理体制改革研讨会暨中国行政管理学会年会,2006.

② 曾庆红.在全国实施公务员法会议上的讲话[EB/OL].人民网:http://www.people.com.cn.

第十一章、第十三章中的有关条款也为在实践中培育和弘扬公务员精神创造了条件。基于此，培育公务员职业精神应该与贯彻《公务员法》结合起来，让广大公务员在执行《公务员法》的过程中，领悟公务员职业精神，明晓公务员职业精神不单单是个人的道德自律，而是强制性要求，是作为公务员必须达到的境界，从而自觉用公务员职业精神约束自己，规范自己的行为，提高行政效率。二是通过贯彻组织行为规范、标准模塑职业精神。用制度、标准等规范行为，形成按制度规范和标准办事、靠制度规范和标准管人的有效机制，通过制度规范、标准培育和模塑公务员的职业精神。为此，“就需要根据公共管理者所处的具体机构和部门的性质和特点，根据岗位、职位和职务的要求和规定，去确立具体的服务内容和标准。然后，把这些内容和标准作为其公共管理行为选择的标准和依据”。①

2. 通过组织内部学习培养职业精神

组织内部学习，开展宣传教育活动是培育和弘扬公务员职业精神最为常用的手段。当前，有些公务员对公务员职业精神的内涵以及培育、弘扬公务员精神的重要性、必要性的认识还不够，这在一定程度上影响了公务员精神的培育和弘扬，因此，作为公务员管理部门，有必要通过组织内部学习，加大宣传教育力度，使广大公务员对公务员职业精神的理论和实践价值有一个正确的认识，进而从思想上产生对公务员职业精神的能动追求。为此，首先，要宣传公务员职业精神的内容及其深刻内涵，宣传培育和弘扬公务员精神的重要意义。如，关于公共精神、以民为本的服务意识、务实高效意识、廉洁从政的责任意识、依法行政、公正严明的法治意识、开拓创新意识等等，使广大公务员对其本质和具体要求深刻领会，并内化为自己的精神追求，成为工作实

① 张康之.论公共管理者的价值选择【J】.中共中央党校学报，2003(11).

践的指导方针。其次，要宣传公务员这一职位的特殊性，宣传公务员必须履行的权利和义务。再次，要善于从民族的优秀传统中汲取营养，注意继承传统民族精神的精华，以其滋养、升华公务员职业精神。古人云，“政者正也”，“其身正，不令而行；其身不正，虽令不行”。从《左传》中的“临患不忘国”、《汉书》中的“国而忘家，公而忘私”到顾炎武的“天下兴亡，匹夫有责”，这种精神的提倡，加上中国古代严密而系统的吏治制度，在历史上曾造就了不少“廉洁奉公”、“为民请命”的清官良吏。古有澄清吏治，今有执政使命，民族性和文化性的遗传密码在公务员队伍中必须留存。

3. 通过榜样引领职业精神塑造

树立弘扬职业精神的标杆典型人物，大力宣传优秀公务员的典型事迹，通过榜样引领带动大家。树立体现和实践公务员职业精神的典型，宣传其事迹，不仅会形成一种良好的行政文化氛围，让广大公务员在耳濡目染中受到潜移默化的影响，而且会让广大公务员明白组织倡导和激励的方向，不用扬鞭自奋蹄，自觉把它作为工作业绩的一种自我衡量标准。近年来，孔繁森、郑培民、牛玉儒、吴天祥、任长霞、张云泉、宋鱼水等人以其为民、务实、清廉的崇高品德影响了千千万万人，他们的行为所蕴含的正是公务员职业精神的核心内涵，这种精神会对广大公务员产生引领作用，带动广大公务员牢记自己的使命和责任，牢记人民的厚望和重托，解放思想、开拓进取，立足本职、扎实工作，自觉创造一流的工作业绩。

4. 通过公共服务实践深化职业精神

公务员职业精神的培养，仅仅依靠教育培训灌输是远远不够的，还必须辅之以实践，通过工作实践来造就和深化，这是因为，从公务员职业精神的形成来看，它是公务员行政实践活动的产物，是在公共行政实践活动中产生、反映公共行政领域整体特性和深层心理，并内化于公务员自身，同时为他们所接受，且在实践中起到指导作用的精神力量。作为实践的产物，它从实践中来，也必须回到实践中去，靠公务员在实践中体验、磨炼、养成、展现，将职业精神转化为实际行动。从公务员精神的落实来看，“只有公务员在日常工作中加以贯彻，在社会实践中加以锤炼，积久成习，才能逐渐内化为一种自然而然的精神追求、思维习惯与行为方式。”[①]这也就是说，要培养公务员的职业精神，就必须倡导一种实践文化，将职业精神融入工作实践之中，引导每一个公务员都成为职业精神的实践者和体现者，通过日常工作培育公务员的职业精神。大量事实表明，只有通过实践，才能使广大公务员深切体会到培育公务员职业精神的意义和作用，才能使公务员职业精神真正变成全体公务员共同的理想信念、道德规范、行为准则，才能使公务员职业精神得到检验、充实、完善、提高。公务员是治国理政的主体，是人民权力的具体行使者，是党和国家路线方针政策的制定者和执行者，承担着管理国家事务和社会公共事务的重要职能，这些都决定了公务员必须在社会实践中加以锤炼，只有走出去，深入到公众之中，才能目睹社会变迁带来的种种变化，深入了解公众的愿望、想法、生活状况和面临的种种问题，从而面对现实，切实贯彻公务员职业精神，做到“权为民所用、情为民所系、利为民所谋”，切实为群众排忧解难，解决实际问题。

5. 通过主题活动内化职业精神

公务员职业精神明确提出了公务员在工作中处理各种关系的基本要求，在培育和弘扬公务员职业精神中，要围绕公务员职业精神的基本要求，根据实际工作情况，从日常工作常见的现象尤其是问题入

---

① 张再生.公务员精神建设的国际比较与借鉴(公共管理高层论坛【第四辑】)【M】.南京:南京大学出版社,2006:230.

手，设计系列主题活动，培育、模塑公务员精神。在这方面，一些地方政府已经开始了尝试，如，做“人民满意的公务员”的主题活动，通过让广大公务员参与其中，形成人人争做“人民满意的公务员”的良好氛围，从而达到模塑职业精神的目的；“立足本职岗位、创造一流业绩”的主题活动，以此激发广大公务员的工作热情，提高其工作积极性和创造性，形成积极进取、奋发向上、争做贡献的生动局面。

第四节　西方公务员职业精神内涵及其培育

一、西方公务员职业精神内涵

1. 忠于国家

在西方国家，对公务员最基本的道德要求是忠于国家。公务员是政府工作人员，其职责在于对内维持政府行政工作的正常运行，对外则是官方的代表，因此他必须忠于国家，始终维护国家利益。在英国，明确提出公务员必须自觉地忠于国家，只要国家需要即应为国效劳。瑞士则要求公务员“所作所为应符合联邦利益，不做有损联邦的事”。德国《官员法》规定，“官员应当全力以赴地献身于他的职业，应当无私地对待他的职业”。为了使公务员忠心不二地为国家效力，西方各国普遍都有公务员不得兼职的规定。如英国规定公务员一律不准经商，或从事与本部业务有关的营利事业。法国虽允许公务员非永久性地兼任某些职务，但却规定所得报酬超过其主要工作工资收入两倍的部分，须上交给他主要为之服务的行政部门。同时，公务员职业精神还应具有正义性。要求在调整国家、集体和个人的关系方面，调整各个利益集团关系方面，做到公正、公平、合理。公务员不仅要有效率地执行立法计划的指令，而且要影响那些旨在改善全体人民生活质量的政策，要积极参与公共行政。因为公共行政的精神是建立在乐善好施的基础上，在民主政治环境下公共管理者最终应向公民负责。

2. 服务至上

在“新公共管理”理论的引导下，以人为本、服务至上逐渐成为西方政府的根本要求和价值导向。美国对公务员提出的高效服务的职业要求包含“有效性”和“服务性”两个有机统一的内容。“有效性”包含着企业家精神这一核心概念。为了积极地寻求一项议事日程，一个有效的管理者必须设计一个能逾越官僚障碍的行动路线。因此，“有效的公共管理必须是具有企业家精神的公共管理。”①“服务性则表现为公务员要树立新的工作方式，以顾客为导向，以结果为导向，以竞争为导向，为顾客提供无缝隙的服务。”②英国在撒切尔政府时期曾提出：“公众是顾客，政府为顾客服务”，这是对以前存在的公务员高高在上理念的纠正。进入梅杰政府时期，又提出了“顾客中心论”的观念，要求政府不能墨守成规，应不断改进服务方法，提高服务质量和服务水平。1991 年出版的《公民宪章》明确要求政府提供良好的信息服务，政府各部门应该了解人们期望的服务和政府各部门能够做到的服务。

3. 不谋私利

随着市场经济向纵深发展，各种冲突、诱惑、矛盾、混乱、纠结就会出现，这些会不可避免地侵袭到公务员团队，此时如果缺少高尚的廉洁情操，公务员很可能会做出与职业身份非协调性的行为。为了保证公务员的清正廉洁，各国都对此做出了专门规定。美国出台了诸多条例，如《美国政府伦理法》、《美国政府伦理改革法》、《美国政府官员及雇员的行政伦理行为准则》和《美国行政部门工作人员

① [美]史蒂文·科恩. 新有效公共管理者【M】. 北京：中国人民大学出版社，2002：25.

② [美]拉塞尔·林登. 无缝隙政府【M】. 北京：中国人民大学出版社，2002：62.

伦理行为准则》，由此对公务员的职业道德做出可操作性的规范，使公务员的清正廉洁职业精神有了法制保障。法国规定，“禁止任何在职公务员以职业身份从事有利可图的私人活动”。瑞士《联邦公务员章程》第 26 条规定“禁止公务员利用职权索取、接受或让人答允给他本人或给别人各种馈赠或其他好处……公务人员与第三者默契索要、接受或让人提供各种馈赠或其他好处，同样有违职责”。阿根廷则把“禁止因行使职责接受赠品、礼品或其他好处”作为公务员的一条禁例。

4. 形象良好

公务员作为政府的代表，其个人的品行和形象关系到国家政府的尊严和威信，影响着人们对政府的评价。因此，品行端正、形象良好就成为西方国家对公务员的一项职业精神要求。英国规定公务员在办公期间要衣冠整洁、态度庄重，言行不得有碍公务员身份和体统。凡酗酒、同性恋、有不良嗜好、生活浪漫者不得在“机要敏感职位”上任职。对于因挥霍、浪费或犯罪行为而造成被法院宣告破产的公务员则应予撤职并不再任用。瑞士要求公务员应相互帮助，在公务内外所持的态度都应受人尊重，并享有公职所要求的信任，对上级、同仁、下级和公众均应讲究礼貌。法国要求公务员在执行公务时要平等待人，言谈要语气婉转，注意“克制保留”。

5. 追求卓越

追求卓越是西方国家公务员职业精神的一项重要内容。1887 年，伍德罗·威尔逊指出：“建立一个有文化教养和自立精神的文官制度”，“使政府官员尽最大的能力，做出最大的服务”。[①] 今天，追求

① [美]伍德罗·威尔逊. 行政学研究. 国外行政学经典译丛【M】. 北京：中共中央党校出版社，1997：21—25.

卓越已成为西方各国政府对公务员职业精神的一项重要内容。在美国，要求公务员要不断提升并在实践中表现出具有卓越品质的公共政策能力，综合实施社会公共行政管理的能力，有效地向公众全面提供公共产品和公共服务的能力、自律和自我更新的能力。为了鼓励公务员追求卓越，西方一些国家将功绩制纳入公务员的评价系统，并使之成为公务员行为的价值导向。功绩制强调个人的进取精神，即以贡献与业绩评价公务员，并成为公务员提升、晋职以及奖励的依据。

6. 乐善好施

乐善好施是西方国家公务员职业精神的一种深层次的道德取向。乔治·弗雷德里克森在《公共行政的精神》一书中指出："在美国，我们把公共服务中的基本道德责任界定为乐善好施的爱国主义：一种对美国人民的无限的爱"；"我们必须真诚地关爱公民并与公民一道工作；我们必须关爱和相信我们的宪法和法律；我们既要对良好的管理充满激情，也要对正义充满激情。我们称之为'乐善好施'，它意味着一种对公民的广泛的和问心无愧的热爱。"[①]这种乐善好施的职业精神使公务员的工作变得高贵和崇高。因为"乐善好施"不但是一种公平、平等的价值观，而且是一种忠于国家、热爱公民、实现社会公平与正义的问心无愧的深层次信念上的许诺，它既实现了职业规范与职业精神升华的高度统一，又实现了服务公民、捍卫国家利益和社会利益的使命感和责任感的高度统一。

二、西方国家公务员职业精神之培育

与我国公务员职业精神培育更多强调自我修炼，"向内用功"不

---

① [美]乔治·弗雷德里克森. 公共行政的精神【M】. 北京：中国人民大学出版社，2003:204.

同，西方国家对公务员职业精神的培育主要依靠制度和规范。

1. 以法律化、制度化手段培育职业精神

西方国家在公务员职业精神培育上，非常重视制度的力量，其普遍做法是将公务员精神和各项道德规范写入法律、条例或行政规定，依靠外在的制度和规范来培育公务员职业精神。加拿大政府早在1973年就颁布了调整政府官员行为的《道德法典》。美国政府制定了许多约束公务员道德规范的法案，如1978年10月，美国国会出台了《公务员改革法》，并通过了《美国政府道德法》，1989年又通过了《美国政府道德改革法》，1990年颁布了《美国政府官员及雇员的行政道德行为准则》，1992年制定了《美国行政部门工作人员伦理行为规范》等等。

这些法律法规概括起来，通常包含以下几个方面的内容：

（1）必须忠于国家和政府。公务员身份的特殊性，使这一原则成为各国对公务员职业精神的普遍要求。几乎所有国家的公务员法规都明确规定，作为政府雇员，公务员必须忠诚地维护国家利益，服从国家的需要，即使公务员对国家政策有所不满，也不能够组织或参加旨在反对政府的罢工和游行。美国在《美国政府部门伦理准则》中规定：[①]包括政府官员在内的所有的政府雇员都必须“对最高原则和国家的忠诚高于对个人、政党或政府部门的忠诚。”《瑞士联邦公务员法》规定：[②]“公务员的所作所为应当符合联邦利益，不做有损联邦的事情。”法国要求全体公务员必须绝对效忠国家，“国家至上”是其首要的道德义务。有些国家如日本和德国还要求公务员在就职前进行“就职宣誓”，就职宣誓体现了国家利益的权威与尊严，显示了公务员在国家社会和政治生活中的地位和身份，有利于公务员铭记自己的道德义务，

① 王正平．当代美国行政伦理的理论和实践【J】．行政伦理研究，2003(4)．

② 郭飒飒．社会主义市场经济条件下公务员行政道德建设探索【D】．上海师范大学硕士学位论文，2004：16—17．

忠于职守和国家。

(2) 必须恪尽职守、履行职责。西方各国都要求公务员必须做到恪尽职守、忠于职责。凡不能有效及时地完成职责范围内工作者,都被视为对本职工作的不忠实或渎职,将被追究法律或行政责任。[①]

(3) 必须廉洁奉公,不能以权谋私。严禁公务员利用权力、地位和影响力直接或间接地谋取任何私利是各国公务员职业道德立法的最重要方面,也是培养其公务员职业精神的核心内容,其规定也最为详尽。公务员法规基本都包括四个方面的基本内容:第一,公务员不得参加盈利性的组织及经商。第二,对公务员接受礼品有严格的限制。各国均严禁公务员在公务活动中私自收受礼品。非经批准,不得接受外国政府授予的称号、颁发的勋章及赠送的礼品。对于特殊场合的惯例需要而可以接受的礼品,另有具体的规定,并且有申报和登记制度。允许接受的礼品,一般应符合下列原则:不会对公务员的公务活动以及公众对政府的信任产生不良影响;送礼者和受礼者之间不因此而承担某种义务,不使外界对公务员公正履行公务产生任何疑问。第三,公务员必须进行财产申报,以便有关机关和社会公众对公务员任职前后的经济情况进行对比检查,防止以权谋私行为。全部、真实、公开申报财产是公务员的一项重要的道德要求。第四,决不使用任何因履行其政府职责而获取的别人难以取得的信息作为个人谋取私利的手段。[②]

(4) 必须绝对服从上级命令。为了保证国家行政机器正常运转和行政指挥、命令能得到切实执行,西方各国均规定,公务员必须绝对

① 姚先国、柴效武.公共部门人力资源管理【M】.北京:科学出版社,2004:122—135.

② 参见张再生.公务员精神建设的国际比较与借鉴【J】.公共管理高层论坛(第四辑)【M】.南京:南京大学出版社,2006:225.

服从上级的指挥，令行禁止。公务员服从命令的义务，有利于贯彻执行国家意志，保证政令畅通，提高政府工作效率。《法国公务员总章程》规定："无论哪一级的公务员都有责任执行委托给他的任务。承担这一公职的公务员应对其主管部门的行政长官负责，执行行政长官交给他的指令。"又如德国有法规规定，公务员有义务执行他的上级颁布的规定和贯彻他们的具体方针。只要这样做不涉及下述情况，即按专门条例规定，官员不受领导人指示约束，而只服从法律。英国还规定，公务员即使对上级的指挥有不同的意见，也必须不折不扣地执行上级的命令，除非上级的命令明显违法或明显妨碍国家政策的贯彻。

(5) 必须严守国家机密。各国均要求公务员保守工作中所知的秘密，严禁把有关公务文件挪用和转告第三者。作为法定证人或鉴定人需要透露工作上所知的秘密时，必须经所属政府机关首长批准。即使离职公务员也不得解除保密义务。如《美国政府行为道德改革法案》就规定：任何政府雇员离职后一年内不得利用就职期间所获知的情况，作为私人组织的代表、助理、参谋，参与其本人在离职前一年内曾亲自介入并有实质性的介人的贸易或条约谈判。①

三、采用道德监督和惩处机制培育职业精神

西方国家在廉政建设方面的成效主要得益于其完善的道德监督和惩处机制。美国政府设有道德办公室，英国建立了公共生活准则委员会，加拿大成立了政府道德咨询办公室。同时，西方各国对违反职业道德应承担的责任规定得都比较具体明确，易于操作。如美国《佛罗里达州公务员和雇员道德法》除规定了各种处罚外，仅扣除薪金一项就有扣除数额和时间的详细规定。在操作程序上，由道德监督机构对公务员的道德行为进行监督，在对公务员违反职业道德的行为进行

① 幸强国.论美国公务员道德的制约机制【J】.四川行政学院学报，2004(3).

调查后，要向上级机关或司法机关提出处罚建议。相对完善的道德监督和惩处机制有效地预防了公务员不道德行为的发生，为其健康行政人格的生成提供了有力的外在保障。

四、通过行之有效的培训机制培育职业精神

美国联邦政府道德办公室下设有教育办公室，以确保行政系统的几百万公务员能接受高质量的道德教育，并提供足够的材料以满足这些课程的需要，运用行政道德工作室、伦理讲座、专题讨论、楷模示范、发放行政伦理手册等多种方式，促进合理职业价值观念和职业道德准则的内化，这种培训方式有利于公务员产生抵制权力腐败、维护公共利益的良知。

公务员职业精神培育的法律化、制度化说明了西方国家对公务员及其道德的高度重视，从实际效果看，也确实对公务员职业化的实现产生了深远影响和推动作用。

图书在版编目(CIP)数据

公务员职业化塑造与养成/韩秀景著.—上海:上海三联书店,2013.7

ISBN 978-7-5426-4222-6

Ⅰ.①公… Ⅱ.①韩… Ⅲ.①公务员制度—研究—中国
Ⅳ.①D630.3

中国版本图书馆CIP数据核字(2013)第107508号

公务员职业化塑造与养成

著 者/韩秀景

责任编辑/张大伟
装帧设计/鲁继德
监 制/李 敏
责任校对/喻 萍

出版发行/上海三联书店
(201199)中国上海市都市路4855号2座10楼
网 址/www.sjpc1932.com
邮购电话/021-24175971
印 刷/上海叶大印务发展有限公司

版 次/2013年7月第1版
印 次/2013年7月第1次印刷
开 本/640×960 1/16
字 数/260千字
印 张/21.75
书 号/ISBN 978-7-5426-4222-6/C·478
定 价/48.00元